Cuaderno de ejercicios /
Manual de laboratorio

Interacciones

Emily Spinelli
University of Michigan at Dearborn

Carmen García
Miami University

Carol E. Galvin
University of Michigan at Dearborn

Harcourt Brace Jovanovich College Publishers

Fort Worth   Philadelphia   San Diego
New York   Orlando   Austin   San Antonio
Toronto   Montreal   London   Sydney   Tokyo

ISBN 0-03-023324-0

Preface

The *Cuaderno de ejercicios / Manual de laboratorio* is an integral part of the *Interacciones* program. Both the workbook and the laboratory manual provide exercises that parallel the sections of the student textbook as well as additional sections for skill development and improvement of accuracy.

The *Cuaderno de ejercicios* is designed to develop the writing skill. To that end there are exercises and activities for three types of writing. The mechanical exercises focus on spelling, verb forms, adjective and noun endings as well as word order and syntax. There are numerous exercises and activities that simulate writing tasks performed by native speakers. Filling out forms, writing notes and letters, composing ads and brochures, taking messages, and making lists are some of the activities that would be performed by persons living, traveling, or working in the target culture. Lastly, there are exercises that prepare students for writing for academic purposes. Combined with the writing strategies and composition topics of the student textbook, the workbook exercises and activities provide a well-rounded and varied writing component.

Every third chapter in the student textbook begins with a section entitled *Bienvenidos* which presents geographical and cultural background knowledge pertaining to the Hispanic region covered in the next three chapters. This information is also practiced in the *Cuaderno de ejercicios*.

Each chapter of the *Cuaderno de ejercicios* is divided into three sections: *Primera situación, Segunda situación,* and *Expansión de vocabulario.* The first two sections provide the written practice for the vocabulary, functional phrases, and grammar taught in the student textbook. *Expansión de vocabulario* is a unique section devoted to the acquisition of vocabulary. It teaches strategies for acquiring the vocabulary presented in the textbook. Information on cognate recognition, prefixes and suffixes, word families, and word building is presented to help students guess the meaning of vocabulary items never before seen and to increase their vocabulary for written production. Exercises for learning the material follow each strategy. The Answer Key for the *Cuaderno de ejercicios* follows the *Manual de laboratorio.*

The *Manual de laboratorio* and its accompanying cassette program are designed to develop the listening skill and improve pronunciation and accuracy in speaking. Each chapter is divided into a *Primera* and *Segunda situación* with exercises that practice vocabulary, functional phrases, and grammar which correspond to the textbook chapter and *Situación.* Both listening and speaking exercises are provided.

The many listening passages of the *Manual de laboratorio* contain authentic language and are based on the material taught in the textbook chapter. These passages include listening tasks similar to those performed by native speakers. Telephone conversations, weather reports, commercials, and public address announcements such as those heard in stores, airports, and train stations are a few of the types of tasks provided for listening. Exercises to check comprehension follow.

Each *Situación* includes a listening strategy that provides the student with techniques to help improve listening comprehension in the target language. The student then hears a monologue, dialogue, or narrative and puts into practice the listening strategy just taught. A section on pronunciation is also included in each *Situación*. Explanation and practice of the production of individual Spanish sounds as well as intonation and accentuation is given.

The Answer Key for the listening and speaking exercises appears at the end of the *Manual de laboratorio*.

E. S.
C. G.
C. E. G.

Table of Contents

MANUAL DE LABORATORIO

Cuaderno de ejercicios

Capítulo preliminar
Un autorretrato

A. Un autorretrato. Para trabajar en la Compañía Excélsior los trabajadores necesitan describirse a sí mismos. Escriba un autorretrato para las personas en los tres dibujos. Incluya información sobre sus pasatiempos favoritos.

El señor Galván   La señorita Hernández   El señor Ruiz

El señor Galván _Es gordo y calvo. El hombre tiene un bigote. Su pasatiempo favorito es comer._

La señorita Hernández _Es delgado y tiene el pelo rizado y moreno. Le gusta leer novelas._

El señor Ruiz _Es delgado y guapo. Se gusta_
hacer ejeracios. Tiene el pelo rubio.

B. Un(-a) estudiante de intercambio. Ud. es un(-a) estudiante de intercambio
(exchange) en Madrid. Antes de recibir su carnet estudiantil, Ud. tiene que llenar *(to fill out)* el siguiente formulario para la universidad.

Apellido(s) _Bradshaw_ Nombre(s) _Nicole_

Dirección _2903 Elmhurst Apt. 308_

Ciudad _Detroit_ Estado _MI_

Teléfono _(313) 869-2849_

Lugar de nacimiento _Farmington Hills_

Nacionalidad _americana_

Fecha de nacimiento _el 29 de mayo_ Edad _20_

Estado civil _Estoy cansado_

Profesión _El estudiante_

Descripción física

Talla _Estoy alto._

Ojos _Tengo los ojos de color café_

Pelo _Tengo el pelo de color café_

Señas personales _Nada_

Especialización _Nada_

Pasatiempos favoritos _Me gusta jugar al basquétbol_

C. La primera fiesta. Es su primera fiesta en la Universidad de Madrid. Ud. decide hablar con otro estudiante nuevo. Complete esta conversación con las frases o preguntas necesarias.

1. Usted Me llamo *(su nombre)*.
   ¿Como te llamas _____ ?

   Álvaro Soy Álvaro Guzmán.

2. Usted ¿ De donde eres _____ ?

   Álvaro Soy de Ávila.

3. Usted Soy de Detroit _____, ¿dónde está Ávila?

   Álvaro Es un pueblo cerca de aquí.

4. Usted ¿ Qué estudias _____ ?

   Álvaro Estudio ingeniería.

   Usted ¡Qué bien! Yo estudio _ciencias de computadoras_ .

5. Usted ¿ Donde vives _____ ?

   Álvaro En un apartamento cerca de la universidad.

6. Usted ¿Cuál es tu pasatiempos favoritas _____ ?

   Álvaro Me gusta ir al cine y también juego mucho al tenis. ¿Y tú?

   Usted Me gusta jugar al basquetbol y mirar television,
   _____

D. El inventario. Ud. trabaja en la residencia para estudiantes de intercambio en la Universidad de Madrid. Ud. tiene que preparar el inventario *(inventory)* para el fin del año. Escriba el número de artículos en los espacios dados.

1. 14 _catorce_ _____ camas

2. 81 _ochenta y una_ _____ escritorios

3. 173 _ciento setenta y tres_ sillas

4. 68 _sesenta y ocho_ alfombras

5. 26 _vientiseis_ teléfonos

6. 121 _ciento vientiuno_ almohadas

E. ¿Qué hora es? Ud. trabaja en una estación de televisión que siempre anuncia la hora en forma escrita. Ud. tiene que programar la computadora a dar las horas. Escriba las siguientes horas en español.

1. 3:20 A.M. _Son las tres y viente de la mañana._

2. 10:45 P.M. _Son las once menas cuarto de la noche._

3. 4:30 P.M. _Son las cuarto y media de la tarde._

4. 1:05 A.M. _Es la una y cinco de la mañana._

5. 8:23 P.M. _Son las ocho y vientitres de la noche._

F. Unos pasatiempos. Explique a qué hora las siguientes personas hacen varias cosas.

MODELO Mariana / tocar el piano / 9:00
Mariana toca el piano a las nueve.

1. Anita y Jorge / comer en el café / 12:30

   Anita y Jorge comemos en el café a las doce y media.

2. tú / escribir cartas / 1:00

   Tú escribes carta a la una.

3. Miguel y yo / charlar / 3:00

   Miguel y yo charlamos a las tres.

4. yo / leer el periódico / 7:30

   Yo leyo el periódico a la siete y media.

5. Uds. / bailar en la discoteca / 10:00

Uds. bailan en la discoteca a las diez.

6. Gloria / regresar a casa / 11:15

Gloria regresa a casa a las once y cuarto.

G. Mis pasatiempos favoritos. Julio(-a) Villarreal, un(-a) amigo(-a), vive en Lima, Perú. Escríbale una carta de 9–10 oraciones explicándole sus pasatiempos y cuándo los hace. Incluya por lo menos los siguientes verbos.

asistir   celebrar   leer   participar
bailar   charlar   mirar   viajar

Querido Julia :

Me gusta mirar television y leer novelas muchas. Asisto los personas enfermos. Me encanta bailar y participar en una juega de basquétbol. Tambien, me gusta viajar y charlar con mis amigos. Ultimo, me intersa celebrar mi cumpleaños.

Nicole

EXPANSIÓN DE VOCABULARIO

The Suffix *-dad*

This section is designed to help you expand your vocabulary through knowledge of common Spanish prefixes and suffixes. It will help you learn to identify cognates when reading and listening as well as increase the vocabulary you need to speak and write effectively.

SUFFIX   *-ty*   =   **-dad**
          university   =   **universidad**

Nouns ending in **-dad** are feminine.

Práctica

A. Dé la forma inglesa de las siguientes palabras.

1. la variedad _____ variety _____
2. la realidad _____ reality _____
3. la sociedad _____ society _____
4. la responsabilidad _____ responsibility _____
5. la formalidad _____ formality _____
6. la productividad _____ productivity _____

B. Dé la forma española de las siguientes palabras.

1. university _____ universidad _____
2. city _____ cuidad _____
3. activity _____ actividad _____
4. identity _____ identidad _____
5. nationality _____ nacionalidad _____
6. variety _____ varjedad _____

C. Complete las siguientes oraciones con una palabra que termina en **-dad** o **-dades**.

1. Barcelona y Sevilla son dos ___cuidades___ grandes e interesantes.

2. Hay muchas estudiantes en la ___universidad___ de Madrid.

3. —¿Cuál es la ___nacionalidad___ de esa chica?

   —Creo que es argentina.

4. En el mundo hispano hay una gran ___variedad___ de gente, países y culturas.

5. Al final de cada capítulo de *Interacciones* hay una serie de ___actividades___ .

6. Para entrar en un país extranjero es necesario tener un documento de ___identidad___ como un pasaporte.

Bienvenidos a España

A. Adivinanza. Para descubrir la palabra en la caja vertical, escriba en las líneas horizontales las palabras que corresponden a las definiciones de cada número.

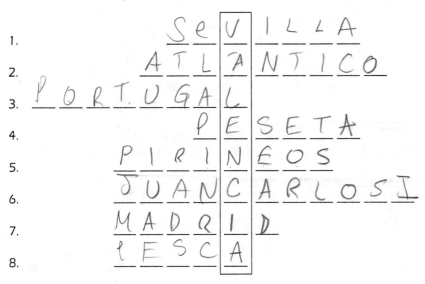

1. S e V I L L A
2. A T L A N T I C O
3. P O R T U G A L
4. P E S E T A
5. P I R I N E O S
6. J U A N C A R L O S I
7. M A D R I D
8. P E S C A

1. La cuarta ciudad más grande de España
2. El océano al oeste de la Península Ibérica
3. El otro país que también ocupa la Península Ibérica
4. La moneda principal de España
5. Las montañas que separan España de Francia
6. El rey actual de España
7. La capital de España
8. Una importante industria española que se asocia con el mar

B. El mapa. Usando oraciones completas conteste las siguientes preguntas sobre España.

1. Nombre tres ciudades importantes de España. Madrid, Barcelona, Valencia

2. Nombre tres ríos importantes de España. _____

   _____

   _____

3. Nombre tres cordilleras importantes de España. _____

   _____

   _____

4. ¿Cuáles son las industrias importantes? _____

   _____

   _____

5. ¿Qué tipo de gobierno tiene la nación? _____

   _____

   _____

6. ¿Cuántos habitantes tiene? _____

   _____

   _____

7. ¿Cómo son la geografía y el clima? _____

   _____

   _____

Capítulo 1
La vida de todos los días

PRIMERA SITUACIÓN

A. Acciones y lugares. Haga una lista de las actividades típicas para los siguientes lugares. (Use infinitivos para hacer listas de actividades.)

1. La oficina *es una lugar* .

   _____

2. La tintorería *es una lugar llevar ropa limpia escribir a maquina*

   _____

3. La estación de servicio *es una lugar llenar el tanque y revisar el aceite.*

   _____

4. El correo *es una lugar enviar una carta o un paquete*

   _____

5. La biblioteca de la universidad *es una lugar hacer la tarea*

   _____

B. Las diligencias. Escriba una lista de lo que Ud. tiene que hacer esta semana.

Esta semana hago reunirse con amigos, enviar una carta, hacer mi tarea y ir al centro comercial.

C. ¿Con qué frecuencia...? Explique con qué frecuencia Ud. hace las siguientes cosas.

MODELO   ir a la estación de servicio
Voy a la estación de servicio una vez a la semana.

1. reunirse con amigos
   Me reun

2. usar una computadora
   Uso una computadora una vez a la mes.

3. ir al correo
   Voy al correo cada dos semana

4. tomar apuntes
   Tomo apuntes todos los días.

5. hacer compras en un centro comercial
   Hago compras en un centro comerical de vez en cuando

6. trabajar horas extras
   Trabajo horas extras nunca.

7. echar una siesta

Echo una siesta casi todos los días.

8. enviar un paquete

Envío un paquete a veces.

D. Unas actividades. Usando una frase de cada columna, forme oraciones explicando lo que hacen las personas.

a menudo	mi mejor amigo(-a)	decir la verdad
nunca	yo	venir a clase
dos veces a la semana	mis padres	hacer diligencias
siempre	mi compañero(-a) y yo	salir a tiempo
a veces	tú	poner la televisión
todos los días	mi profesor(-a) de español	ir al cine
		conducir rápidamente
		oír música clásica

1. _A menudo mi mejor amigo dice la verdad._
2. _Nunca yo oiga música clásica._
3. _Dos veces a la semana mis padres van al cine._
4. _Siempre mi compañera y yo vienen a clase_
5. _A veces tú haces diligencias._
6. _Todos los días mi profesor de sale a tiempo._
7. _Yo pongo la televisión siempre_
8. _Yo conduzco rápidamente a veces._

E. Las actividades de Felipe. Describa lo que Felipe hace en un día típico.

MODELO comenzar su tarea a las ocho
Felipe comienza su tarea a las ocho.

1. almorzar con amigos

Felipe almuerza con amigos.

2. volver a casa a las diez

Felipe vuelve a casa a las diez

3. no perder tiempo

Felipe no pierde tiempo.

4. dormir siete horas

Felipe duerme siete horas.

5. repetir nuevas frases en el laboratorio de lenguas

Felipe repita nuevas frases en el laboratorio de lenguas.

6. soñar con su futuro

Felipe sueña con su futuro.

7. pedirles dinero a sus padres

Felipe les pida dinero a sus padres.

8. pensar en su novia

Felipe piensa en su novia.

F. Las actividades de Ud. y sus amigos. Usando las actividades de Práctica E, explique si Ud. y sus amigos hacen lo que hace Felipe.

> **MODELO** comenzar la tarea a las ocho
> **Mis amigos y yo también comenzamos la tarea a las ocho.**
> **Mis amigos y yo no comenzamos la tarea a las ocho.**

1. *Mis amigos y yo también almorzamos con amigos.*
2. *Mis amigos y yo no volvemos a casa a las diez.*
3. *Mis amigos y yo también no perdemos tiempo*
4. *Mis amigos y yo también dormimos siete horas.*
5. *Mis amigos y yo no repetimos... de lenguas.*
6. *Mis amigos y yo también soñamos con nos futuro.*

7. Mis amigos y yo les pedimos dinero a nos padres

8. Mis amigos y yo también pensamos en nos novias.

G. La rutina. Escríbales una carta a sus padres describiéndoles sus actividades y diligencias en la universidad este semestre. Explique lo que Ud. hace durante una semana típica.

Queridas padres :

    Todos las semanas hago mi tarea y trabajo. Todos los días me levanto a las ocho y media. Como desayuno y salgo para ir a mi trabajo. Vuelvo a mi apartamenta a las siete y media por la noche.

                             Nicole

SEGUNDA SITUACIÓN

A. La rutina matinal. Explique lo que hace cada estudiante en el dibujo. (Los números de las personas en el dibujo corresponden a los números de la práctica.)

1. _Se despierta_
2. _Se levanta_
3. _Se lava el pelo_
4. _Se afeita_
5. _Se seca el pelo_
6. _Se cepilla los dientes._

B. Los artículos personales. ¿Qué cosas o artículos usan los estudiantes durante su rutina matinal?

1. _Usa despertador._
2. _Usa una cama._
3. _Usa el champú._

4. _Usa una afeitadora eléctrica_

5. _Usa un secador_

6. _Usa el cepillo de dientes_

C. Falta de comprensión. Escriba sus preguntas o respuestas en las siguientes situaciones.

1. Ud. habla por teléfono con su madre pero Ud. no oye bien lo que ella dice.

   Repita por favor.

2. Su profesor(-a) de español le hace una pregunta que Ud. no entiende.

   No entiendo.

3. Ud. estudió horas y horas para su examen de química pero no comprende nada. Su compañero(-a) le pregunta si está preparado(-a) para el examen.

   ¡No entiendo ni pizca!

4. Su mejor amigo(-a) le explica un problema de física pero Ud. no comprende nada.

   No sé si comprendo bien.

5. Un(-a) amigo(-a) le da direcciones para llegar a su casa y Ud. quiere confirmar y repetir lo que su amigo(-a) ha dicho.

   A ver si comprendo bien

6. Su novio(-a) le hace una pregunta pero Ud. no estaba prestando atención (paying attention).

   ¿Puedes repetir, por favor?

D. Su rutina diaria. Explique en orden cronológico lo que Ud. hace cada mañana para arreglarse. Incluya las cosas o artículos personales que Ud. usa.

Primero, me despierto a las ocho de la mañana. Después, me levanto y me lavo. Luego, me desayuno. Salgo a las nueve menos cuarto. Trabajo por tres a cinco horas. Después, voy a escuela. Vuelve a mi apartamento a las siete y media de la noche. Como cena y me acuesto a las once por la noche.

E. En la universidad. Explique lo que estas personas hacen en la universidad.

1. yo / preocuparse por los exámenes

Yo me preocupo por los exámenes.

2. Eduardo / dedicarse a sus estudios

Eduardo se dedica a sus estudios.

3. unos alumnos / quejarse de sus profesores

Unos alumnos se quejan de sus profesores.

4. tú / irse los fines de semana

Tú te vas los fines de semana.

5. mis amigos y yo / divertirse mucho

Mis amigos y yo nos divertimos mucho.

F. La conversación incompleta. Ud. está escuchando una conversación telefónica entre su compañero(-a) de cuarto y su madre. Como Ud. sólo oye las respuestas, Ud. tiene que imaginar las preguntas que hace la madre. Escriba las preguntas en los espacios.

1. _¿Cómo estas?_ _____

Me siento muy bien, mamá.

2. _¿Que tiempo te levantas?_ _____

Siempre me levanto a las siete y media.

3. _¿Que comes por la desayuno?_ _____

Siempre como dos huevos, pan tostado y bebo un vaso de leche.

4. _¿Dondé comes?_ _____

En el comedor de mi residencia.

5. _¿Con quién comes?_ _____

Siempre como con mi compañero(-a) de cuarto.

6. _¿Quién es tu compañero(a) de cuarto?_ _____

Mi compañero(-a) es el(la) chico(-a) alto(-a) con el pelo rubio.

7. _¿Por qué no escribes a mí?_ _____

No te escribo porque no tengo mucho tiempo.
Adiós, mamá. Hasta luego.

G. Dudas de vocabulario.

1. Explique si Ud. sabe o conoce las siguientes cosas.

   MODELO España
   (No) Conozco España.

   a. ___Sé_____ usar una computadora.

   b. ___No conozco_____ al presidente de los EEUU.

   c. ___Séco_____ dónde vive mi mejor amigo(-a).

d. ___No sé___ las obras de Picasso.

e. ___Conozco___ a todos mis primos.

2. Explique lo que el niño Carlos pide o pregunta en casa.

   a. Carlos ___pide___ helado y dulces.

   b. Carlos ___pregunta___ dónde está su pelota.

   c. Carlos ___pregunta por___ su papá.

   d. Carlos ___pide___ un abrazo.

3. Complete las oraciones con una forma de **el cine / la película / de película** para explicar lo que van a hacer Federico y Antonia este fin de semana.

   Federico y Antonia van ___el___ para ver

   ___la película___ de Saura.

H. Un(-a) compañero(-a) raro(-a). Ud. vive en la residencia estudiantil con un(-a) compañero(-a) de cuarto muy raro(-a) que tiene una rutina diaria loca. Escríbale una carta a un(-a) amigo(-a) describiéndole la rutina diaria y las actividades de su compañero(-a). Use su imaginación.

Querido amiga

Mi compañera de cuarto es muy rara.
Se levanta a las dos por la mañana.
Come diez veces en una día. También,
estudia computadoras, química, y
biología. Vuelve a nos apartamento
a las once por la noche.

_____

_____

_____

Nicole ,

EXPANSIÓN DE VOCABULARIO

The Suffix *-dor, -dora*

SUFFIX $\left.\begin{array}{l} -er \\ -or \end{array}\right\}$ = **-dor, -dora**

computer = **la computadora**

razor = **la afeitadora**

The suffixes **-dor** or **-dora** form nouns from verbs and indicate an appliance, piece of equipment, or place that will help carry out the action suggested by the verb: **secar** = *to dry;* **el secador** = *(hair) dryer.* Note that the English word will not always end in **-or, -er: el despertador** = *alarm clock.*

Práctica

A. Dé la forma inglesa de las siguientes palabras.

1. el procesador ___processor___

2. la fotocopiadora ___photocopier___

3. la computadora ___computer___

4. la afeitadora ___razor___

5. el despertador ___alarm clock___

6. el secador ___hair dryer___

B. Dé los infinitivos que se asocian con las siguientes palabras y después escriba la forma inglesa de los sustantivos.

	INFINITIVO	SUSTANTIVO INGLÉS
1. la lavadora	lavar	to wash
2. el cortador	cortar	to cut
3. el comedor	comer	to eat
4. el mostrador	mostrar	to show
5. el mirador	mirar	to watch
6. la calculadora	calcular	to calculate

C. Complete las oraciones con un sustantivo que termina en **-dor** o **-dora**.

1. Para copiar unos papeles importantes se usa una
   fotocopiador.

2. Para despertarse a una hora fija se usa un despertador.

3. Para resolver problemas de matemáticas o estadísticas se usa una
   calculadora.

4. Es más fácil escribir informes, cartas o documentos largos con un
   procesador de textos.

5. Para afeitarse se usa una afeitadora.

6. En muchas casas la familia come en el comedor.

Capítulo 2
De vacaciones

PRIMERA SITUACIÓN

A. Las preparaciones. Ud. y unos(-as) amigos(-as) van a pasar una semana en un complejo turístico en la playa. Haga una lista de todas las cosas que deben llevar para pasarlo bien. Incluya por lo menos doce cosas.

el colchón neumático   el traje de baño
las gafas de sol   la lancha
la loción   el yate
las sandalias
el sombrero
la sombrilla
la tabla de windsurf

B. Un complejo turístico. Ud. trabaja en Brisamar, un complejo turístico en la Florida, y tiene que escribir un folleto *(brochure)* breve en español para los clientes hispanos. Describa el complejo incluyendo las habitaciones, los restaurantes y bares y las actividades de recreo.

Hay playas muchas con millas y millas de arena. Hay muchas cosas hacer. En el hoteles hay un gimnasio y una piscina. Ven y disfrute todos.

C. Una llamada telefónica. Ud. es un(-a) estudiante en Valencia, España, y llama a Julio Cela, un compañero de clase. Su madre contesta. Complete la conversación.

1. Diga.
   (Tell her good afternoon. Ask to talk to Julio.)

   Buenos tarde. Por favor ¿está Julio?

2. ¿De parte de quién, por favor?
   (Answer her.)

   Me llamo Nicole.

3. Lo siento, pero no está en este momento.
   (Ask his mother to have him call you.)

   Si fuera tan amble de decirle que me llame.

4. Con mucho gusto. Adiós, entonces.
   (Say good-bye.)

   Adiós.

D. La llamada de Julio. Julio regresa a casa y lo (la) llama a Ud. Complete la conversación.

1. Diga.
   Hola. ¿ _(your name)_ ?
   (You recognize Julio's voice. Ask him how he is.)

   ¿Cómo estás?

2. Mi mamá me dijo que me llamaste.
   (Tell him you called to invite him to go to the beach with you and some friends from class.)

   Llamó para invitar tú ir a la playa con mi y mis amigos.

3. A ver. ¿Cuándo vais?
   (Say that you plan to go tomorrow morning about 11:30.)

   Mañana sobre a las once y media.

4. Muy bien. Es una idea magnífica. ¿Qué hiciste ayer?
   (Answer him.)

   Fui a la cine.

5. Ah. Pues yo fui a cenar en casa de mis abuelos. Fue bastante aburrido.
   (Sympathize with him. Explain you need to end the conversation and go study.)

   Lo siento. Disculpa, pero me tengo que ir
   y estudiar.

6. Entonces nos vemos mañana a las once y media. Chau.
   (Say O.K. and good-bye.)

   Bueno. Chau.

E. Las actividades en la playa. Explique si Ud. hizo o no hizo las siguientes
   actividades la última vez que fue a la playa.

   MODELO nadar mucho
   (No) Nadé mucho.

1. quemarse

   No, no me quemé.

2. jugar al vólibol

   No, no jugué al vólibol.

3. gozar del mar

   Sí, gocé de mar.

4. ponerse la loción

   Sí, me puse la loción.

5. andar por la playa

   Sí, andé por la playa.

6. buscar conchas

   Sí, busqué conchas.

7. navegar en un velero

No, no navegué en un velero.

F. **Las vacaciones de los Ayala.** Explique lo que los Ayala hicieron durante sus vacaciones en la Costa Brava. Complete las oraciones con la forma adecuada de uno de los verbos de la lista.

andar	jugar	pasar
construir	leer	poner
decidir	nadar	tomar
hacer		

Los Ayala _____pasieron_____ las vacaciones en un complejo turístico en la

Costa Brava. Allá los niños _____hicieron_____ esquí acuático,

_____nadieron_____ en el mar y _____constuyeron_____ castillos de arena.

Nunca _____pusieron_____ la televisión. La Sra. de Ayala

_____anduvo_____ por la playa, _____tomó_____ el sol y

_____leyó_____ novelas románticas. El padre _____jugó_____ al

golf. La familia _____decidió_____ volver al complejo el verano próximo.

G. **Una tarjeta postal.** Escríbales una tarjeta postal a sus padres explicando lo que Ud. hizo durante los tres primeros días de sus vacaciones en un completo turístico en Torremolinos, España.

Torremolinos: La playa

Padres,
 Primero, fue a la playa.
Nadé y constuí castillos de
arena. Ultimó, decidió ir
a una fiesta. Me
divertí mucho
       Amor,
        Nicole

Mis padres
11651 Cheyenne
Detroit MI
          48207

CORREO AEREO
AIR MAIL

SEGUNDA SITUACIÓN

A. Madrid de noche. Lea la siguiente información turística sobre Madrid y después haga la actividad que sigue.

LA NOCHE

Zona de Argüelles. La más visitada por estudiantes y gente joven. Abundan los restaurantes de comidas rápidas, hamburgueserías, pubs, discotecas, cafés y cervecerías.

Zona de Gran Vía. Se configura una zona de cabarets sexys, cines, teatros, restaurantes, grandes cafeterías, tiendas, salas de fiestas y bares tradicionales.

Plaza de Santa Ana y Calle Huertas. Más de sesenta establecimientos se distribuyen por la zona. Aquí predomina el pub y el establecimiento tranquilo dedicado a los amantes de la música en vivo no estridente. Es una zona concurrida por gente entre los veinticinco y cuarenta años.

Puerta del Sol y Plaza Mayor. Ésta es la zona de las tascas, tablaos flamencos, las tabernas y los mesones. Aquí se puede tapear, tomar cerveza y vinos. También es zona de las casas de comidas y de restaurantes.

Barrio de Malasaña. Tiene su centro en la plaza del Dos de Mayo. Es quizá la zona madrileña con mayor concentración de lugares de encuentros, pubs, cafés y discotecas. En Malasaña se tiene que estar seguro de que gusta la nocturnidad, el ruido y el desenfado.

Glorietas de Bilbao y Alonso Martínez. Entre estas dos glorietas y las calles adyacentes se encuentran entre treinta a cuarenta locales muy frecuentados por gente del cine, teatro, del periodismo y de la abogacía.

DESPLAZARSE POR MADRID

Autobús. El horario de autobuses es de 6 de la mañana a 12 de la noche. Durante la noche hay un servicio mínimo que tiene su salida desde Plaza de Cibeles. Desde las 12 de la noche hasta las 2 h., cada 30 minutos. Desde las 2 hasta las 6, cada hora.

Taxi. Para información del usuario, los taxis llevan en lugar visible la tarifa de precios y los suplementos.

Automovil. Si decide conducir su propio coche o alquilar uno, debe tener en cuenta la O. R. A., es un control de aparcamiento en las zonas céntricas de la ciudad, por el cual hay que abonar una tasa de aparcamiento por cada media hora, con un máximo autorizado de hora y media. Las tarjetas se pueden adquirir en cualquier estanco de la ciudad.

Metro. El horario, de 6 de la mañana a 1,30 noche. Para el turista hay unos billetes valederos para tres o cinco días.

Escoja un lugar adónde ir y también un medio de transporte para volver al hotel o a casa para las siguientes personas que están de vacaciones en Madrid.

1. Una pareja que celebra su aniversario de quince años. Quieren oír música contemporánea pero no les gusta la música rock. Van a quedarse allí hasta las 2.

   LUGAR: _Plaza de Santa Ana y Calle Huertas_

   MEDIO DE TRANSPORTE: _un taxi y automóvil_

2. Una familia norteamericana con tres jóvenes entre once y catorce años. Quieren probar tapas y volver al hotel a las diez.

   LUGAR: _Puerta del Sol y Plaza Mayor_

   MEDIO DE TRANSPORTE: _el metro o autobús_

3. Un estudiante alemán que tiene mucha hambre. Necesita comer rápidamente porque su tren sale a las nueve de la noche.

   LUGAR: _Zona de Argüelles_

   MEDIO DE TRANSPORTE: _autobús o metro_

4. Cuatro hombres de negocios que están en Madrid para una conferencia. Quieren ver un espectáculo en algún cabaret y después quieren tomar una copa. Van a divertirse hasta las tres.

   LUGAR: _Zona de Gran Vía_

   MEDIO DE TRANSPORTE: _un taxi_

5. Dos señoritas de veinte años a quienes les encanta bailar y estar con otros jóvenes hasta las tres de la mañana. Les gusta la música rock.

   LUGAR: _Barrio de Malasaña_

   MEDIO DE TRANSPORTE: _automóvil o un taxi_

6. Una joven actriz y su novio que es abogado. Quieren tomar una copa con otros amigos y volver a casa a las diez y media.

   LUGAR: _Glorietas de Bilbao y Alonso Martínez_

   MEDIO DE TRANSPORTE: _el metro o el autobús_

B. Sus diversiones. Ud. tiene tres noches en Madrid. Usando la información de Práctica A explique lo que va a hacer cada noche y por qué va a hacerlo. Incluya sus medios de transporte.

En la primera noche iré a la Zona de Argüelles. Tomaré un autobús. La segunda noche iré a la Puerta del Sol y Plaza Mayor para la comida. Ultimó, volveré a la zona de Gran Vía para unas fiestas. Tomaré un autobús.

C. Circumlocuciones. Ud. tiene un(-a) amigo(-a) español(-a) que lee novelas y revistas norteamericanas. Cuando no comprende una frase o palabra, le escribe a Ud. pidiendo una explicación. Escríbale una definición de las siguientes cosas.

1. time-share condo _____

_____

_____

2. barbecue _____

_____

_____

3. bingo Es, una juega que muchas personas viejas juegan.

_____

4. get-away weekend Es una vacacion que personas toman salir sus problemas por la fin de semana.

_____

5. RV (recreational vehicle) _Es una coche grande que pides duermas._

D. Una noche divertida. Describa lo que las siguientes personas hicieron anoche.

1. Federico y Yolanda / pedir un whiskey en un bar

   Federc y Yolanda pidieron un whiskey en un bar

2. yo / no divertirse nada

   Yo no me divertí nada.

3. mi novio(-a) y yo / despedirse temprano

   Mi novio y yo nos despedimos temprano

4. el Sr. Medina / sentirse mal

   El Sr. Medina se sintio mal

5. tú / dormirse tarde

   Tú te dormiste tarde.

E. En Sevilla. Explique lo que Graciela vio durante sus vacaciones en Sevilla.

   MODELO la catedral
   Graciela vio la catedral.

1. su primo Emilio

   Graciela vio a su primo Emilio

2. la Torre de Oro

   Graciela vio a la Torre de Oro.

3. el cantante Julio Iglesias en concierto

   Graciela vio a el cantante Julio Iglesias en concierto.

4. un torero famoso

   Graciela vio a un torero famoso

5. el Alcázar

   Graciela vio al Alcázar.

6. unas bailarinas flamencas

   Graciela vio a unas bailarinas flamencas.

F. Haciendo las maletas. Ud. va de vacaciones en España y su madre lo (la) ayuda con sus maletas. Conteste sus preguntas según el modelo sustituyendo el pronombre adecuado por el sustantivo.

   MODELO ¿Tu traje de baño?
   Sí, lo necesito. Ponlo en la maleta.

1. ¿Tu desodorante?

   Sí, *lo necesito. Ponlo en la maleta*

2. ¿Tus sandalias?

   Sí, *las necesito. Ponlas en la maleta*

3. ¿Tus zapatos de tenis?

   Sí, *los necesito. Ponlos en la maleta*

4. ¿Tu camiseta nueva?

   No, *no la necesito. No la pongas en la maleta.*

5. ¿Tu loción de broncear?

   Sí, *lo necesito. Ponlo en la maleta.*

6. ¿Tus pantalones cortos?

   No, *no los necesito. No los pongas en la maleta*

G. Dudas de vocabulario.

1. Complete las oraciones con la forma adecuada de **la hora / el tiempo / la vez**.

   —¿Sabes qué _____la hora_____ es?

   —Son las tres y media.

   —Entonces, tengo _____el tiempo_____ para llamar a la oficina. Es la tercera

   _____vez_____ que tengo que llamar al jefe hoy.

2. Complete las oraciones con la forma adecuada de **divertirse / pasarlo bien / gozar de**.

   Generalmente _____lo paso bien_____ en España en la Costa del Sol.

   _____gozo_____ del mar y del sol. Por la noche voy a una discoteca y

   _____me divierto_____ muchísimo.

H. Unas vacaciones fantásticas. Escríbale una carta breve a un(-a) amigo(-a) describiendo unas vacaciones buenas. Dígale adónde fue y lo que hizo de día y de noche.

Querido amigo:

   Fui a Nuevo Jersey por mi vacación en el invierno. Hace muy frío pero me encanta mucho. Fui a la ciudad de Atlantic. La playa fue muy hermoso. Mire las olas. Fueron muy bonita. Me diverti muchismo.

_____

_____

_____

_____

_____

_____

_Nicole_____

EXPANSIÓN DE VOCABULARIO

The Suffix -ción

SUFFIX -tion   =   -ción
        situation =   situación

Nouns ending with this suffix are feminine. Note that the accent is dropped in the plural form: **la situación** > **las situaciones.**

Práctica

A. Dé la forma inglesa de las siguientes palabras.

1. la loción _lotion_

2. la presentación _presentation_

3. la nación _nation_

4. la profesión _profession_

5. la situación _situation_

6. la conversación _conversation_

B. Dé el sustantivo español en la forma singular y plural para las siguientes palabras.

	SINGULAR	PLURAL
1. emotion	emoción	emociones
2. tradition	tradición	tradiciones
3. definition	definición	definiciones
4. section	sección	secciones
5. lotion	loción	lociones
6. recommendation	reccomendación	reccomendacciones

C. Complete las oraciones con un sustantivo que termina en **-ción** o **-ciones**.

1. Muchos españoles pasan las ___vacaciones___ en la playa.

2. Esa niña tiene una ___imaginación___ muy viva. Puede contar cuentos muy divertidos.

3. España es una de las ___naciones___ de la Comunidad Económica Europea *(Common Market)*.

4. Se dice que «los españoles viven de noche» porque hay tantas ___diversiones___ nocturnas en las ciudades.

5. Es una ___tradición___ española pasearse por la noche a eso de las ocho.

6. Ser médico es una ___profesión___ muy dura, pero paga bien.

Capítulo 3
En familia

PRIMERA SITUACIÓN

CLAVE

La familia Vargas
1. María Teresa Vargas Casona
2. Felipe Vargas Núñez
3. Alejandra Casona de Vargas
4. Gustavo Vargas Casona
5. Julia Guevara de Vargas
6. Rosita Vargas Guevara

La familia García
7. Joaquín García Muñoz
8. Héctor García Ramírez
9. Elvira Muñoz de García
10. Claudia García de Moreno
11. Roberto Moreno Álvarez
12. Claudio Moreno García

A. **Algunos parientes.** Complete las oraciones con la palabra que explica la relación entre los varios miembros de la familia. (Los números corresponden a los números de las personas en el dibujo.)

1. Felipe Vargas Núñez es _el padre_ de María Teresa y Gustavo. Es _el esposo_ de Alejandra Casona. Es _el padre_ de Rosita.

2. Alejandra Casona de Vargas es _la madre_ de María Teresa y Gustavo. Es _la esposa_ de Felipe y _la madre_ de Rosita.

3. Gustavo Vargas Casona es _el hijo_ de Felipe y Alejandra y _el hermano_ de María Teresa.

4. Rosita Vargas Guevara es _la hija_ de Gustavo y Julia. Es _la hija_ de Felipe y Alejandra y _la hermana_ de María Teresa.

B. **Saludos.** Ud. es un(-a) estudiante en Salamanca, España. Complete las siguientes conversaciones según la situación.

1. Ud. está en la biblioteca de la universidad y ve a una compañera de su clase de español.

   Usted _¿Cómo estás?_

   Compañera   Como siempre. Ninguna novedad.

   Usted _¿Hasta luego?_

   Compañera   Sí, hasta mañana.

2. Ud. va de compras y se encuentra con la secretaria que lo (la) ayudó a Ud. el primer día de clases.

   Usted _¡Buenos días!_

   Secretaria   ¡Qué gusto en verlo(la) a Ud.!

Usted   _¿Cómo está?_

Secretaria   Estoy bien. ¿Y Ud.?

Usted   _Muy bien_

Secretaria   ¡Qué bien!

Usted   _Chau._

Secretaria   Adiós. Hasta luego.

3. Ud. se encuentra con Adolfo, un chico español a quien no ha visto desde la primera semana de clases.

Usted   _¡Hola!_

Adolfo   ¡Qué milagro!

Usted   _____

Adolfo   No mucho. ¿Cómo estás?

Usted   _Muy bien_

Adolfo   Sí, nos llamamos. Chau.

Usted   _Adiós._

C. Los domingos. Explique lo que las siguientes personas hacían los domingos cuando eran jóvenes.

    MODELO   Gustavo / comer mucho
                  Gustavo comía mucho.

1. el doctor Gallego / aconsejarles a todos

    les aconsejo

2. Vicente y yo / jugar al dominó

    jugemos

3. Uds. / almorzar con sus tíos

    almozen

4. Mariana / ver a sus abuelos a menudo

Vio

5. tú / divertirse con tus primos

divirtiste

6. Carlos y Anita / ir a misa

fueron

D. Cuando era joven. Escriba un párrafo explicando lo que Ud. hacía y cómo era en su juventud. Use los siguientes verbos.

asistir	divertirse	estar	ir	jugar
levantarse	querer	ser	vivir	

Cuando era joven _____

_____

_____

_____

_____

_____

_____

_____

_____

E. **Descripciones.** Sustituya el sustantivo entre paréntesis por el sustantivo subrayado. Haga todos los cambios necesarios para describir a las siguientes personas y cosas.

MODELO *Felipe* es joven, mono y alegre. (mis primos)
Mis primos son jóvenes, monos y alegres.

1. Los Ruiz viven en un nuevo *apartamento* grande y cómodo. (casa)

    _____

2. Acaban de comprar *un* antiguo *sofá* francés. (dos sillas)

    _____

3. *El Sr. Ruiz* es español, viejo e inteligente. (la Sra. Ruiz)

    _____

4. Tienen *una hija* que es alta y muy bonita. (dos hijas)

    _____

5. También tienen *un nieto* de cinco años que es guapo y cariñoso pero un poco travieso. (una nieta)

    _____

    _____

F. **La familia Vargas.** Describa a los siguientes miembros de la familia Vargas que aparecen en el dibujo de la **Presentación** de esta **Situación.** Use por lo menos tres adjetivos para cada persona.

1. María Teresa Vargas Casona _____

    _____

2. Felipe Vargas Núñez _____

    _____

3. Alejandra Casona de Vargas _____

    _____

4. Gustavo Vargas Casona _____

_____

5. Rosita Vargas Guevara _____

_____

G. **Mi familia.** Escriba un párrafo describiendo a su familia. Incluya por lo menos seis personas.

_____

_____

_____

_____

_____

_____

_____

_____

_____

_____

_____

_____

SEGUNDA SITUACIÓN

A. **Después de la boda.** Usando el dibujo y la información de la **Primera situación**, complete las oraciones con las relaciones familiares puesto que están casados María Teresa y Joaquín.

1. Joaquín García Muñoz es _____ de María Teresa.

2. _____ es la cuñada de María Teresa.

3. Felipe Vargas Núñez es _____ de Joaquín.

4. Claudia García de Moreno y María Teresa son _____ .

5. Joaquín García Muñoz y Gustavo Vargas Casona son _____ .

6. Joaquín García Muñoz es _____ de Felipe Vargas Muñoz.

7. María Teresa es _____ de Elvira Muñoz de García.

8. Los García son _____ de los Vargas.

9. Después de casarse María Teresa legalmente se llama

_____ .

B. Una fiesta. ¿Qué preguntarían o contestarían las personas en las siguientes situaciones?

1. Ud. invita a un(-a) amigo(-a) a una fiesta en su casa el viernes que viene.

_____

2. Su amigo(-a) no puede venir porque tiene que trabajar.

_____

3. Ud. siente *(regret)* que su amigo(-a) no pueda venir.

_____

4. Ud. invita a otro(-a) amigo(-a) a la fiesta.

_____

5. El (la) otro(-a) amigo(-a) acepta.

_____

C. Una invitación. Ud. va a dar una fiesta en su apartamento el sábado que viene. Escríbale a un(-a) amigo(-a) invitándolo(-la) a la fiesta. Explíquele cuándo y dónde es, quiénes asistirán, qué tipo de fiesta es, etc.

_____

_____

_____

_____

_____

D. ¡Qué sorpresa! Un amigo ha oído noticias sorprendentes acerca de la boda de Gustavo y Eva. Confirme lo que él ha oído según el modelo.

MODELO ¿Gustavo y Eva? ¿Novios?
Sí, son novios.

1. ¿La boda? ¿El sábado a las 2?

   Sí, _____

2. ¿La cena? ¿En el Hotel Marbella?

   Sí, _____

3. ¿Gustavo? ¿De Ecuador?

   Sí, _____

4. ¿Eva? ¿Linda y coqueta?

   Sí, _____

5. ¿La madre? ¿Contenta?

   Sí, _____

6. ¿Los novios? ¿Nerviosos?

   Sí, _____

E. La boda de su hermana Susana. Miguel está escribiéndole una carta a sus abuelos porque quieren saber todos los detalles acerca de la boda de su hermana. Complete sus oraciones con la forma adecuada de **ser, estar** o **haber** en el presente.

Queridos abuelos:

   Como Uds. saben la boda (1) _____ el sábado 21.

(2) _____ lástima que Uds. no puedan asistir pero voy a contarles

lo que pasa. Me gusta Carlos, el novio de Susana. (3) _____

colombiano y (4) _____ muy inteligente y simpático. Va a

(5) _____ una ceremonia grande. La madrina

(6) _____ Amelia, una amiga de Susana y el padrino

(7) _____ Roberto, el hermano de Carlos. Susana

(8) _____ muy contenta con su traje de novia;

(9) _____ muy bonita.

   Ahora mamá (10) _____ hablando por teléfono con el

restaurante para decirles que (11) _____ dos invitados nuevos.

Papá (12) _____ de mal humor; dice que

(13) _____ demasiados invitados y que todo

(14) _____ demasiado caro. Yo (15) _____

aburrido con todos estos detalles. Prefiero (16) _____ con mis

amigos y olvidarme de la boda.

   Bueno, tengo que irme. Susana me (17) _____ llamando para

llevarla al centro comercial.

                                        Abrazos,
                                        Miguel

F. Unos niñitos. Ud. es el (la) maestro(-a) en una escuela primaria. ¿Cómo va a llamar Ud. a los siguientes niñitos? Dé el dimunitivo.

Adela _____ Eva _____

Manolo _____ Luis _____

Rosa _____ Susana _____

Lola _____ Juan _____

Paco _____ Pepe _____

G. Dudas de vocabulario. Complete las oraciones con la forma adecuada de una de las palabras de la lista.

cerca	porque	poco
cercano	puesto que	pequeño
unido	como	joven
íntimo	a causa de	menor

La familia Hernández es muy _____ . Claudio, su esposa y sus

hijos viven _____ de los abuelos. _____ esta

proximidad se ven a menudo. Roberto y Emilio son los dos hijos de Claudio. Emilio asiste

a la universidad _____ quiere hacerse ingeniero como su padre

que tiene una _____ compañía de construcción. Roberto todavía

es _____ y no sabe lo que quiere ser en el futuro. El hermano de

Claudio vive en un barrio _____ . Cada domingo la familia entera

se reúne en la casa de los abuelos para cenar.

H. **Una boda estupenda.** Ud. es periodista *(newspaper reporter)* para el *Herald* de Miami, Florida, y tiene que escribir un artículo sobre la boda de Maricarmen Valero, la hija de una familia rica y famosa. Describa a los invitados, la iglesia y la recepción. Incluya también una descripción de los novios y sus familias.

_____

_____

_____

_____

_____

_____

_____

_____

_____

_____

_____

EXPANSIÓN DE VOCABULARIO

Family Members

The vocabulary for members of the family is often based on the following observations regarding word formation.

1. In most cases the relationship between two or more persons of a family is expressed by a single noun which has a masculine form ending in **-o** and a feminine form ending in **-a.** This is contrary to English which uses a distinct vocabulary word to express these masculine and feminine forms: **el hermano** = *brother;* **la hermana** = *sister.*
EXCEPTION: el padre = *father;* **la madre** = *mother.*

2. The plural nouns indicating family members refer to persons of both gender: **los abuelos** = *grandparents;* **los hijos** = *children;* **los padres** = *parents;* **los tíos** = *uncles and aunts.*
3. The prefix **bis-** or **biz-** = *great-:* **el bisabuelo** = *great-grandfather;* **la biznieta** = *great-granddaughter.* The prefix **rebis-** = *great-great:* **el rebisabuelo (tatarabuelo)** = *great-great-grandfather.*
4. The prefix **co-** or **com-** = *god-:* **el compadre** = *godfather;* **la comadre** = *godmother.* This prefix is derived from **con** *(with)* and indicates a co-parent who is a parent along with the biological parents.
5. The suffix **-astro(-a)** = *step-.* To use this suffix drop the final vowel from the noun and add the corresponding masculine or feminine form of the suffix:
   la madre → la madrastra = *mother → stepmother.*

Práctica

A. Dé la forma inglesa de las siguientes palabras.

1. los hijastros _____

2. la rebisabuela _____

3. los cuñados _____

4. el tatarabuelo _____

5. el biznieto _____

6. el compadre _____

7. los suegros _____

8. la hermanastra _____

B. Dé la forma española de las siguientes palabras.

1. stepmother _____

2. stepdaughter _____

3. stepbrother _____

4. stepfather _____

5. great-grandfather _____

6. great-grandmother _____

7. great-granddaughter _____

8. great-great-grandfather _____

C. Complete las oraciones con un sustantivo que indica la relación entre las personas.

1. Los _____ son los padres de su esposo(-a).

2. Un _____ es el padre de su abuelo.

3. Una _____ es la hija de un matrimonio anterior de su padre o

   madre.

4. Una _____ es la bisabuela de su madre.

5. El _____ o la _____ es una persona que

   promete cuidar a un(-a) hijo(-a) en caso de la muerte de los padres.

6. Un _____ es el hijo de su nieto o nieta.

Bienvenidos a México

A. Adivinanza. Para descubrir la palabra en la caja vertical escriba en las líneas horizontales las palabras que corresponden a las definiciones de cada número.

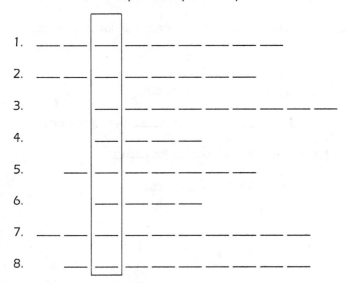

1. __ __ __ | __ | __ __ __ __ __
2. __ __ __ | __ | __ __ __
3. | __ | __ __ __ __ __ __
4. | __ | __ __ __
5. __ | __ | __ __
6. | __ | __ __
7. __ __ | __ | __ __ __ __ __
8. __ | __ | __ __ __

1. La santa patrona de México es la Virgen de _____ .
2. El océano al oeste de México
3. Tierras altas entre las montañas
4. La moneda de México
5. La industria principal de México
6. Una ciudad grande en el norte del país
7. El lugar de los jardines flotantes
8. La tercera ciudad más grande de México

B. Usando oraciones completas, conteste las siguientes preguntas sobre México.

1. Nombre cuatro ciudades grandes e importantes. _____

_____

_____

2. Nombre unas playas famosas de México. _____

   _____

   _____

3. ¿Cuáles son las industrias importantes? _____

   _____

   _____

4. ¿Dónde vive la mayoría de la población? _____

   _____

   _____

5. ¿Qué tipo de gobierno tiene México? _____

   _____

   _____

6. ¿Cómo son la geografía y el clima? _____

   _____

   _____

Capítulo 4
En la universidad

PRIMERA SITUACIÓN

A. Las facultades. ¿En qué facultad de la universidad estudiaron las siguientes personas?

    MODELO   Rodolfo Estrada, doctor
               Estudió en la Facultad de Medicina.

1. Adela Guzmán, maestra en una escuela primaria

   _____

2. Carlos Pereda, arquitecto

   _____

3. Nicolás Azaña, ingeniero mecánico

   _____

4. Yolanda Mendoza, mujer de negocios

   _____

5. Héctor Valdés, abogado

   _____

6. Beatriz Ocampo, artista

   _____

7. Gustavo Rivas, profesor de literatura francesa

   _____

B. **Las expresiones del (de la) profesor(-a).**   Combine las frases del (de la) profesor(-a) con la situación en la cual él (ella) las usa.

1. _____ Escuchen.

2. _____ Saquen una hoja de papel y un lápiz.

3. _____ Abran sus libros.

4. _____ De tarea tienen que estudiar el vocabulario.

5. _____ Hablen más alto.

6. _____ Contesten.

a.   Antes de hacer unos ejercicios en el libro.
b.   Al final de una clase.
c.   Antes de hacerles preguntas a los estudiantes.
d.   Antes de un examen.
e.   Antes de oír un diálogo nuevo.
f.   Todos los alumnos hablan.

C. **¿Qué diría Ud.?**   Ud. estudia en la Universidad de Monterrey en México. Indique lo que Ud. preguntaría o contestaría en las siguientes situaciones.

1. Ud. está en una clase de física y el profesor acaba de explicar un problema difícil. Ud. no entiende bien su explicación.

_____

2. Su profesora de español le dice que escriba un informe pero Ud. necesita más información sobre la tarea.

_____

3. Ud. necesita la palabra española para *to register.*

_____

4. Su profesor de historia habla muy rápidamente y Ud. no lo entiende bien.

_____

5. Su profesora de literatura moderna le hace una pregunta a Ud. pero Ud. no leyó la tarea anoche.

_____

6. En su clase de cálculo el profesor le hace una pregunta que Ud. no entiende.

_____

D. Mi universidad. Diga qué edificios hay en su universidad e indique dónde están.

1. _____ al lado de

   _____ .

2. El laboratorio de lenguas está _____

   _____ .

3. _____ está

   enfrente de la biblioteca.

4. Detrás de _____ hay

   _____ .

5. La universidad está cerca de _____ .

6. El centro estudiantil está entre _____

   _____ y _____ .

E. El curso para extranjeros. José Luis es de Puebla, México, y les escribe a sus padres describiendo sus experiencias en un curso para extranjeros en Santa Bárbara, California. Complete las oraciones con **por** o **para** según el caso.

Queridos padres:

_____ fin tengo el tiempo _____ escribirles

a Uds. Todo va bien y me gusta mucho este programa _____

extranjeros. Mi compañero de cuarto es de Colorado y habla español muy bien

_____ un americano.

   Cada día estudio mucho. _____ la mañana asisto a mis clases y

_____ la tarde practico en el laboratorio de lenguas. Durante el

día no tenemos tiempo _____ divertirnos pero

_____ la noche vamos al cine o a una discoteca.

Muchas gracias _____ el dinero que me enviaron antes. Tuve

que pagar $250.00 _____ mis libros este semestre.

¡ _____ eso, necesité el dinero!

Bueno, tengo que terminar un informe _____ la clase de inglés.

Los llamaré a Uds. _____ teléfono este fin de semana. Muchos

abrazos de su hijo

José Luis

F. En la residencia. Después de una reunión del Club Internacional, muchas personas se olvidaron cosas personales. Conteste las preguntas del presidente del club acerca de las posesiones.

MODELO Este suéter rojo. ¿De Carmen?
Sí, es de ella.

1. Los libros de química. ¿De Ramón?

_____

2. El cuaderno grande. ¿De la profesora Méndez?

_____

3. Los discos. ¿De Raúl y Carolina?

_____

4. Las raquetas de tenis. ¿De tus compañeras de clase?

_____

G. **En la universidad.** Explique lo que pasó en la universidad ayer. Use el imperfecto o el pretérito de los verbos según el caso.

MODELO Roberto / conocer a unos nuevos alumnos
Roberto conoció a unos nuevos alumnos ayer.

1. Miguel / no saber las respuestas en su examen de cálculo

   _____

2. Rafael / poder ir a clase aunque estuvo enfermo

   _____

3. yo / querer estudiar pero una compañera de clase me interrumpió mucho

   _____

4. mi mejor amigo / saber que recibió una beca

   _____

5. tú / tener buenas noticas de tu familia

   _____

SEGUNDA SITUACIÓN

A. **Curso para extranjeros.** Dé un vistazo al artículo que sigue. ¿Cuál es el tema

central? ¿Cuáles son los temas secundarios? _____

_____

_____

XXXII CURSO DE LENGUA Y CULTURA ESPAÑOLAS PARA EXTRANJEROS

PROGRAMA

— **Clases.** Las enseñanzas se impartirán por la mañana de lunes a viernes, incluyendo clases de lengua española (30 horas) y actividades complementarias (20 horas), con el siguiente horario:

HORARIO	De lunes a viernes	N.º de horas
De 9 a 10	Lengua Española	15
De 10 a 11	Prácticas de español	15
Desde 11,30	Actividades complementarias	20
	TOTAL	50

— El primer día del Curso se realizará una prueba escrita para distribuir a los alumnos, según su conocimiento de la lengua española, en los siguientes niveles:

1. Principiante
2. Elemental
3. Medio
4. Superior

— **Actividades complementarias.**

Conferencias, coloquios, seminarios, audiciones y proyecciones sobre los temas objeto de estudio en las clases y sobre aspectos generales de la cultura española.

— **Actos culturales y recreativos.**

1. Visitas a museos y monumentos.
2. Actuaciones teatrales y musicales en la ciudad.
3. Excursiones a lugares de particular interés.

RECEPCIÓN

El día 2 de agosto tendrá lugar la recepción en el Edificio de la Universidad de Barcelona, realizándose de 10 a 12 de la mañana la prueba para evaluar los conocimientos de español de los alumnos y clasificarlos según los niveles previstos.

CERTIFICADOS

El día 25 de agosto se clausurará el Curso y se entregarán los Certificados Académicos Personales a los alumnos que hayan asistido con asiduidad.

OTROS SERVICIOS

— **Alojamiento.** Los alumnos interesados podrán disponer de alojamiento y desayuno en el Colegio Mayor "Sant Jordi", situado en la calle Maestro Nicolau, 13 - 08021 Barcelona.

Esta Residencia ofrece además:
- Servicio de comedor.
- Servicio médico ordinario.
- Horario flexible de entradas y salidas, respetando la convivencia.

Deportes. El alumno del Curso podrá acceder a las Instalaciones Deportivas de la Universidad de Barcelona.

— **Biblioteca y otros servicios.** Igualmente tendrán acceso a la Biblioteca General de la Universidad, así como a los demás Servicios Universitarios.

— **Seguro de Accidentes.** Los alumnos tendrán cubierto el riesgo de accidentes mediante póliza con una Compañía Internacional de Seguros.

Lea la información sobre el curso para extranjeros y conteste las preguntas.

1. ¿Cuántas horas de clase de lengua española hay por semana? _____

_____

¿Qué días hay clase? _____

_____

¿A qué hora son las clases? _____

_____

2. ¿Cuántos niveles de cursos hay? _____

¿Cuáles son? _____

_____

En su opinión, ¿cuál es su nivel de conocimiento?

_____

3. ¿Cuáles son las actividades complementarias? _____

_____

4. ¿Qué tipo de diversiones hay? _____

_____

5. ¿Cuándo es la recepción de estudiantes nuevos? _____

_____

¿Cuándo es el examen para evaluar los conocimientos de español de los estudiantes

nuevos? _____

_____

6. ¿Qué título recibirán los estudiantes? _____

_____

7. ¿Qué servicios ofrece la residencia estudiantil? _____

   _____

8. ¿Qué otros servicios ofrece el programa? _____

   _____

B. ¿Qué tiempo hace?   Un amigo suyo que vive en Guatemala quiere asistir a una universidad en los EEUU pero sólo quiere vivir en un lugar con un clima casi perfecto como el de Guatemala. Escríbale explicando qué tiempo hace en las siguientes universidades.

1. la Universidad de Hawai

   _____

2. la Universidad de Alaska en enero

   _____

3. la Universidad de Chicago en marzo

   _____

4. la Universidad de Miami en el verano

   _____

5. su universidad

   _____

C. **Anoche.** Escriba un párrafo contando lo que le pasó a Ud. y cómo se sentía anoche. Use las siguientes frases en una forma afirmativa o negativa.
hacer buen tiempo / trabajar / divertirse / hablar por teléfono / sentirse contento(-a) / estar cansado(-a) / acostarse / salir con amigos(-as) / ¿?

_____

_____

_____

_____

_____

_____

_____

_____

_____

D. **La vida universitaria.** Complete la carta de Eduardo a su novia en la cual él describe su vida en la universidad. Según el caso, use el imperfecto o el pretérito de los verbos entre paréntesis.

Querida Teresa:

Cada día me gusta más la vida universitaria aunque estudio casi siempre. Como sabes,

en la escuela secundaria yo no (estudiar) _____ mucho y tú y yo

(salir) _____ casi todas las noches. Pero aquí es diferente. Ayer

(ser) _____ un día difícil para mí. Yo (tomar)

_____ mi primer examen de química. Todo el fin de semana

(estudiar) _____ con dos otros estudiantes de la clase. Nosotros

(repasar) _____ los apuntes y (aprender)

_____ de memoria muchas fórmulas. Antes del examen yo

(estar) _____ muy nervioso. Después (sentirse)

_____ muy deprimido *(depressed)* y (faltar)

_____ a otra clase y no (poder) _____

prestar atención en la conferencia de biología.

Pero esta mañana todo va mejor. El profesor nos (devolver)

_____ los exámenes y l(sacar) _____ un 97%!

Es increíble.

Bueno, el grupo de estudio me llama y tengo que irme.

Muchos abrazos,

Eduardo

E. El primer día de clases. Describa su primer día de clases en la universidad. Incluya información sobre el tiempo, sus sentimientos y emociones, sus clases y lo que pasó.

_____

_____

_____

_____

_____

_____

_____

_____

_____

_____

F. Dudas de vocabulario. Combine la oración de la columna a la izquierda con una frase de la derecha.

1. Mi hijo Jorge tiene seis años y asiste a _____ .

2. A los Gómez no les gusta la idea de una educación privada. Por eso, su hijo de dieciséis años asiste a _____ .

3. Los Mendoza creen que la enseñanza en las escuelas públicas es inferior. Por eso sus niños asisten a _____ .

4. Diego quiere hacerse médico; ahora estudia en _____ de Medicina en la Universidad de Texas.

5. Ángela asiste a la Universidad de California. Vive en _____ porque la universidad está lejos de su casa.

6. El hermano de Ángela vive en un apartamento porque prefiere _____ privado.

7. _____ de la universidad está de huelga y nadie va a enseñar. Dicen que la universidad no les paga bien.

a. el profesorado
b. la escuela
c. un liceo
d. un dormitorio
e. una escuela primaria
f. una residencia estudiantil
g. un colegio
h. la Facultad
i. la universidad

G. Su mejor amigo(-a). Escríbale una carta a su mejor amigo(-a) describiéndole el fin de semana pasado. Describa el tiempo, sus sentimientos y sus actividades.

_____ :

_____

_____

_____

_____

_____

_____

_____

_____

_____

_____

_____

_____

_____ ,

EXPANSIÓN DE VOCABULARIO

Courses of Study

Many vocabulary words pertaining to courses of study and university activities can be grouped into the following categories based on word formation.

1. *-y*   =   **-ía**
    anatomy =   **la anatomía**

    Other words of this type include **la astronomía, la economía, la filosofía, la geografía, la geometría, la trigonometría.**

2. *-ology*   =   **-ología**
    sociology =   **la sociología**

    Other words of this type include **la biología, la fisiología, la geología, la sicología.**

3. **-ar** verb → noun ending in **-ción**
    investigar → **la investigación**

Práctica

A. Dé la forma inglesa de las siguientes palabras.

1. la filosofía _____

2. la astronomía _____

3. la trigonometría _____

4. la geología _____

5. la sicología _____

6. la fisiología _____

B. Dé el sustantivo español basado en el infinitivo. Luego dé el sustantivo inglés.

	SUSTANTIVO ESPAÑOL	SUSTANTIVO INGLÉS
1. comunicar	_____	_____
2. educar	_____	_____
3. especializarse	_____	_____
4. organizar	_____	_____
5. administrar	_____	_____
6. recomendar	_____	_____
7. programar	_____	_____
8. interpretar	_____	_____

C. Complete las oraciones con el sustantivo apropiado.

1. El estudio de las estrellas y el cielo es la _____ .

2. El estudio del cuerpo humano es la _____ .

3. El estudio de la personalidad es la _____ .

4. El estudio de las obras de personas como Sócrates y Platón es la

_____ .

5. El estudio de las sociedades y las culturas es la _____ .

6. El estudio de las computadoras es la _____ .

7. Para trabajar en la radio o la televisión es necesario estudiar las

_____ .

8. Para hacerse hombre o mujer de negocios es necesario estudiar la

_____ de empresas.

Capítulo 5
En una fiesta estudiantil

PRIMERA SITUACIÓN

A. **La fiesta de cumpleaños.**   Describa la fiesta del dibujo. Explique quiénes son los invitados, qué celebran, qué comen y beben y qué hacen durante la fiesta.

_____

_____

_____

_____

_____

_____

_____

_____

B. **Mi mejor amigo(-a).**   Describa la personalidad de su mejor amigo(-a).

_____

_____

_____

_____

_____

_____

_____

C. Presentaciones. ¿Qué diría Ud. en las siguientes situaciones?

1. Ud. presenta al Sr. Guzmán a la Sra. Rodríguez.

   _____

2. Ud. presenta a su amiga Anita a otra amiga Yolanda.

   _____

3. Ud. tiene que presentarse en una fiesta.

   _____

4. Un amigo acaba de presentarlo(-la) a Ud. a su mamá.

   _____

5. Ud. acaba de conocer a Gloria, una nueva compañera de clase.

   _____

6. En una presentación la otra persona le dice a Ud. —Mucho gusto.

   _____

D. En la fiesta estudiantil. Describa lo que los invitados están haciendo en la fiesta del dibujo al principio del capítulo. Use los siguientes verbos: bailar / beber / comer / darse la mano / divertirse / presentar

1. La pareja en el centro _____ .

2. Las tres personas alrededor de la mesa _____

   _____ y _____ .

3. La chica a la izquierda _____

   _____ .

4. Los dos jóvenes a la izquierda _____

   _____ .

5. Todos _____ .

E. ¿Qué estaban haciendo? Explique lo que las siguientes personas estaban haciendo ayer durante una fiesta estudiantil.

    MODELO   Ricardo / charlando
                  Ricardo estaba charlando.

1. Carlos y yo / presentarse

    _____

2. Uds. / divertirse

    _____

3. Susana y Elena / chismear

    _____

4. tú / oír música rock

    _____

5. la anfitriona / servir bebidas

    _____

6. yo / comer y beber

    _____

7. Miguel / jugar a las cartas

    _____

F. Después de la fiesta. Después de una fiesta en su casa Ud. encontró varias cosas. Ahora Ud. trata de descubrir de quién son los objetos y Ud. les escribe una nota a varios invitados.

    MODELO   el suéter / gris
           Su mensaje: **¿Es tuyo este suéter?**
           La respuesta: **No, no es mío. El mío es gris.**

1. el paraguas / rojo

    Su mensaje: _____

    La respuesta: _____

2. los discos / más nuevo

   Su mensaje: _____

   La respuesta: _____

3. la bufanda / más largo

   Su mensaje: _____

   La respuesta: _____

4. las gafas / negro

   Su mensaje: _____

   La respuesta: _____

5. los guantes / más sucio

   Su mensaje: _____

   La respuesta: _____

SEGUNDA SITUACIÓN

A. ¿Qué se va a servir? Ud. trabaja para un servicio de comidas. Prepare un menú apropiado para las siguientes ocasiones. Incluya por lo menos cuatro cosas para comer y dos para beber.

1. El cumpleaños de un niño de cinco años _____

   _____

   _____

2. La jubilación *(retirement)* del presidente de una compañía importante _____

   _____

   _____

3. La graduación de la escuela secundaria de una chica _____

_____

_____

4. La boda de una pareja muy rica _____

_____

_____

B. Una fiesta formal. Ud. es el (la) anfitrión(-a) de una fiesta formal. ¿Qúe diría Ud. en las siguientes situaciones?

1. Un invitado llega a su fiesta.

_____

2. Muchos invitados se hablan enfrente de la casa en vez de entrar.

_____

3. Una mujer vieja está de pie y parece cansada; debe sentarse.

_____

4. Dos invitados salen de la fiesta.

_____

Ahora Ud. es un(-a) invitado(-a) en una fiesta informal. ¿Qué le diría Ud. a los anfitriones?

1. Ud. llega a la fiesta.

_____

2. Ud. sale y quiere decirles a los anfitriones que se divirtió mucho.

_____

C. Planes de fiesta. Ud. es el (la) dueño(-a) de una compañía que organiza fiestas. Conteste las siguientes preguntas para un empleado que no sabe lo que debe hacer para organizar la fiesta en casa de los Suárez.

> **MODELO** ¿Debo escribirles invitaciones a los invitados?
> **Sí, escríbaselas.**

1. ¿Debo preguntarles a los Suárez lo que quieren comer?

   _____

2. ¿Debo explicarle al cocinero lo que va a preparar?

   _____

3. ¿Debo mostrarles los ramos de flores a la Sra. Suárez?

   _____

4. ¿Debo traerle el champán al Sr. Suárez?

   _____

5. ¿Debo enviarle la cuenta a la Sra. Suárez?

   _____

D. Querida Julia. Mariana le escribe una carta a Julia describiéndole una fiesta. Complete la carta con la forma adecuada del artículo definido. Si el artículo no es obligatorio, escriba **0** en el espacio.

Querida Julia:

¡Qué cansada estoy! Anoche fui a _____ fiesta en casa de

_____ Soto. ¿Los conoces? Viven en _____

casa de enfrente. _____ señor Soto es alto y moreno; es de

_____ Argentina. Su esposa es francesa pero habla

_____ español bien. Soy _____ amigo de su

hija Dolores.

Fue una fiesta estupenda. Empezó a _____ ocho y no salimos

hasta _____ tres. Sabes que me encanta

_____ música latina. Pues, como ellos tienen muchos discos escucha-

mos _____ música y nos quitamos _____

zapatos y bailamos toda _____ noche. ¡Fue tan lindo!

Bueno, tengo que irme. Espero que puedas venir a verme _____

viernes como siempre.

Abrazos,

Mariana

E. Mis opiniones. Explique sus opiniones acerca de las fiestas familiares. Comente los aspectos positivos y negativos.

1. Lo mejor de una fiesta familiar _____

_____

2. Lo más divertido _____

_____

3. Lo más desagradable _____

_____

4. Lo más interesante _____

_____

5. Lo peor _____

_____

F. Dudas de vocabulario.

1. **En la fiesta.** Explique lo que Armando hizo en la fiesta. Complete las oraciones con la forma adecuada de uno de los verbos de la lista.

   conocer / encontrar / encontrarse con / reunirse con

   El viernes pasado Armando y otros miembros del Club Español

   _____ en un restaurante mexicano. Armando se divirtió mucho

   y _____ a mucha gente interesante. Lo bueno de la fiesta fue

   cuando él _____ a su antiguo profesor de español en el mismo

   restaurante. Lo malo fue cuando no pudo _____ su cartera

   (wallet) aunque la buscó por todas partes.

2. **Una invitación.** Complete la conversación telefónica entre Salvador y Tomás. Use la forma adecuada de una de las palabras de la lista.

   ir / venir / mucho / tanto / demasiado

   —Hola, Tomás. ¿Qué hay de nuevo?

   —No _____ . ¿Cómo estás?

   —Bien. Oye, tengo una fiesta en mi casa el sábado. ¿Puedes

   _____ ?

   —Lo siento, Salvador pero no puedo _____ . Tengo que

   trabajar.

   —Creo que trabajas _____ . Es malo para la salud.

   —Tienes razón pero necesito el dinero. Tengo deudas *(debts)* que nunca voy a poder pagar.

G. Una fiesta reciente. Escríbale una carta a un(-a) amigo(-a) describiéndole una fiesta reciente a la cual Ud. asistió. Explíquele quiénes vinieron, qué hicieron, qué comieron y bebieron.

_____ :

_____

_____

_____

_____

_____

_____

_____

_____

_____

_____ ,

EXPANSIÓN DE VOCABULARIO

The Suffixes *-ico* and *-oso*

1. SUFFIX   **-ico**   =   *-ic, -cal*
             dinámico =   *dynamic*
             clásico   =   *classical*

This common adjective ending changes form to agree in number and gender with the noun modified. Although the suffix **-ico** generally has the equivalent English ending *-ic,* it will sometimes be translated in other ways such as with the English suffix *-cal* or *-ful:* **magnífico** = *wonderful, magnificent.*

2. SUFFIX **-oso** = *-ous*
   famoso = *famous*

This common adjective ending will also change form to agree in number and gender with the noun modified. Although the suffix **-oso** generally has the English equivalent of *-ous,* it will sometimes be translated in other ways: **chistoso** = *humorous, funny, amusing.*

Práctica

A. Dé la forma inglesa de las siguientes palabras.

1. eléctrico _____

2. artístico _____

3. histórico _____

4. cronológico _____

5. maravilloso _____

6. curioso _____

7. religioso _____

8. estudioso _____

B. Dé la forma española de las siguientes palabras.

1. energetic _____

2. dynamic _____

3. analytic _____

4. toxic _____

5. marvelous _____

6. famous _____

7. contagious _____

8. precious _____

C. Complete las oraciones con un adjetivo terminando en la forma adecuada de **-ico** u **-oso.**

1. Carolina tiene mucha energía; es muy _____ .

2. México tiene una larga historia; es un país _____ .

3. Manolo sabe pintar y dibujar; es bastante _____ .

4. No me gustan las cocinas (stoves) de gas; prefiero una cocina

   _____ .

5. A Felipe le gusta estudiar; es un chico muy _____ .

6. El diamante es una piedra _____ .

7. Julio Iglesias y Plácido Domingo son dos cantantes conocidos en todo el mundo;

   son muy _____ .

8. Anoche fui a una fiesta con muy buenos entremeses y bebidas; fue una fiesta

   _____ .

Capítulo 6
En el restaurante

PRIMERA SITUACIÓN

A. Restaurante Bajamar.   Ud. está de vacaciones en la Ciudad de México y va a un restaurante español para cenar. Dé un vistazo al menú y examínelo superficialmente; conteste las preguntas. (**Vocabulario: la tortilla** = *omelette;* **la paella** = *chicken, seafood, and rice casserole;* **el gazpacho** = *cold vegetable soup*)

1. ¿Cuántos grupos de platos se mencionan en el menú? _____

    _____

    ¿Cuáles son? _____

    _____

    ¿Cuál es la especialidad de la casa? _____

    _____

2. Además de los platos españoles, el restaurante sirve platos franceses e italianos.

    Nombre un plato italiano del menú. _____

    Nombre dos platos franceses del menú. _____

    _____

3. Entre las sopas, ¿cuál(-es) es (son) más típica(-s) de España? _____

    _____

    Entre las entradas, ¿cuál(-es) es(son) más típica(-s) de España? _____

    _____

MENU TURISTICO:

Se compone eligiendo:
Un plato del Grupo 1.°
Un plato de los Grupos 2.°, 3.° ó 4.°
Un plato del Grupo 5.°
Pan y vino del país

SOPAS Y CREMAS

GRUPO 1.°

Consomé de ave.	Gazpacho Andaluz. . . . .
Consomé gelée	Bullavesa Marsellesa. . . . .
Consomé Martell.	Crema de langosta . . . .
Petite Marmite.	Crema Windsor . . . .
Sopa de cebolla.	Sopa de pescado . . . .

HUEVOS Y PASTAS

GRUPO 2.°

Huevos al plato Flamenca	Huevos fritos con bacón. . . . .
Huevos escalfados Beneditine.	Huevos fritos a la Cubana. . . . .
Huevos revueltos a la Turca	Tortilla "BAJAMAR" . . . .
Huevos revueltos "BAJAMAR"	Tortilla con espárragos . . . .
	Spaghettis Napolitana . . . .

MARISCOS
especialidad de la casa

GRUPO 3.°

Centollo.	Kg.	Gambas	Rac.
Langosta	Kg.	Camarones.	Rac.
Bogavante	Kg.	Percebes.	Rac.
Langostinos	Kg.	Cocktail de Mariscos	Rac.
Cigalas	Kg.	Salpicón de Mariscos	Rac.
Nécoras.	Kg.	Changurro a la Vasca	Rac.
Buey de Mar.	Kg.	Vieiras.	Unidad
Ostras	½ Dna.	Almejas.	½ Dna.
Ostras gigantes.	½ Dna.	Cangrejos de río	½ Dna.
Ostras supergigantes	½ Dna.		

ENTRADAS

GRUPO 4.°

Tournedó "BAJAMAR"	Pollo en cocotte Souvaroff . . . .
Solomillo Strogonoff	Pechuga de Pollo Villeroy . . . .
Escalope Ternera Cordon Bleu.	Perdiz Estofada . . . .
Medallones Ternera Fino Champaña	Perdiz Escabechada. . . . .
Escalope de Ternera Vienesa	Chuleta de Cerdo Flamanda . . . .
Sesos a la Romana	Paella con Pollo. . . . .
Criadillas a la Romana.	Paella con Pollo y Mariscos . . . .
Riñones al Jerez, arroz blanco.	Paella especial de Mariscos . . . .
Callos a la Madrileña	

POSTRES

GRUPO 5.°

Copa CASA (helado, flan, melocotón, nata). .	Helados variados a elección . . . .
Tortilla Alaska (2 o más personas). . . Rac.	Piña natural al kirsh . . . .
Flan al caramelo	Fruta del tiempo. . . . .
Tartas a elección	
Melocotón en almibar	Queso español. . . . .
Pera del tiempo en compota.	Queso francés. . . . .

Servicio e impuestos incluidos.

Capítulo 6

Entre los postres, ¿cuál(-es) es(son) más típico(-s) de España? _____

_____

4. Del menú turístico, ¿qué se puede elegir para comer? _____

_____

¿Qué se puede beber? _____

_____

5. ¿Qué va a elegir Ud.?

Grupo 1 _____

Grupo 2, 3 o 4 _____

Grupo 5 _____

B. ¿Qué desearía hoy? Ud. acaba de leer el menú del Restaurante Bajamar y quiere pedir. Complete la conversación con el camarero.

1. Camarero   Buenas noches, señor/señora/señorita. ¿Qué le puedo ofrecer?
    Usted   (Tell him you don't know what to order. Ask him to return in a few minutes.)

_____

_____

Unos minutos después.

2. Camarero   Bueno, ¿qué desearía Ud. comer?
    Usted   (Tell him what you want for your first course.)

_____

3. Camarero   Muy bien. ¿Y de segundo?
    Usted   (Ask him what the house speciality is.)

_____

Capítulo 6

4. **Camarero** Somos famosos por los mariscos. Las gambas están estupendas hoy.
   Usted (Ask how the shrimp are prepared.)

   _____

5. **Camarero** En una salsa de tomate con pimiento y cebolla.
   Usted (Ask if the shrimp dish is spicy.)

   _____

6. **Camarero** No, no es picante. Se lo recomiendo.
   Usted (Say if you will order the shrimp or not. If not, order a main course.)

   _____

   _____

7. **Camarero** Muy bien. ¿Y algún postre?
   Usted (If yes, say which one. If no, give a reason.)

   _____

8. **Camarero** ¿Y preferiría el vino blanco o tinto?
   Usted (Answer him or provide another alternative.)

   _____

9. **Camarero** Muy bien. Le traigo la comida en seguida.

C. Los gustos. Explique lo que les gusta a los clientes en el Restaurante Bajamar.

   MODELO a Tomás / la sopa de cebolla
   A Tomás le gusta la sopa de cebolla.

1. al Dr. Higuera / la tortilla Bajamar

   _____

2. a mí / las gambas

   _____

3. a los Ramírez / el flan al caramelo

   _____

4. a ti / las ostras supergigantes

   _____

5. a mi madre y a mí / la paella especial

   _____

6. a Uds. / los huevos revueltos Bajamar

   _____

7. a Carolina / el gazpacho andaluz

   _____

D. Mis preferencias. Complete las oraciones de una manera lógica con sus gustos y preferencias acerca de la comida y los restaurantes.

1. Me gusta(-n) _____ .

2. No me gusta(-n) _____ .

3. Me encanta(-n) _____ .

4. Me cae(-n) mal _____ .

5. Me fascina(-n) _____ .

6. Me interesa(-n) _____ .

E. En el mercado. Complete la siguiente conversación entre el dependiente y un cliente en el mercado.

   MODELO Dependiente   ¿Quisiera Ud. estos tomates? (allí)
   Cliente   **No, prefiero aquéllos.**

1. ¿Quisiera Ud. este melón? (allí)

   No, _____

2. ¿Quisiera Ud. aquellas naranjas? (ahí)

   No, _____

3. ¿Quisiera Ud. esa cebolla? (allí)

   No, _____

4. ¿Quisiera Ud. aquellos pimientos? (aquí)

   No, _____

5. ¿Quisiera Ud. aquella lechuga? (aquí)

   _____

F. Una visita a los abuelos. Su hijo(-a) de seis años va a pasar una semana en casa de sus abuelos. Escríbales una carta a los abuelos explicándoles lo que le gusta comer y beber a su hijo(-a), lo que le interesa y lo que le disgusta para que los abuelos puedan prepararse para la visita. (Su hijo(-a) tiene las mismas preferencias e intereses que Ud. tenía a los seis años.)

_____ :

_____

_____

_____

_____

_____

_____

_____

_____

_____

_____

_____

                                    _____ ,

SEGUNDA SITUACIÓN

A. El único restaurante. Ud. viaja en México con un grupo. Hoy Uds. están en un pueblo muy pequeño con un solo restaurante; desgraciadamente es malo. Dígale al camarero lo que él necesita traer a la mesa.

MODELO A un miembro del grupo le falta el utensilio para comer el helado.
Camarero, tráiganos una cucharita, por favor.

A un miembro del grupo le falta el objeto / el utensilio...

1. para cortar la carne.

   _____

2. para comer la sopa.

   _____

3. que contiene la sal.

   _____

4. que contiene la pimienta.

   _____

5. para beber el vino.

   _____

6. para beber el agua.

   _____

7. para beber el café.

   _____

8. para limpiarse la boca.

   _____

B. ¿Qué come Ud.? Un(-a) amigo(-a) de Puebla, México va a visitarlo(-la) a Ud. en los EEUU. Escríbale una carta explicándole en qué consisten las comidas típicas y cuándo se sirven para ayudarlo(-la) a familiarizarse con las costumbres en los EEUU.

_____ :

_____

_____

_____

_____

_____

_____

_____

_____

_____

_____

_____ ,

C. Una comida formal. ¿Qué preguntaría o contestaría Ud. en las siguientes situaciones?
Ud. es el (la) anfitrión(-a) de una comida formal.

1. Sus invitados acaban de llegar y quiere servirles algo para beber.

_____

2. Un invitado pidió un whiskey pero Ud. no sabe cómo lo quiere.

_____

3. La comida está lista.

_____

4. Todos están sentados esperando a comer.

_____

Ud. es el (la) invitado(-a).

1. El anfitrión le ofrece una copa de vino pero Ud. es alérgico(-a) al alcohol.

_____

2. La anfitriona le ofrece más carne pero Ud. no quiere comer más.

_____

3. La anfitriona le sirve algo que nunca ha comida antes y le gusta.

_____

4. Ud. necesita la sal.

_____

D. **Comparaciones.** Compare las siguientes cosas según el modelo.

   MODELO   la sopa / el helado (frío)
   El helado es más frío que la sopa.

1. la comida mexicana / la comida norteamericana (picante)

_____

2. los camarones / el atún (sabroso)

_____

3. los espárragos / los cacahuetes / (salado)

_____

4. el caldo de pollo / el menudo (rico)

_____

5. un limón / una naranja (dulce)

_____

E. Mi familia y yo. Compárese con miembros de su familia en varias categorías.

    MODELO la estatura *(height)*
            Soy más alto(-a) que mi hermana pero soy menos alto(-a) que mi padre.

1. la inteligencia _____

_____

2. el peso *(weight)* _____

_____

3. la estatura _____

_____

4. el atletismo _____

_____

5. la simpatía *(congeniality)* _____

_____

F. De compras. Ud. es el (la) dueño(-a) de un restaurante. Complete las instrucciones para su nuevo cocinero *(chef)* con **el, la, los, las.**

Mañana Ud. necesita salir temprano para ir a _____ mercado para

hacer _____ compras. Como Ud. no conoce bien

_____ ciudad debe usar _____ mapa que

está encima de _____ refrigerador. Compre

_____ frijoles, _____ azúcar y

_____ arroz en _____ tienda González. Com-

pre _____ legumbres y _____ frutas en el mercado central. Compre _____ mejillones, _____

camarones, _____ atún y _____ lenguado en

_____ pescadería al lado de _____ mercado;

tiene _____ mejor calidad. Al volver a _____

restaurante empiece a preparar _____ postres para

_____ almuerzo; _____ flan y

_____ pasteles son muy populares. Buena suerte con todo porque

_____ día va a ser difícil.

G. Dudas de vocabulario. Complete la carta de Mercedes en la cual describe una comida en un nuevo restaurante. Use la forma apropiada de las palabras de la siguiente lista.

el calor	probar(se)	el cuento
caliente	tratar (de)	la cuenta
picante	intentar	

Querida Amelia:

Anoche Manolo y yo fuimos a cenar en un nuevo restaurante mexicano aquí en Los

Ángeles. Hacía mucho _____ todo el día y como el aire

acondicionado no funcionaba bien, toda la casa estaba muy

_____ . Por supuesto, yo no quería cocinar.

La comida fue riquísima. Yo _____ las enchiladas; estaban

sabrosas y no muy _____ como en muchos restaurantes. A

Manolo le gustó muchísimo el mole poblano. Cuando yo tenga más tiempo, voy a

_____ prepararlo en casa. Pero lo mejor de todo es que no es un

restaurante caro. Cuando el mesonero nos trajo _____ Manolo me dijo que sólo pagamos veinte dólares. El servicio en el restaurante también era muy

bueno; el mesonero nos _____ muy bien.

Bueno, Amelia, tengo que irme. Abrazos de su amiga,

Mercedes

EXPANSIÓN DE VOCABULARIO

Describing Food

The following observations on word formation will help you understand vocabulary related to food and menu items.

1. In English, nouns are frequently used as adjectives.
   NOUN: I like *chicken*.
   NOUN USED AS ADJECTIVE: I like *chicken* soup.
   In Spanish, nouns cannot be converted into adjectives in the same way as in English. Instead, the phrase **de + noun** is used as an adjective to describe other nouns.
   NOUN: Me gusta el pollo.
   DE + NOUN: Me gusta el caldo de pollo.

2. Dishes prepared in a certain style or manner are often described with the phrase **a la + feminine adjective** which means "in the style of": **Huachinango a la veracruzana** = *Red Snapper Veracruz Style.*

3. Adjectives denoting a country, city, or region are often used to describe food: **las enchiladas suizas** = *Swiss (cheese) enchiladas.*

Práctica

A. Dé el equivalente inglés para los siguientes platos.

1. Paella valenciana _____

2. Gazpacho andaluz _____

3. Tortilla a la española _____

4. Mole poblano _____

5. Enchiladas suizas _____

6. Pizza a la italiana _____

B. Dé el equivalente español para los siguientes platos.

1. chicken soup _____

2. shrimp cocktail _____

3. beef tacos _____

4. ham sandwich _____

5. cheese enchiladas _____

6. chocolate cake _____

7. tomato salad _____

8. orange juice _____

C. Complete las oraciones con el nombre de un plato.

1. Una sopa fría de Andalucía preparada con tomates, pimientos, pepinos, cebollas y

   ajo es el _____ .

2. Las enchiladas preparadas con crema y el queso de Suiza son las _____

   _____ .

3. El pollo en una salsa especial de Puebla es el _____ .

4. El huachinango preparado según una receta de Veracruz es el _____

   _____ .

Bienvenidos a Centroamérica, Venezuela y Colombia

A. Adivinanza. Para descubrir la palabra en la cajita vertical, escriba en las líneas horizontales las palabras que corresponden a las definiciones de cada número.

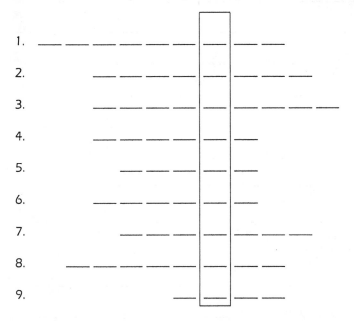

1. __ __ __ __ __ __ | __ | __ __
2. __ __ __ __ | __ | __ __ __
3. __ __ __ __ __ | __ | __ __ __ __
4. __ __ __ __ | __ | __ __
5. __ __ __ | __ | __ __
6. __ __ __ __ | __ | __
7. __ __ __ __ | __ | __ __ __
8. __ __ __ __ __ | __ | __
9. __ __ | __ | __ __

1. El país más grande de Centroamérica
2. Un país entre Guatemala y Nicaragua
3. El país de Centroamérica cuya capital es San José
4. La capital de Colombia
5. Las montañas de Sudamérica
6. El país dividido por un canal
7. La capital de Venezuela
8. La industria principal de Venezuela
9. Un producto agrícola importante para la economía de varios países de la América Central y del Sur

B. Usando oraciones completas, conteste las siguientes preguntas sobre Centroamérica, Colombia y Venezuela.

1. Nombre los seis países hispanos de Centroamérica con sus capitales. _____

   _____

   _____

   _____

2. Nombre las ciudades importantes de Colombia y Venezuela. _____

   _____

3. ¿Cuántos habitantes tiene Centroamérica? _____

   _____

   ¿Colombia? _____

   ¿Venezuela? _____

4. ¿Qué tipo de gobierno tiene Colombia? _____

   _____

   ¿Venezuela? _____

   ¿Los países de Centroamérica? _____

   _____

5. ¿En qué se basa la economía de estos países? _____

   _____

   _____

6. ¿Cómo son la geografía y el clima de esta región? _____

   _____

   _____

Capítulo 7
En Venezuela

PRIMERA SITUACIÓN

CLAVE

1. Plaza Bolívar
2. Catedral Metropolitana
3. Palacio Presidencial
4. Ayuntamiento
5. Museo de Bellas Artes
6. Almacenes Suárez
7. Hotel Bolívar
8. Supermercado Precios Únicos
9. Apartamentos Don Carlos
10. Estación de Trenes
11. Hospital Santa Clara
12. Plaza de Toros
13. Boutique Álvarez
14. Farmacia de la Paz
15. Cine Bolívar
16. Oficina de Turismo
17. Banco Nacional
18. Restaurante del Mar
19. Metro
20. Quiosco
21. Parada de Autobús

A. La Oficina de Turismo. Ud. trabaja en la Oficina de Turismo. Puesto que la mayoría de los turistas le hacen las mismas preguntas, escriba una lista de información indicando dónde los turistas pueden obtener varios objetos o servicios y dónde se encuentra el lugar.

> **MODELO** tomar el tren
> **La estación de trenes está en la esquina de la Avenida Bolívar y la Calle de la Paz, enfrente del Hospital Santa Clara.**

1. tomar el metro _____

   _____

   _____

2. comprar ropa nueva _____

   _____

   _____

3. cambiar cheques de viajero _____

   _____

   _____

4. comprar comida para un picnic _____

   _____

   _____

5. tomar un autobús _____

   _____

   _____

6. comprar una revista _____

   _____

   _____

B. Un folleto turístico. Ud. tiene que escribir un folleto para los turistas. Usando el mapa, describa los sitios de interés.

_____

_____

_____

_____

_____

_____

_____

_____

_____

_____

_____

C. ¿Me podría decir...? Escríbales direcciones a las siguientes personas que vienen a la Oficina de Turismo para obtener información.

1. Una señorita que quiere tomar el metro para visitar a una amiga que vive afuera de la ciudad. _____

_____

_____

2. Un joven que quiere visitar a sus tíos que viven en el edificio de Apartamentos Don Carlos. _____

_____

_____

3. Un hombre que quiere ir a la Plaza de Toros y después al Hotel Bolívar. _____

_____

_____

4. Dos señoras que quieren ir al Museo de Bellas Artes. _____

_____

_____

5. Una familia que quiere visitar el Palacio Presidencial y después necesitan tomar el

tren. _____

_____

_____

D. **Consejos turísticos.** Un grupo de turistas le mandó una serie de preguntas relacionadas con su viaje. Escríbale al grupo contestando sus preguntas según el modelo.

MODELO ¿Cuándo debemos visitar su país? (en el verano)
Visítenlo en el verano.

1. ¿Cuándo debemos conseguir el pasaporte? (lo más pronto posible)

_____

2. ¿Debemos leer algo antes de salir? (sí, una buena guía turística)

_____

3. ¿A qué sitios históricos debemos ver? (el Palacio Presidencial)

_____

4. ¿Debemos sacar fotos? (sí, de los sitios de interés)

_____

5. ¿Dónde debemos almorzar? (en un restaurante típico)

_____

NOMBRE _____ FECHA _____ CLASE _____

6. ¿Por cuánto tiempo debemos quedarnos? (por una semana)

_____

7. ¿Qué debemos hacer el primer día? (darse un paseo por el centro)

_____

8. ¿Qué podemos hacer por la noche? (ir a una discoteca)

_____

E. ¿Dónde se hace?   Usando el mapa de la ciudad, escriba respuestas a las preguntas de los turistas explicándoles dónde se puede hacer varias cosas.

   MODELO   ¿Adónde se va para comprar fruta?
   Se compra fruta en el Supermercado Precios Únicos.

1. ¿Adónde se va para comprar un periódico?

_____

2. ¿Adónde se va para comer bien?

_____

3. ¿Adónde se va para ver una película?

_____

4. ¿Adónde se va para comprar regalos?

_____

5. ¿Adónde se va para tomar el autobús?

_____

6. ¿Adónde se va para ver una exposición de arte?

_____

F. El itinerario. Escríbale al grupo turístico explicándole su itinerario.

> MODELO   llegar a la capital: 29 / 7 / 94 (jueves)
> **Uds. van a llegar a la capital el jueves, veintinueve de julio de mil novecientos noventa y cuatro.**

1. visitar la catedral: 30 / 7 / 94 (viernes)

   _____

2. comer en un restaurante típico: 31 / 7 / 94 (sábado)

   _____

3. ver una corrida de toros: 1 / 8 / 94 (domingo)

   _____

4. viajar al Lago Maracaibo: 2 / 8 / 94 (lunes)

   _____

5. ir a la playa: 3 / 8 / 94 (martes)

   _____

SEGUNDA SITUACIÓN

A. ¿Qué se puede ver?   Haga una lista de las cosas que se puede ver en los siguientes lugares.

1. El museo de arte _____

   _____

   _____

2. La plaza de toros _____

   _____

   _____

B. El parque de atracciones. Un parque de atracciones dirige un concurso *(contest);* el primer premio consiste en veinticinco entradas para Ud., su familia y/o sus amigos. Para ganar el primer premio hay que escribir una composición de media página explicando por qué quiere visitar el parque, con quiénes prefiere ir y lo que todos van a hacer.

_____

_____

_____

_____

_____

_____

_____

_____

_____

_____

_____

_____

C. Un(-a) compañero(-a) flojo(-a). Su compañero(-a) de cuarto es muy flojo(-a). Ud. necesita animarlo(-la) para hacer sus deberes. ¿Qué le diría para que haga las siguientes actividades?

1. salir pronto para estudiar en la biblioteca

_____

2. escribir su composición para la clase de inglés

_____

3. lavar la ropa

_____

4. no mirar tanto la televisión

_____

5. empezar la tarea de química

_____

D. Un día libre.   Ud. y sus amigos tienen un día libre. Usando los mandatos de primera persona plural (nosotros), haga sugerencias sobre lo que Ud. y sus amigos pueden hacer.

1. asistir a un concierto rock

_____

2. ir al parque de atracciones

_____

3. almorzar en un restaurante

_____

4. salir a bailar

_____

5. tener una fiesta

_____

6. jugar al vólibol

_____

7. ¿?

_____

E. Quisiera divertirme. Un(-a) amigo(-a) suyo(-a) está deprimido(-a) y no quiere hacer nada. Cada cosa que Ud. le sugiere, él (ella) veta *(vetoes)*.

MODELO Quisiera comer en un café.
No comamos en un café.

1. Quisiera jugar a las cartas.

   _____

2. Quisiera visitar el museo de arte.

   _____

3. Quisiera levantarme temprano mañana para ir a la playa.

   _____

4. Quisiera ir de compras.

   _____

5. Quisiera conducir a la playa.

   _____

F. De viaje en Venezuela. Explique lo que los siguientes turistas hicieron durante su viaje en Venezuela.

MODELO Los Mendoza visitaron museos. (mucho)
Los Mendoza visitaron muchos museos.

1. El Sr. Cáceres compró regalos. (numeroso)

   _____

2. Pablo visitó la exposición de arte. (todo)

   _____

3. Mariana asistió a conciertos. (demasiado)

   _____

4. Los Núñez vieron una corrida. (otro)

   _____

5. El Dr. Pereda comió en restaurantes típicos. (poco)

_____

6. La Sra. Ocampo viajó a sitios históricos. (alguno)

_____

G. **Dudas de vocabulario.** Complete el párrafo con el equivalente español de las palabras entre paréntesis.

Rogelio _____ (looks) nervioso. Dice que está nervioso a causa

de un examen de física mañana pero yo sé que la _____ (real)

razón es que tiene una _____ (date) con Teresa. Como Teresa

tiene que _____ (look after) a su hermanita, Rogelio y ella van a

_____ (watch) la televisión o _____ (see) una

película en su casa. Ahora mismo Rogelio _____ (is looking for)

una película buena de su colección. _____ (Actually) es mejor

quedarse en casa porque _____ (nowadays) la entrada al cine

cuesta demasiado.

EXPANSIÓN DE VOCABULARIO

Compound Nouns

Spanish frequently forms nouns from the combination of a verb and a noun. These compound nouns generally indicate a building, gadget, piece of equipment, furniture, or clothing. The noun is formed by joining the third-person singular of the present tense verb form followed by a noun; these compound nouns are usually masculine: **el rascacielos** = *skyscraper,* **rascar** = *to scrape, scratch;* **el cielo** = *sky.* Note that the English translation generally begins with the equivalent of the Spanish noun.

Práctica

A. Dé la forma inglesa de los sustantivos. (**parar** = *to stop;* **guardar** = *to keep, guard;* **quitar, sacar** = *to remove*)

1. el paraguas _____

2. el quitanieve _____

3. el lavaplatos _____

4. la guardarropa _____

5. el pasatiempo _____

6. el limpiacristales _____

7. el paracaídas _____

8. el pararrayos _____

B. Forme una palabra que corresponda al inglés usando los siguientes infinitivos y sustantivos.

abrir	la brisa
guardar	los corchos
limpiar	los dientes
parar	los golpes
sacar	las latas
salvar	la puerta
	el sol
	las vidas

1. storm door   la _____

2. can opener   el _____

3. corkscrew   el _____

4. windshield   el _____

5. toothpick   el _____

6. life preserver   el _____

7. sunshade   el _____

8. (automobile) bumper   el _____

C. Complete las oraciones usando un sustantivo compuesto.

1. Un edificio muy alto de muchos pisos es un _____ .

2. Cuando llueve usamos un _____ .

3. Después de comer ponemos los platos en el _____ para

   limpiarlos.

4. Para abrir una botella de vino usamos un _____ .

5. En las casas viejas usan una _____ para la ropa y los zapatos.

6. En un barco siempre hay muchos _____ en caso de

   emergencia.

Capítulo 8
De compras en Bogotá

PRIMERA SITUACIÓN

A. Algunas tiendas. Ud. trabaja en la Oficina de Estudiantes Extranjeros de la universidad. Muchos alumnos le escriben notas a Ud. pidiendo los nombres de lugares dónde pueden comprar varios artículos. Déles el nombre de un lugar dónde pueden encontrar los artículos deseados.

> **MODELO** Necesito zapatos para el invierno.
> **Ve a la Zapatería Carmen.**

Necesito comprar...

1. un regalo para la boda de mi primo.

   _____

2. un par de botas.

   _____

3. una mesa y dos sillas para mi apartamento.

   _____

4. un regalo para el cumpleaños de mi hermanita.

   _____

5. mucha ropa pero tengo poco dinero.

   _____

6. una blusa elegante para mi mamá.

   _____

7. algunos aretes nuevos.

   _____

B. De compras. Ud. está de compras en una boutique. Complete la conversación con la dependienta.

1. Dependienta   Buenas tardes, señor / señora / señorita.
                    ¿En qué puedo servirle?
   Usted   (Explain that you're looking for a birthday gift for your brother / sister.)

   _____

2. Dependienta   Acabo de recibir unas lindas chaquetas de Italia.
   Usted   (Say that they are not appropriate. Ask to see the sweater in the window.)

   _____

3. Dependienta   Sí, cómo no. Aquí lo tiene.
   Usted   (Ask the price.)

   _____

4. Dependienta   Es ochenta dólares americanos.
   Usted   (Explain that you think the sweater is of good quality, but you'd like something less expensive.)

   _____

5. Dependienta   Bueno, ¿qué le parece este suéter aquí?
   Usted   (Say that you like it. Ask the price.)

   _____

6. Dependienta   Es mucho menos que el otro. Cuesta sólo cuarenta dólares americanos. Está en oferta.
   Usted   (Say that's fine. You'll take it.)

   _____

7. Dependienta   ¿Desearía Ud. alguna otra cosa?
   Usted   (Say no, that's all.)

   _____

                                                        Capítulo 8

8. Dependienta   Aquí lo tiene. Pase por la caja, por favor.
   Usted   (Say thank you and take leave.)

_____

C. En liquidación.   Hay una gran liquidación en el centro comercial. Explique lo que Ud. espera encontrar.

   MODELO   todas las tiendas / estar abiertas
   Espero que todas las tiendas estén abiertas.

1. los precios / ser muy bajos

_____

2. el restaurante en el almacén / servir su especialidad hoy

_____

3. no haber mucha gente

_____

4. la joyería / tener muchas cadenas de oro

_____

5. la zapatería / no cerrar temprano

_____

6. mi boutique favorita / ofrecerme precios especiales

_____

D. Consejos y sugerencias.   ¿Qué les aconseja a los otros cuando van de compras durante la liquidación?

   MODELO   mi amigo / no comprar demasiado
   Le aconsejo a mi amigo que no compre demasiado.

1. mis padres / llegar temprano al centro comercial

_____

2. mi compañero(-a) de cuarto / probarse la ropa antes de comprarla

_____

3. todos / buscar gangas

_____

4. tú / no perder el dinero otra vez

_____

5. mi mejor amigo(-a) / escoger con cuidado

_____

6. Uds. / conocer las marcas excelentes

_____

E. **Marilisa, la niña mimada.**   Marilisa tiene once años y es una niña mimada
   (spoiled). Sólo pide lo mejor. Ayúdela a escribir su lista de Navidad.

   MODELO   vestido / elegante / almacén
   Quiero el vestido más elegante del almacén.

1. regalos / caros / ciudad

_____

2. pulsera / lindo / joyería

_____

3. botas / bueno / zapatería

_____

4. collar de oro / grande / boutique

_____

5. aretes / fino / tienda

_____

F. Preparaciones. Ud. es un(-a) consejero(-a) universitario(-a) para estudiantes extranjeros. Escríbale una carta a Julio(-a) Ruiz, un(-a) estudiante colombiano(-a) diciéndole lo que Ud. sugiere que haga antes de venir a la universidad.

_____ :

_____

_____

_____

_____

_____

_____

_____

_____

_____

_____

_____

_____ ,

SEGUNDA SITUACIÓN

A. El catálogo. Ud. trabaja en Lo Último, una tienda que se especializa en ropa para estudiantes universitarios. Ud. tiene que escribir los anuncios *(advertisements)* en el catálogo para los clientes hispanos. Describa la ropa de los siguientes dibujos. Incluya información acerca de la tela, el diseño, los colores, el uso y el precio de cada prenda de vestir.

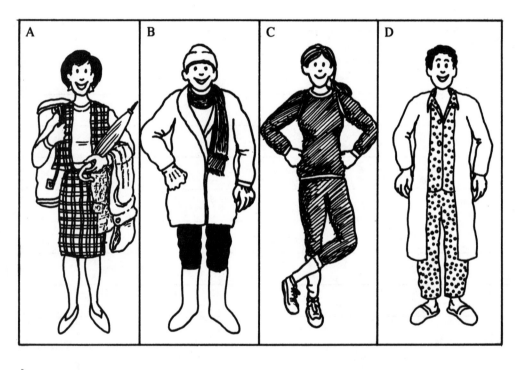

A _____

_____

_____

B _____

_____

_____

C _____

_____

_____

D _____

_____

_____

B.   Un día horrible.   Ud. está en Bogotá y va de compras pero tiene muchos problemas. ¿Qué diría Ud. en las siguientes situaciones?

1.   Ud. compra pantalones que cuestan 9.500 pesos pero la cajera le cobra 12.000 pesos.

_____

2.   Ud. hace cola desde hace quince minutos. Tiene que pagar, pero no quiere esperar más.

_____

3.   Le falta un botón al impermeable que Ud. quiere comprar. El dependiente no quiere arreglarlo.

_____

4.   La dependienta es descortés y sarcástica con todos los clientes.

_____

5.   Ud. quiere devolver un traje descocido *(unsewn)* pero el gerente le dice que no aceptan devoluciones ni cambios.

_____

_____

C. La nueva ropa. Sus padres le mandaron las siguientes cosas: un par de zapatos de tenis, una chaqueta y un impermeable. Nada le queda bien o no le gusta. Escríbales una carta a sus padres explicándoles el problema; pida otra ropa.

_____ :

_____

_____

_____

_____

_____

_____

_____

_____

_____

                                        _____ ,

D. Algunos regalos. Ud. estuvo de vacaciones. Explique a quién le compró los siguientes regalos.

MODELO   ¿Le compraste los guantes a Felipe?
Sí, se los compré a él.

1. ¿Les compraste las camisetas a tus primas?

   _____

2. ¿Le compraste el suéter a David?

   _____

3. ¿Le compraste la blusa a Elena?

   _____

4. ¿Les compraste los zapatos a Mario y Antonio?

_____

5. ¿Le compraste la bufanda a tu padre?

_____

E. La dependienta perezosa.   Según una carta de recomendación, Consuelo López es la dependienta perfecta. Pero en realidad es lo contrario. Ud. escribe su primera evaluación y tiene que contradecir *(contradict)* la carta de recomendación.

1. Consuelo López es muy trabajadora. Siempre hace algo.

_____

2. Se viste bien. Lleva un vestido o un traje todos los días.

_____

3. Es muy popular con sus clientes. Algunos clientes le mandan flores.

_____

4. También le dan regalos.

_____

5. De alguna manera vende más ropa que todas las otras dependientas.

_____

6. Alguien dijo que Consuelo es la dependienta perfecta.

_____

F. Unas vacaciones en Colombia. Usando la forma adecuada de **y / o,** complete la tarjeta postal que Roberto piensa mandar a sus padres de Colombia. (+ = **y/e;** ¿? = **o/u**)

Queridos padres:

Estoy muy contento aquí en Bogotá. Todo está bien excepto el tiempo. Llueve mucho

y afortunadamente tengo mi paraguas (+) _____ impermeable.

Nuestro grupo es grande (+) _____ agradable. Nuestro guía es

muy bueno—se llama Óscar (¿?) _____ Octavio; no recuerdo bien

pero es muy simpático. Nos lleva a sitios muy hermosos (+) _____

interesantes. Mañana por la tarde vamos a visitar siete (¿?) _____

ocho sitios (+) _____ por la noche podemos ir a una discoteca

(¿?) _____ un concierto.

Abrazos,

Roberto

G. Dudas de vocabulario. Complete el párrafo con la forma adecuada de las siguientes palabras.

regresar	la ventana	claro	la luz
volver	la ventanilla	ligero	la lámpara
volver a + inf.	el escaparate	débil	
devolver	la vitrina		

Mariana estudia en una universidad en Cali, Colombia. Esta tarde fue de compras en

el centro. Primero miró la ropa nueva en _____ de su almacén

favorito. Después entró y se probó muchos vestidos; compró un vestido azul

_____ y una chaqueta _____ para el verano.

En la residencia Mariana tiene un cuarto con dos _____ grandes

desde las cuales puede ver las montañas. Pero a pesar de eso nunca hay bastante

_____ para leer. Por eso compró una _____

nueva para su escritorio.

Mariana _____ a la residencia a las cuatro y

_____ a estudiar. Pero cuando empezó a leer descubrió que su

_____ no funcionaba bien. Fue al centro otra vez y

_____ la lámpara.

EXPANSIÓN DE VOCABULARIO

The Suffix -ería
-ería = *shop, store*
la zapatería = *shoe store*

The suffix **-ería** is often added to the name of a product to indicate the shop or store where the product is sold, repaired, or taken care of. In most cases these feminine nouns are formed by adding **-ería** to words ending in a consonant or by dropping the final vowel from the product and adding **-ería: el zapato → zapat → la zapatería.**

Práctica

A. Dé la forma inglesa de los siguientes sustantivos.

1. la joyería _____

2. la perfumería _____

3. la lavandería _____

4. la guantería _____

5. la carnicería _____

6. la heladería _____

7. la panadería _____

8. la papelería _____

B. Dé el sustantivo español para las siguientes tiendas.

1. fruit store _____

2. watch repair shop _____

3. fish store _____

4. shoe store _____

5. pastry shop _____

6. bookstore _____

C. Complete las oraciones con un sustantivo terminando en **-ería.**

1. Se venden anillos, aretes y pulseras en una _____ .

2. Se venden botas, sandalias y pantuflas en una _____ .

3. Se venden bolígrafos, lápices, tarjetas y papel en una _____ .

4. Se venden libros en una _____ .

5. Se venden manzanas, naranjas y melones en una _____ .

6. Se venden jabón, maquillaje y perfume en una _____ .

Capítulo 9
En casa

PRIMERA SITUACIÓN

A. Mi primer apartamento. Después de una semana en su primer apartamento, Ud. se da cuenta que hay mucho desorden. Escriba una lista de todos los quehaceres domésticos que Ud. necesita hacer para tener un apartamento bien arreglado. Al lado del quehacer escriba el nombre del (de los) aparato(-s) *(equipment)* que necesita para hacer el trabajo. Recuerde: Use el infinitivo para preparar una lista de actividades.

_____

_____

_____

_____

_____

_____

_____

_____

_____

B. **Un(-a) compañero(-a) perezoso(-a).** Su compañero(-a) de cuarto es bastante perezoso(-a) pero Ud. necesita su ayuda para arreglar el apartamento. Usando su lista de la Práctica A, decida cuáles de los quehaceres él(ella) puede hacer. Como Ud. tiene que ir a clase, escríbale una nota diciéndole qué hacer. Ud. tiene que ser muy amable porque Ud. necesita su cooperación.

_____ :

_____

_____

_____

_____

_____

_____

_____

_____ ,

C. ¡Qué desorden!   Su hijo vive en el apartamento de Práctica A. Ud. acaba de recibir una foto de su apartamento. Escríbale una carta diciéndole lo que debe hacer para arreglarlo todo antes de su visita. Use mandatos familiares.

_____ :

_____

_____

_____

_____

_____

_____

_____

_____

_____

_____

_____ ,

D. Su hijo(-a).   Su hijo(-a) de cinco años necesita aprender a ayudarlo(-la) con los quehaceres. Déle consejos según el modelo.

MODELO   no lavar la pared / lavar los platos
No laves la pared. Lava los platos.

1. no poner la televisión / poner la mesa

_____

2. no hacer un sandwich / hacer la cama

_____

3. no regar la alfombra / regar las plantas

_____

4. no tener prisa / tener paciencia

_____

5. no ser tonto(-a) / ser amable

_____

6. no jugar ahora / colgar la ropa

_____

E. **Las Torres.** Maribel vive en el edificio de apartamentos Las Torres I; Clara vive en Las Torres II. Todos los apartamentos son iguales. Compare el apartamento de Maribel con el de Clara.

   MODELO   El apartamento de Maribel es grande.
   El apartamento de Clara es tan grande como el apartamento de Maribel.

1. El apartamento de Maribel es muy lindo.

_____

_____

2. Maribel limpia su apartamento regularmente.

_____

_____

3. El apartamento de Maribel tiene mucha luz.

_____

_____

4. El apartamento de Maribel tiene dos dormitorios.

_____

_____

5. El apartamento de Maribel tiene ocho ventanas.

_____

_____

6. El apartamento de Maribel tiene mucho espacio.

_____

_____

F. El día de Carolina. Forme oraciones con la forma adecuada de una expresión de cada columna para explicar lo que Carolina hizo ayer.

MODELO   Carolina bañó a su hermanito.

Carolina	acostar(se)	a las once
	arreglar(se)	a su hermanito
	bañar(se)	el pelo
	lavar(se)	los platos
	vestir(se)	temprano
		a su hermana Elena
		al perro
		a las diez
		el cuarto
		rápidamente

_____

_____

_____

_____

_____

_____

_____

_____

_____

Capítulo 9

SEGUNDA SITUACIÓN

A. Asociaciones. Escoja la palabra que no pertenece al grupo y explique por qué.

1. anunciar   rescatar   informar   entrevistar

   _____

   _____

2. un terremoto   una inundación   un asesinato   un incendio

   _____

   _____

3. el asesinato   el delito   el crimen   la cárcel

   _____

   _____

4. el reportero   el abogado   el testigo   el juez

   _____

   _____

5. las elecciones   la campaña   la manifestación   elegir

   _____

   _____

B. Un pueblo rural. Silvia Rivas vive en un pueblo rural en Nicaragua. Ella ha visto una *guía de televisión* de los EEUU pero hay muchas cosas que no comprende. Por eso ella le pide a Ud. que le escriba una definición de estas cosas.

1. a VCR _____

   _____

   _____

2. Saturday Night Live _____

_____

_____

3. Jeopardy _____

_____

_____

4. a mini-series _____

_____

_____

5. a talk show _____

_____

_____

C. Eres muy amable. ¿Qué les escribiría a las siguientes personas?

1. Un(-a) amigo(-a) le da una botella de champán para celebrar su cumpleaños.

_____

_____

2. Su compañero(-a) de cuarto insiste en ayudarlo(-la) con su tarea de química pero Ud. no quiere que lo haga.

_____

_____

3. Su madre le envía una caja de sus galletas *(cookies)* favoritas.

_____

_____

4. Su compañero(-a) de cuarto ofrece limpiar todo el apartamento porque Ud. no se siente bien.

_____

_____

5. Su mamá piensa que Ud. trabaja demasiado y ofrece lavar y planchar su ropa.

_____

_____

D. Opiniones. Para expresar su opinión acerca de las ideas escritas abajo, forme una oración usando una de las siguientes frases.

es dudoso / es una lástima / es (im)posible / es importante / (no) creo / es terrible / es bueno / es malo / (no) dudo)

1. Los políticos gastan demasiado dinero en sus campañas electorales.

_____

_____

2. Siempre elegimos al mejor candidato.

_____

3. Las guerras no resuelven nada.

_____

4. Hay mucho crimen en los EEUU.

_____

5. Podemos eliminar el crimen con más cárceles.

_____

6. Las leyes ayudan más a los criminales que a las víctimas.

   _____

   _____

7. En algunos países arrestan a los participantes de una manifestación.

   _____

   _____

E. Los deseos de mis padres.   Escriba las opiniones de sus padres sobre sus
    actividades. Forme por lo menos ocho oraciones combinando una frase de cada
    columna.

mis padres	insistir en	que yo	(no) hacer la cama todos los días
	querer		(no) conducir rápidamente
	preferir		(no) fumar
	alegrarse		(no) estudiar español
	(no) recomendar		(no) trabajar
	esperar		(no) tener un(-a) novio(-a)
	(no) permitir		(no) sacar buenas notas
	temer		¿?

1. _____

2. _____

3. _____

4. _____

5. _____

6. _____

7. _____

8. _____

F. Mi rutina diaria. Explique lo que Ud. hace antes o después de las siguientes actividades.

MODELO   lavarse el pelo
Me peino después de lavarme el pelo.

1. cenar

   _____

2. estudiar español

   _____

3. acostarse

   _____

4. levantarse

   _____

5. salir de casa

   _____

G. Dudas de vocabulario.   Complete el siguiente párrafo con la forma adecuada de una palabra de la lista para aprender más de la telenovela favorita de Bárbara.

la tele(visión)	poner la tele(visión)	el televisor	
levantar	criar	cultivar	crecer

Todas las tardes a las tres en punto _____ para mirar mi telenovela

favorita. Es la historia de una mujer que adoptó a los hijos de sus vecinos muertos y los

_____ . Ella es muy pobre y no puede comprar comida. Por eso

_____ animales como ovejas y cerdos y también

_____ legumbres y frutas en su jardín. Sus hijos siempre necesitan

ropa nueva porque _____ rápidamente. Es muy triste. Mi compañera

de cuarto también mira _____ por la tarde pero prefiere otro

programa. Creo que necesitamos comprar otro _____ .

EXPANSIÓN DE VOCABULARIO

The Adjective Endings -al, -ario, -ista

1. SUFFIX **-al** = *-al*
   nacional = *national*

   Adjectives ending in **-al** add **-es** to become plural: **un desastre local; las noticias locales.**

2. SUFFIX **-ario** = *-ary*
   ordinario = *ordinary*

   Adjectives ending in **-ario** have four forms to agree in number and gender with the noun modified.

3. SUFFIX **-ista** = *istic, -ist*
   optimista = *optimistic, optimist*

   The suffix **-ista** is both masculine and feminine; the plural form ends in **-s : el hombre optimista, la mujer optimista.** In certain cases the **-ista** ending is used for both nouns and adjectives.

   Tienen un gobierno **socialista.** Su presi-   *They have a Socialist government. Their*
   dente es **socialista.**   *president is a Socialist.*

Práctica

A. Dé la forma inglesa de las siguientes palabras.

1. internacional _____

2. local _____

3. comercial _____

4. extraordinario _____

5. primario _____

6. pesimista _____

7. realista _____

8. comunista _____

B. Dé la forma española de las siguientes palabras.

1. national _____

2. electoral _____

3. commercial _____

4. contrary _____

5. secondary _____

6. idealistic _____

7. optimistic _____

8. capitalistic _____

C. Complete las oraciones con la forma adecuada de un adjetivo terminando en **-al, -ario o -ista.**

1. Cada cuatro años hay una campaña _____ en los EEUU.

2. En el periódico *USA Today* nos cuentan las noticias _____ e

   _____ . Pero hay pocas noticias _____ .

3. Rusia es un país _____ .

4. Paco es un hombre como todos; es muy _____ .

5. El Sr. Gómez siempre está deprimido y triste; nunca tiene esperanza de mejorarse. Es

   muy _____ .

6. Pero la Sra. Gómez es alegre y divertida; siempre cree que la vida es buena. Es

   _____ .

Bienvenidos a la comunidad hispana en los EEUU

A. Adivinanza. Para descubrir la palabra de la cajita vertical escriba en las líneas horizontales las palabras que corresponden a las definiciones de cada número.

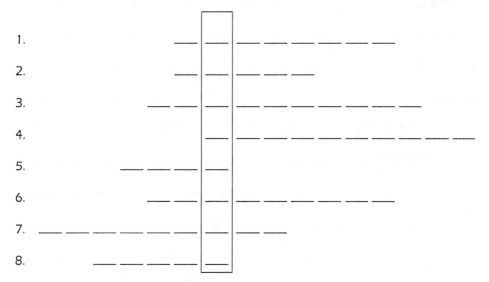

1. __ __ __ __ __ __ __ __
2. __ __ __ __ __
3. __ __ __ __ __ __ __ __ __
4. __ __ __ __ __ __ __
5. __ __ __
6. __ __ __ __ __
7. __ __ __ __ __ __ __
8. __ __ __ __ __

1. Personas de origen mexicano que viven en los EEUU
2. Una ciudad en la Florida con gran concentración de cubanos
3. Una ciudad en California con gran concentración de chicanos
4. Una isla en el Caribe cuyos habitantes son ciudadanos americanos
5. Una isla en el Caribe
6. El apellido de un famoso actor de la televisión
7. Una ciudad en el noreste de los EEUU con gran concentración de puertorriqueños
8. El apellido de un famoso actor de la televisión y del cine

B. Usando oraciones completas conteste las siguientes preguntas sobre la comunidad hispana en los EEUU.

1. ¿Cuántos habitantes hispanos hay actualmente en los EEUU? ¿Y para el año 2000?

_____

_____

2. ¿De dónde son los hispanos en los EEUU? _____

_____

_____

3. ¿Dónde se encuentran la mayoría de los chicanos? _____

_____

¿Los cubanos? _____

_____

¿Los puertorriqueños? _____

_____

4. Nombre dos hispanos famosos en las siguientes categorías.

El cine y la televisión _____

_____

Los deportes _____

_____

La moda _____

_____

La música _____

_____

La política _____

_____

Capítulo 10
En la agencia de empleos

PRIMERA SITUACIÓN

A. Una solicitud de empleo. Ud. solicita un puesto en una compañía grande e importante. Llene las siguientes secciones de la solicitud.

APELLIDO(-S) _____ NOMBRE _____

DIRECCIÓN _____

_____

EDUCACIÓN _____

_____

_____

EXPERIENCIA _____

_____

_____

_____

APTITUDES PERSONALES _____

_____

_____

_____

PUESTO DESEADO _____

_____

_____

B. **El empleo ideal.** Escriba un anuncio para el empleo ideal. Mencione por lo menos cinco características.

_____

_____

_____

_____

_____

_____

C. **Posibilidades de empleo.** Ud. y unos(-as) amigos(-as) están hablando del futuro y las posibilidades de empleo. ¿Qué dicen Uds. en las siguientes situaciones?

1. Ud. tiene una idea magnífica para obtener un buen empleo.

_____

2. Ud. quiere proponer la idea de buscar trabajo juntos.

_____

3. Un(-a) amigo(-a) piensa que su idea no es muy buena y recomienda otra posibilidad.

_____

4. Otro(-a) amigo(-a) interrumpe y presenta una idea nueva.

_____

5. Ud. quiere volver al tema original.

_____

D. Dentro de diez años. Describa la vida de las siguientes personas dentro de diez años.

MODELO Mario / trabajar en una compañía española
Mario trabajará en una compañía española.

1. tú / construir una casa grande

   _____

2. los Pereda / hacerse muy ricos

   _____

3. Carlos del Valle / encargarse de una compañía grande

   _____

4. Uds. / tener su propia compañía

   _____

5. mi novio(-a) y yo / poder casarse

   _____

6. la Srta. Robles / salir para México

   _____

7. yo / ¿?

   _____

E. Algunas probabilidades. Para cada dibujo hay una pregunta que expresa una probabilidad acerca de la situación. Forme otras dos preguntas apropiadas y luego conteste todas las preguntas.

1. ¿De quién será el paquete?

   _____

   ¿ _____ ?

   _____

   ¿ _____ ?

   _____

2. ¿Quién me llamará?

   _____

   ¿ _____ ?

   _____

   ¿ _____ ?

   _____

3. ¿Qué querrá el jefe?

_____

¿ _____ ?

_____

¿ _____ ?

_____

F. **En la Compañía Domínguez.** Describa como trabajan los empleados en la Compañía Domínguez.

MODELO el Sr. Suárez / rápido
El Sr. Suárez trabaja rápidamente.

1. el jefe / eficaz

_____

2. la secretaria / cuidadoso

_____

3. la Sra. Pereda / paciente

_____

4. los gerentes / atento

_____

5. Marcos Duarte / perezoso

_____

6. todos los vendedores / responsable

_____

SEGUNDA SITUACIÓN

A. Los materiales para la oficina. Ud. es el (la) dueño(-a) de una tienda que alquila todos los materiales *(supplies)* necesarios para una oficina comercial. Prepare una lista de todos los artículos y muebles que se pueden alquilar en su tienda.

_____

_____

_____

_____

_____

_____

_____

_____

_____

B. El (la) telefonista. Ud. es el (la) telefonista de una compañía grande que recibe muchas llamadas de clientes que piden información. Para facilitar su trabajo, prepare una lista indicando qué departamento de la compañía tiene las siguientes responsabilidades.

1. Se prepara la propaganda y los anuncios para los periódicos, las revistas, la radio y la televisión.

_____

2. Se preocupa por los problemas con los clientes.

_____

3. Se decide dónde y cómo se venden los productos.

_____

4. Se preocupa de los pedidos, los vendedores y las zonas de ventas.

_____

5. Se maneja *(manages)* la planificación y la coordinación de toda la compañía.

_____

6. Se maneja las responsabilidades financieras.

_____

C. ¿Comprende Ud.? Explique lo que Ud. diría en las siguientes situaciones.

1. Ud. habla por teléfono con un(-a) compañero(-a) que no contesta una de sus preguntas.

_____

2. Ud. le da instrucciones difíciles a su hermanita que no parece entender.

_____

3. Ud. le sugiere a su novio(-a) que vayan al cine mañana por la noche.

_____

4. Un(-a) amigo(-a) le da a Ud. noticias increíbles acerca de otro(-a) amigo(-a).

_____

5. Ud. expresa una opinión política y quiere saber lo que su amigo(-a) piensa de su idea.

_____

D. Los nuevos empleados. Ud. es el (la) dueño(-a) de una compañía grande que necesita mucho personal nuevo. Explique las deseadas calificaciones de los nuevos empleados.

> **MODELO** una secretaria / hablar español
> **Buscamos una secretaria que hable español.**

Buscamos...

1. una secretaria / saber usar la nueva computadora

   _____

2. un contador / ser inteligente

   _____

3. una gerente / resolver problemas eficazmente

   _____

4. un jefe de ventas / llevarse bien con los clientes

   _____

No queremos nadie que...

5. perder tiempo

   _____

6. fumar dentro de la oficina

   _____

7. quejarse mucho

   _____

8. decir mentiras

   _____

E. El nuevo personal. Ud. es el (la) gerente de una compañía que importa muebles de la América del Sur. Ud. necesita una nueva secretaria y un jefe de ventas. Escriba dos anuncios explicando cada puesto y las calificaciones deseadas.

_____

_____

_____

_____

_____

_____

_____

_____

_____

_____

F. Querido Tomás: Complete la carta de Esteban usando la forma adecuada de los adjetivos de la lista. Escriba el adjetivo en el espacio enfrente o detrás del sustantivo según corresponda.

antiguo	bueno	cierto	grande	malo
mismo	nuevo	pobre	único	viejo

Querido Tomás:

Sabes que hace un año trabajo en varias oficinas en una _____

compañía _____ de 3.000 empleados. Pues ayer, recibí un

_____ puesto _____ trabajando en la sección

de contabilidad. Mi oficina está en el _____ piso

_____ al lado de la del gerente y tengo la

_____ oficina _____ con una vista de las

montañas. Esta mañana me dieron un _____ escritorio

_____ . Es el escritorio del _____ jefe

_____ a quien despidieron la semana pasada. Todos dicen que ese

jefe era un _____ hombre _____ y que robó

mucho dinero de la compañía. También dicen que su _____

secretaria _____ siempre hacía todo el trabajo. Es una lástima. No

es un _____ hombre _____ ; sólo tiene cua-

renta y cinco años pero probablemente nunca encontrará otro puesto.

Bueno, tengo que ir a una reunión. Sólo quería darte mis buenas noticias.

Abrazos,

Esteban

G. Dudas de vocabulario.

1. Explique qué les pasó a las siguientes personas en la Compañía Ordóñez. Complete las oraciones con la forma adecuada de **hacerse / llegar a ser / ponerse / volverse**.

   a. El Sr. Ordóñez, el presidente de la compañía _____ gordo

   por comer mucho y no hacer ejercicios.

   b. El hijo del Sr. Ordóñez _____ el vice-presidente aunque

   no trabajó mucho.

   c. La hija del Sr. Ordóñez _____ abogada estudiando de

   noche y trabajando de día.

   d. La pobre esposa del Sr. Ordóñez casi _____ loca al saber

   que su esposo se enamoró de su secretaria.

2. Complete la narración acerca de los problemas de Consuelo usando la forma apropiada de las palabras de la lista.

el empleo	la tarea	funcionar
la obra	el trabajo	trabajar
el puesto		

Hace cuatro meses que Consuelo está sin _____ . Tiene muchos

problemas. Su coche no _____ bien y tiene que pagar la matrícula

de este semestre. Aunque prefiere un _____ en una compañía

grande, busca _____ en cualquier lugar. Está preocupada porque

tiene mucha _____ también. En su clase de literatura necesita leer

dos _____ literarias y escribir un informe cada semana. Si tiene que

_____ por la noche, no sabe cuando puede estudiar.

EXPANSIÓN DE VOCABULARIO

Compound Verbs

Spanish often forms compound verbs with prefixes attached to existing verbs, nouns, or adjectives. By knowing the meaning of the prefixes, it will be easier to recognize and use these compound verbs.

1. PREFIX **con-, com-** = *con-, com-*
    contener = *contain*

    The prefix **con, com** = *with*: **compadecer** = *to sympathize (to suffer with someone)*. The prefix **com** is used before the bilabial sounds **p, b, m.**

2. PREFIX **des-** = *dis-, de-, un-*
    desaparecer = *disappear*

    The prefix **des-** = *to take away, remove.*

3. PREFIX **en-, em-** = *en, in*
    encargarse = *to be in charge of, to be entrusted with*

    The prefix **en-, em-** = *to become, to get* and is frequently combined with an adjective such as **engordarse (en + gordo)** = *to get fat, to become fat.* The prefix **em-** is used before the bilabial sounds **p, b, m.**

4. PREFIX **pre-** = *pre-*
   predecir = *predict*

   The prefix **pre-** = *to put before.*

5. Compound verbs composed of a prefix + verb are conjugated like the simple verb; that is, **predecir** is conjugated like **decir.** Likewise, **contener** is conjugated like **tener.**

6. **Tener** in compound verbs = *-tain:* **obtener** = *obtain.* **Poner** in compound verbs = *-pose:* **componer** = *compose.*

Práctica

A. Dé la forma inglesa de las siguientes palabras.

1. contener _____

2. componer _____

3. desocupar _____

4. deshacer _____

5. empobrecerse _____

6. emborracharse _____

7. predecir _____

8. prescribir _____

B. Dé la forma española de las siguientes palabras.

1. to contain _____

2. to compromise _____

3. to dismiss _____

4. to disappear _____

5. to fall in love _____

6. to get sick _____

7. to bury _____

8. to predict _____

C. Complete las oraciones con el infinitivo de un verbo compuesto que empieza con el prefijo en paréntesis.

1. Estela come muchos dulces, pasteles y helado. Ella va a

   (en-)_____ .

2. Al final del año viejo todos tratan de (pre-)_____ lo que va a

   pasar en el año nuevo.

3. Manolo nunca llega a tiempo a su oficina y no trabaja mucho. El jefe va a

   (des-)_____ a Manolo muy pronto.

4. El Sr. Galván tiene que escribirle una carta a un cliente. La va a

   (com-)_____ inmediatamente.

5. Los González van a salir del hotel pero primero van a hacer las maletas y

   (des-)_____ la habitación.

6. Julio e Isabel están en un crucero romántico en el Mediterráneo y siempre están

   juntos. Es obvio que los dos van a (en-)_____ .

Capítulo 11
En la empresa
multinacional

PRIMERA SITUACIÓN

A. Las responsabilidades. Como el jefe de personal, Ud. tiene que preparar una descripción de varios puestos dentro de la empresa multinacional donde Ud. trabaja. Incluya por lo menos dos responsabilidades para cada puesto.

1. el (la) recepcionista _____

_____

_____

2. el (la) oficinista _____

_____

_____

3. el (la) publicista _____

_____

_____

4. el (la) contador(-a) _____

_____

_____

5. el (la) programador(-a) _____

_____

_____

6. el (la) ejecutivo(-a) _____

_____

_____

B. **Una llamada telefónica.** Ud. trabaja en la empresa Contadores Padilla e Hijos. Hace un mes Ud. pidió diez computadoras nuevas de Montalvo y Compañía pero todavía no las ha recibido. Ud. llama a la compañía para resolver el problema.

1. Recepcionista   Montalvo y Compañía. Buenos días.
   Usted   (Greet her. Ask to speak with the president of the company, Sr. Montalvo.)

_____

_____

2. Recepcionista   Ha salido en un viaje de negocios. Regresará dentro de quince días.
   Usted   (Ask to talk with someone else.)

_____

3. Recepcionista   ¿Podría Ud. explicarme lo que necesita para que le dirija a la sección apropiada?
   Usted   (Briefly explain who you are and what your problem is.)

_____

_____

4. Recepcionista   Ud. debe hablar con el Sr. Mendoza. Lo siento pero tampoco no lo (la) puede atender ahora.
   Usted   (Ask to leave a message.)

_____

5. Recepcionista   Muy bien.
   Usted   (Briefly state your problem again. Ask for an appointment with Sr. Mendoza.)

_____

_____

6. Recepcionista   ¿Para cuándo quisiera la cita?
   Usted   (Name the day and time you would like.)

   _____

7. Recepcionista   Está bien. Le haré presente al Sr. Mendoza.
   Usted   (Thank her and provide an appropriate closing to the
                    conversation.)

   _____

   Recepcionista   Adiós, señor / señora / señorita.

C. **El mensaje.** Ud. es el (la) recepcionista en Montalvo y Compañía. Escríbale el mensaje de Práctica B al Sr. Mendoza. Explique quién hizo la llamada, cuándo llamó, lo que quería e infórmele de la cita.

_____

_____

_____

_____

_____

_____

_____

D. **Un día ocupado.** Explique lo que los empleados en la Empresa Sandovar han hecho hoy.

   MODELO   el Sr. López / vender lo máximo
            El Sr. López ha vendido lo máximo.

1. la secretaria / escribir treinta cartas

   _____

2. yo / almorzar con unos clientes nuevos

   _____

3. los abogados / resolver el problema con la aduana

_____

4. el publicista y yo / hacer la publicidad

_____

5. tú / volver de tu viaje de negocios

_____

6. el gerente / cumplir muchos pedidos

_____

E. **Esta semana.** Explique lo que Ud. ha hecho esta semana. Incluya información sobre su rutina diaria, sus estudios, su trabajo y sus diversiones.

_____

_____

_____

_____

_____

_____

_____

_____

_____

F. En la oficina. Usted es el (la) gerente general para una empresa multinacional. Cuando sus empleados le preguntan a Ud. quién debe hacer varias cosas, dígales lo que Ud. quiere que hagan sus empleados.

MODELO ¿Debe escribir las cartas Adela? (Gloria)
No. Que las escriba Gloria.

1. ¿Debe hacer la publicidad el Sr. Pereda? (la Srta. Ruiz)

   _____

2. ¿Debe archivar los documentos Teresa? (Graciela y Mariana)

   _____

3. ¿Debe atender al público la Sra. Marín? (la Sra. González)

   _____

4. ¿Debe resolver los problemas legales el Sr. Fuentes? (el Sr. Almazán)

   _____

5. ¿Debe salir para la sucursal en Caracas el ingeniero Lado? (el ingeniero Gómez)

   _____

6. ¿Debe empezar el informe la secretaria? (los ejecutivos)

   _____

G. Sus deseos. Al oír lo que hacen o van a hacer las siguientes personas, Ud. les escribe una nota breve. Exprésales sus buenos deseos usando la forma adecuada de las frases de la lista.

divertirse   mejorarse pronto   tener buen viaje
tener buena suerte   tener éxito   terminar pronto

1. Su hermana busca empleo y tiene una entrevista con una empresa importante.

   _____

2. La esposa de su jefe está enferma.

   _____

3. Es el cumpleaños de su jefe y va a celebrar en un restaurante de lujo.

   _____

4. Unos compañeros de trabajo están de vacaciones y salen para Miami.

   _____

5. Su mejor amigo(-a) empieza un nuevo trabajo.

   _____

6. Unos compañeros de trabajo tienen que preparar un informe para mañana y no pueden salir de la oficina a tiempo.

   _____

SEGUNDA SITUACIÓN

A. Actividades bancarias. Explique lo que las personas deben hacer en las siguientes situaciones.

1. Los Higuera desean comprar una casa pero no tienen suficiente dinero.

   _____

2. Matilde Guevara llega a Miami de Buenos Aires y sólo tiene dinero argentino.

   _____

3. La universidad sólo acepta cheques personales por la matrícula y Roberto Díaz tiene dinero en efectivo.

   _____

4. Estela Morillo tiene muchas joyas preciosas que deben estar en un lugar seguro.

   _____

5. Ud. piensa que tiene más dinero en su cuenta de ahorros de lo que dice el banco.

   _____

6. Héctor Ocampo necesita dinero en efectivo.

_____

7. Guillermo Núñez, un chico de doce años, ganó mucho dinero cortando el césped de sus vecinos. Sus padres le dicen que no debe guardar el dinero en casa.

_____

B. Un retiro y un depósito. Ud. es un(-a) estudiante de intercambio en Lima, Perú. Quiere retirar el equivalente de 400 dólares americanos en intis peruanos de su cuenta de ahorros y depositarlos en su cuenta corriente. Antes de hacer cola en el banco, llene los formularios de retiro y depósito. (Información: el importe = *amount.* I = inti; 1100 intis = $1.00.)

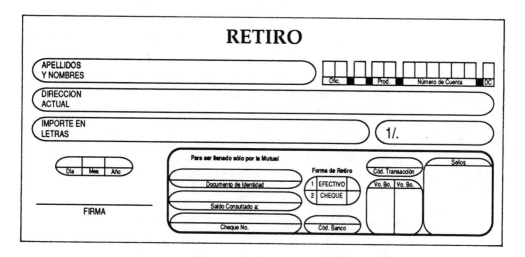

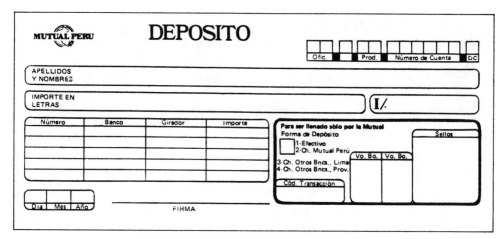

C. En el banco. Hable con el empleado en el banco para hacer la transacción de Práctica B.

1. Empleado   Buenas tardes, señor / señora / señorita. ¿En qué puedo servirle?
   Usted   (Tell him you want to know the balance in your savings account.)

_____

2. Empleado   Un momento. A ver. Hay 1.100.000 intis.
   Usted   (Say O.K. Tell him you want to withdraw 444.000 intis.)

_____

3. Empleado   Llene el formulario de retiro, por favor.
   Usted   (Tell him you have already filled it out. Give it to him.)

_____

4. Empleado   Muy bien.
   Usted   (Now tell him you want to deposit the intis into your checking account. Say you have filled out the deposit slip.)

_____

5. Empleado   Muy bien. ¿Es todo?
   Usted   (Tell him you want to send a foreign draft for $25.00 as a birthday gift to a friend in the U.S.)

_____

_____

6. Empleado   Bueno. ¿Tiene Ud. la dirección?
   Usted   (Say yes. Give him your friend's address.)

_____

_____

7. Empleado   Aquí lo tiene Ud. Adiós, señor / señora / señorita.
    Usted   (Tell him good-bye and leave.)

    _____

D. Unas actividades. Explique lo que las siguientes personas habían hecho esta
mañana para el mediodía.

    MODELO   El Dr. Vargas / depositar $1.000
                 El Dr. Vargas había depositado mil dólares.

1. tú / escribir cuatro cheques

    _____

2. mis padres y yo / resolver el problema de la cuenta corriente

    _____

3. Los Estrada / pedir prestado $10.000

    _____

4. La Sra. Rodó / poner unos documentos importantes en la caja de seguridad

    _____

5. Uds. / leer información sobre las hipotecas

    _____

6. yo / hacer el pago inicial del préstamo estudiantil

    _____

E. Antes de las clases. Explique lo que Ud. había hecho ayer para la medianoche.

_____

_____

_____

_____

_____

_____

_____

_____

_____

F. ¿Cuánto tiempo hace...? Ud. tiene un problema con el saldo de su cuenta corriente. Conteste las preguntas en el formulario bancario para ayudar el banco a resolver el problema.

> **MODELO**   depositar dinero en este banco (5 años)
> **Hace cinco años que deposito dinero en este banco.**

1. ser un(-a) cliente del banco (5 años)

   _____

2. tener una cuenta corriente (5 años)

   _____

3. alquilar una caja de seguridad (1 año)

   _____

4. pagar a plazos (3 años)

   _____

5. ahorrar dinero en una cuenta (6 meses)

   _____

6. no averiguar el saldo de la cuenta (3 meses)

   _____

G. Cheques. Ud. es el (la) contador(-a) en una empresa multinacional en Madrid. Complete los cheques para los pedidos escribiendo el importe en letras. Cuidado con la concordancia *(agreement)* de los números.

1. (23.486) _____ pesetas

2. (1.000.000) _____ pesetas

3. (375.000) _____ pesetas

4. (57.612) _____ pesetas

5. (74.531) _____ pesetas

6. (16.050) _____ pesetas

H. Dudas de vocabulario.

1. Clarifique las obligaciones de Roberto al completar las oraciones con la forma
    adecuada de **deber / tener que / hay que**.

    Roberto sabe que para tener éxito en el mundo de los negocios

    _____ comprender las finanzas. Por eso Roberto estudia la conta-

    bilidad. _____ estudiar mucho esta noche porque hay un

    examen mañana. Pero antes de salir a la biblioteca _____

    llamar a su novia.

2. Explique lo que estas personas han hecho en las siguientes situaciones. Complete las
    oraciones con la forma adecuada de **ahorrar / conservar / guardar / salvar**.

    Hace muchos años la Sra. Valdéz vive en los EEUU pero todavía

    _____ buenos recuerdos de su juventud en Centroamérica. Des-

    pués de _____ mucho dinero, hizo un viaje a Guatemala para

    ver a su familia. Mientras estaba allí _____ su dinero y sus

    joyas en una caja en su cuarto. Un día hubo un terremoto *(earthquake)* pero

    afortunadamente un sobrino _____ a la señora y su caja del

    desastre.

3. Describa lo que hacen las siguientes personas. Complete las oraciones con **todavía / ya / ya no**.

Mario tiene sólo diecinueve años y _____ se ha graduado

de la universidad. _____ estudia porque tiene un buen puesto

pero _____ visita a sus amigos universitarios.

EXPANSIÓN DE VOCABULARIO

Professions

The following suffixes are often used to indicate jobs, careers, and professions.

1. SUFFIX **-ista**   = *-ist*
   dentista = *dentist*

   The suffix **-ista** is both masculine and feminine; gender is shown by the article: **el dentista** = *the male dentist;* **la dentista** = *the female dentist.* Plural forms end in **-s: los (las) dentistas.**

2. SUFFIX **-ero**   = *-er*
   carpintero = *carpinter*

   The suffix **-ero** has four endings to indicate number and gender: **el (los) carpintero(-s); la(-s) carpintera(-s).**

3. SUFFIX **-or**   = *-or*
   doctor = *doctor*

   There are four forms to indicate number and gender. The feminine singular is formed by adding the letter **-a** to the masculine singular ending: **el doctor, los doctores, la doctora, las doctoras.**

Práctica

A. Dé la forma inglesa para las siguientes profesiones.

1. el cocinero _____

2. la oficinista _____

3. el zapatero _____

4. el electricista _____

5. la cajera _____

6. la contadora _____

7. el futbolista _____

8. el trabajador _____

B. Dé la forma española para las siguientes profesiones.

1. receptionist _____

2. waitress _____

3. carpenter _____

4. stockbroker _____

5. professor _____

6. financier _____

7. artist _____

8. programmer _____

C. Complete las oraciones con una profesión que termina con la forma adecuada de **-ista, -ero** u **-or**.

1. Una _____ enseña en una universidad.

2. Un _____ construye edificios o muebles.

3. Una _____ crea la publicidad para una empresa.

4. Una _____ arregla los dientes.

5. Un _____ hace o vende joyas.

6. Un _____ prepara las comidas en un restaurante.

Capítulo 12
En una comunidad hispana

PRIMERA SITUACIÓN

A. Asociaciones. Escoja la palabra que no pertenece al grupo y explique por qué.

1. llegar   huir de la tiranía   inmigrar   salir de la patria

_____

2. inmigrar   discriminar   tener prejuicios   estereotipar

_____

3. el obrero migratorio   el exilio   el bracero   la cosecha

_____

4. el exiliado   el refugiado   el inmigrante   el dictador

_____

B. Los inmigrantes. Cuente la historia breve de un(-a) inmigrante en su familia o en la familia de un(-a) amigo(-a). Explique cuándo y por qué inmigró, de dónde vino y cómo lo (la) trataron en los EEUU.

_____

_____

_____

_____

_____

_____

_____

_____

_____

_____

C. **¿De acuerdo?**   Use las estrategias que Ud. ha aprendido para leer bien. Lea el título y trate de predecir el contenido; también dé un vistazo al primer párrafo para tener una idea general de todo el artículo. Si Ud. no sabe lo que significa una palabra, búsquela en un diccionario usando la información de **Para leer bien** del Capítulo 12.

PERSONAS DEL BARRIO

Al cruzar la calle se escuchan melodías que nos invitan a entrar en "Roy's Record Shop". Sally Ramón, la propietaria con su amigable sonrisa nos cuenta como principió su negocio: "Fue mi esposo Roy (es por eso que se llama Roy's) quien comenzó el negocio; primero arreglaba radios, televisores y tocadiscos y luego empezó la tienda..."

Roy falleció hace algunos años y Sally continúa con el negocio. Casi siempre atendiendo a un cliente, o con el teléfono en la mano, dando información. Ella conoce los diferentes grupos musicales (mariachis, orquestas, salsa, etc.) que hay en Detroit, ya sea local o visitante y cómo conseguirlos. Siempre dispuesta a servir, conoce los programas de radio en español y está enterada de los cambios de horarios para poder informar a quien pregunte.

Los estantes de Roy's están repletos de discos y casetes y las paredes tapizadas con múltiples carteles de artistas famosos de todos los tiempos. Cada cartel contiene un recuerdo de alguno o varios éxitos o posiblemente hasta discos de oro.

Dentro de todo este ambiente musical encontramos a Sally—pequeña señora de gran corazón con una sonrisa en los labios y una respuesta para quienes la piden. Allí se encuentra música de ayer, de hoy y de siempre. El orgullo de Sally es poder ofrecer lo que el cliente pide, y si no lo tiene, lo busca hasta encontrarlo. Nueva York, Chicago, Los Ángeles, y San Antonio son los centros de donde consigue su música. Creciendo en este ambiente musical la familia de Sally ha llegado a apreciar la música ya que dos de sus hijos son parte de un conjunto musical aquí en Detroit conocido como Mondo Cane.

A Roy's Record Shop llegan personas de distantas partes; de fuera de la ciudad y de todos sus alrededores. Personas que de niños vivieron en el Barrio y ahora en los suburbios sienten el deseo de su música y regresan a buscarla, así como también buscan información sobre lo que está pasando en la ciudad. Sally les informa lo que está pasando y les habla acerca de las agencias, organizaciones, restaurantes y más.

Sally es una de muchas personas que enriquecen el Barrio, que le dan vida, que alegran con su música, sonrisa y buen humor—siempre sirviendo e informando. Agradecemos a Sally y le decimos que siga con tan buen trabajo.

NOMBRE _____ FECHA _____ CLASE _____

Lea las siguientes oraciones que tienen que ver con el artículo «Personas del barrio». Exprese su posición a favor o en contra de la oración. Varíe sus respuestas.

1. Sally Ramón es una persona antipática.

_____

2. El esposo de Sally arreglaba radios, televisores y tocadiscos.

_____

3. La tienda Roy's Record Shop está en California.

_____

4. En la tienda sólo venden música rock.

_____

5. A los hijos de Sally no les interesa la música.

_____

6. Muchas personas de los suburbios que vivían en el Barrio regresan a buscar la música de su juventud.

_____

7. Sally sabe poco de las actividades del Barrio.

_____

8. Es bueno tener personas como Sally en el Barrio.

_____

D. Es absurdo. Corrija las oraciones falsas de Práctica C.

_____

_____

_____

_____

_____

Capítulo 12

_____

_____

_____

_____

_____

E. En una dictadura. ¿Cómo reaccionarían las siguientes personas si vivieran en una dictadura?

MODELO Ramón / emigrar pronto
Ramón emigraría pronto.

1. muchos / tener miedo

_____

2. tú/ salir para otro país

_____

3. el Dr. Vásquez / resistirse al gobierno

_____

4. Uds. / no decir nada contra el dictador

_____

5. yo / huir de la tiranía

_____

6. mucha gente / hacer lo que dice el dictador

_____

7. mi familia y yo / querer escaparse

_____

F. **La vida de un inmigrante.** Complete el párrafo con la forma adecuada del artículo indefinido. Ponga **0** en el espacio si el artículo no es obligatorio.

Rafael Quintana y su familia vivían en país con _____ gobierno

tirano. _____ amigos suyos trataron de resistirse a la tiranía pero

los arrestaron y ahora están en _____ cárcel en el interior del país.

_____ día Rafael decidió huir de la tiranía. Aunque no tenía

_____ pasaporte, _____ noche salió. Fue a

Texas. Ahora es _____ ciudadano de los EEUU y su esposa y sus

hijos también viven en Texas con él. Rafael es _____ carpintero y

su esposa Lupe es _____ recepcionista en

_____ oficina comercial. No son ricos y a veces son

_____ víctimas de la discriminación. Pero sus hijos asisten a

_____ escuela buena con _____ mil

estudiantes chicanos y todos tienen mucha esperanza para _____

futuro mejor.

G. **La vida en los EEUU.** Para muchas personas que viven bajo un gobierno tirano, los EEUU es un símbolo de la buena vida. Complete los pensamientos de las siguientes personas con el superlativo absoluto de las palabras entre paréntesis.

1. (malo / bueno) El gobierno de mi patria es _____ pero el

   gobierno en los EEUU es _____ .

2. (rico / mucho / poco) Todas las personas en los EEUU son

   _____ . Ganan _____ y trabajan

   _____ .

3. (alto / delgado) Los hombres en los EEUU son _____ y las

   mujeres son _____ .

4. (grande) En los EEUU todos tienen una casa _____ .

5. (largo) Los americanos tienen coches _____ . Me gustaría

tener uno.

6. (mucho / lindo) En los EEUU todos tienen _____ ropa. Es

_____ .

SEGUNDA SITUACIÓN

A. **Sopa de letras.** Encuentre las palabras de la lista en la sopa de letras y ponga un círculo alrededor de ellas. Las palabras están escritas de derecha a izquierda y de izquierda a derecha. También están escritas vertical y horizontalmente. No hay ninguna palabra diagonal.

bandera	chicano	minoría
bienestar	desfile	nivel
bilingüismo	hispano	orgullo
carroza	éxito	origen
ciudadanía	mayoría	voto
crisol	mestizo	

```
C  V  C  I  U  D  A  D  A  N  I  A  O
O  O  R  Q  D  E  A  I  R  O  N  I  M
N  R  I  O  A  S  B  S  B  E  G  H  S
A  G  S  T  N  F  A  O  I  X  U  I  I
C  U  O  O  Z  I  T  S  E  M  O  S  U
I  L  L  V  I  L  D  N  N  A  Z  P  G
H  L  O  R  L  E  R  I  E  Y  A  A  N
C  O  O  T  I  X  E  V  S  O  I  N  I
B  A  N  D  E  R  A  E  T  R  G  O  L
G  O  R  I  G  E  N  L  A  I  E  T  I
P  A  N  O  A  Z  O  R  R  A  C  O  B
```

B. Un desfile. Julio(-a) Gallegos, un(-a) amigo(-a) ecuatoriano(-a), quiere saber algo de los desfiles en los EEUU. Escríbale una carta describiendo un desfile que Ud. ha visto o en el cual Ud. ha participado.

_____ :

_____

_____

_____

_____

_____

_____

_____

_____

_____

_____

_____

_____ ,

C. ¡Qué día! ¿Qué diría Ud. al descubrir lo siguiente?

1. Su despertador no funciona y Ud. se levanta tarde.

_____

2. Al salir de casa Ud. ve que su coche tiene una llanta desinflada *(flat tire)*.

_____

3. Tiene que tomar el autobús a la universidad pero el autobús no llega a tiempo.

_____

4. Ud. llega a su clase de historia y recuerda que dejó la tarea en su cuarto.

5. Un(-a) amigo(-a) ofrece llevarlo(-la) a Ud. a casa para obtener la tarea.

6. Al regresar a la universidad su profesor de matemáticas le devuelve un examen. Ud. sacó una «D».

7. Un(-a) amigo(-a) le compra el almuerzo y ofrece ayudarlo(-la) a Ud. con la clase.

D. **Los inmigrantes.** Un(-a) amigo(-a) de la América Central quiere enterarse de la situación de los hispanos refugiados en los EEUU. Escríbale a su amigo(-a) contestando sus preguntas.

MODELO ¿Celebrarán los inmigrantes? (cuando / llegar al nuevo país)
Sí, celebrarán cuando lleguen al nuevo país.

1. ¿Tendrán muchos problemas? (hasta que / conseguir un trabajo)

2. ¿Se adaptarán? (con tal que / aprender la nueva lengua)

3. ¿Podrán votar? (después que / obtener la ciudadanía)

4. ¿Buscarán trabajo? (tan pronto como / poder)

5. ¿Tendrán éxito? (a menos que no encontrar trabajo)

6. ¿Hablarán español en casa? (para que / sus hijos no olvidarse de su herencia cultural)

_____

E. Para el año 2000. Explique lo que las siguientes personas habrán hecho para el año 2000.

1. mi familia y yo / ver las Cataratas de Iguazú

_____

2. tú / establecerse en su profesión

_____

3. Los Apaza / hacerse ricos

_____

4. Gustavo / volver a su patria

_____

5. Uds. / tener éxito

_____

6. yo / graduarse de la universidad

_____

F. Sus sueños. Escríbales una carta a sus padres explicándoles lo que Ud. habrá hecho dentro de los próximos cinco años.

_____ :

_____

_____

_____

_____

_____

_____

_____

_____

                                    _____ ,

G. Dudas de vocabulario. Complete la siguiente narración con la forma adecuada de las palabras de la lista.

apoyar	mantener	soportar	el idioma	la lengua
el lenguaje	el habla	tener éxito	lograr	triunfar
suceder				

Hay muchas razones por las cuales una persona decide emigrar. Algunas personas no

pueden _____ la tiranía ni _____ un

gobierno corrupto. Otras no pueden _____ a la familia bajo malas

condiciones económicas y piensan que podrán _____ en otro país.

Pero la inmigración no es fácil. Primero hay que aprender un(-a) nuevo(-a)

_____ y muchas veces el _____ de la gente

normal es muy distinto del _____ que han aprendido de los libros

y los periódicos. Lo que _____ en muchos casos es que la segunda

generación _____ la meta de los padres que inmigraron.

EXPANSIÓN DE VOCABULARIO

Some Noun Endings

1. SUFFIX **-ismo**   =   *-ism*
        bilingüísmo =   *bilingualism*

   The noun suffix **-ismo** is often used to denote a religous or political belief, a doctrine, or an institution or manner of being.

2. SUFFIX **-cio**   =   *-ce*
        prejuicio =   *prejudice*

Práctica

A. Dé la forma inglesa de las siguientes palabras.

1. el comunismo _____

2. el capitalismo _____

3. el socialismo _____

4. el sacrificio _____

5. el precio _____

6. el silencio _____

7. el espacio _____

B. Dé la forma española para las siguientes palabras.

1. bilingualism _____

2. materialism _____

3. feminism _____

4. divorce _____

5. commerce _____

6. service _____

7. palace _____

C. Complete las oraciones con un sustantivo que termina en **-ismo** o **-cio.**

1. El lugar donde vive un rey o una reina es un _____ .

2. El _____ de un artículo es lo que el artículo cuesta o vale.

3. La terminación legal de un matrimonio es el _____ .

4. La condición de no saber leer ni escribir es el _____ .

5. La economía de los EEUU está basada en la doctrina del _____ .

Bienvenidos al Perú, a Chile y a la Argentina

A. Adivinanza. Para descubrir la palabra en la cajita vertical, escriba en las líneas horizontales las palabras que corresponden a las definiciones.

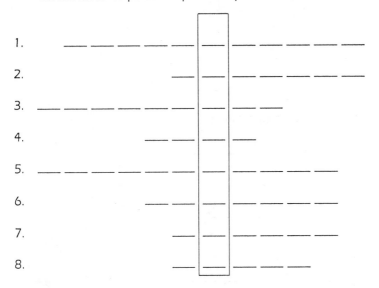

1. La capital de la Argentina
2. El río al norte del Perú
3. La región con glaciares al sur de la Argentina
4. La moneda del Perú
5. La ciudad perdida de los incas en el Perú
6. El desierto en el norte de Chile
7. Las cataratas en la frontera de la Argentina, el Brasil y Paraguay
8. Un producto importante de Chile

B. Usando oraciones completas conteste las siguientes preguntas sobre el Perú, Chile y la Argentina.

1. Describa la geografía del Perú. _____

   _____

   _____

2. Describa la geografía de Chile. _____

   _____

   _____

3. Describa la geografía de la Argentina. _____

   _____

   _____

4. ¿Cuántos habitantes hay en cada uno de los tres países? _____

   _____

   _____

5. ¿Cuál es la moneda de cada uno de los tres países? _____

   _____

   _____

6. ¿Cuáles son los productos principales del Perú? ¿de Chile? ¿de la Argentina? _____

   _____

   _____

   _____

   _____

Capítulo 13
La llegada a Lima

PRIMERA SITUACIÓN

A. En el aeropuerto. Describa la escena en el aeropuerto. Explique por qué hay tanta gente en la sala de espera.

_____

_____

_____

_____

_____

_____

_____

_____

_____

_____

B. Un(-a) pasajero(-a). Ud. es un(-a) pasajero(-a) en el aeropuerto Jorge Chávez. Complete la siguiente conversación entre Ud. y una empleada de la aerolínea AeroPerú.

1. Empleada Buenos días, señor / señora / señorita. ¿En qué puedo servirle?
   Usted (Explain that you need a one-way ticket from Lima to Caracas and that you need to leave as soon as possible.)

_____

_____

2. Empleada Muy bien. Su pasaporte, por favor.
   Usted (Hand it to her. Say you'll pay for the ticket with a credit card.)

_____

_____

3. Empleada   Está bien. ¿Tiene equipaje?
   Usted   (Answer yes. Ask to have it checked.)

   _____

4. Empleada   Muy bien. ¿Dónde prefiere Ud. sentarse?
   Usted   (Explain you would like an aisle seat in the non-smoking area.)

   _____

   _____

5. Empleada   Lo siento, señor / señora / señorita, pero no nos queda ningún asiento del pasillo.
   Usted   (Show your disappointment. Ask at what time the flight leaves.)

   _____

   _____

   _____

6. Empleada   A las once y cuarto. Aquí tiene su pasaporte y su tarjeta de embarque.
   Usted   (Ask what gate you'll leave from.)

   _____

7. Empleada   Por la puerta de embarque número catorce.
   Usted   (Ask what time you'll start boarding.)

   _____

8. Empleada   Dentro de unos veinte minutos. Adiós y buen viaje.
   Usted   (Thank her for all she's done and say good-bye.)

   _____

C. **En la terminal.** Explique lo que el empleado de una aerolínea le aconsejó a un pasajero nervioso.

   MODELO abordar a tiempo
   El empleado le aconsejó al pasajero que abordara a tiempo.

1. facturar el equipaje

   _____

2. no perder la tarjeta de embarque

   _____

3. tener paciencia

   _____

4. poner las etiquetas en las maletas

   _____

5. despedirse de la familia en la sala de espera

   _____

6. no comer o beber mucho antes del vuelo

   _____

D. **El (la) agente de viajes.** Un grupo de estudiantes de intercambio acaba de salir para el Perú. Explique lo que el agente de viajes les recomendó que hicieran antes de salir.

   MODELO comprar un billete de ida y vuelta
   El agente les recomendó que compraran un billete de ida y vuelta.

1. hacer una reservación

   _____

2. conseguir un pasaporte con mucha anticipación

   _____

3. sentarse en la sección de no fumar

_____

4. saber el número del vuelo

_____

5. tener cuidado

_____

6. no llevar mucho equipaje

_____

E. Un viaje al Perú.   Explique bajo qué circunstancias las siguientes personas irían al Perú.

   MODELO   el Sr. Valero / tener más tiempo
   El Sr. Valero iría al Perú si tuviera más tiempo.

1. yo / no tener que trabajar

_____

2. la Srta. Ocampo / conocer a alguien en Lima

_____

3. Roberto y Daniel / hablar mejor el español

_____

4. tú / terminar tus cursos

_____

5. mi familia y yo / ganar más dinero

_____

F. Los pasajeros cansados. Explique lo que harían los pasajeros del dibujo de Práctica A si tuvieran la oportunidad. Varíe sus respuestas.

1. El piloto _____

_____

2. La madre _____

_____

3. El hijo _____

_____

4. Los hombres de negocios _____

_____

5. La mujer vieja _____

_____

6. El joven _____

_____

G. ¿Qué haría Ud.? Explique lo que Ud. haría si tuviera mucho tiempo y dinero.

_____

_____

_____

_____

_____

_____

_____

_____

_____

_____

_____

SEGUNDA SITUACIÓN

A. La llegada a Lima. Usando la forma adecuada de una palabra de la lista, complete el diario de Marilisa describiendo su vuelo a Lima.

abrazar	la aduana	el pasaporte
cancelar	el aduanero	la sala de espera
declarar	el certificado de sanidad	retrasado
despedir	el control de pasaportes	con destino a
recibir	la demora	procedente de
registrar		

Llegué temprano al aeropuerto y tuve que esperar más de dos horas en

_____ . Mis padres y mi novio me _____ ;

lloré *(I cried)* un poco. No pudimos salir hasta la llegada de otro vuelo

_____ Quito. Finalmente salimos. A pesar

de_____ de dos horas, llegamos solamente un poco

_____ .

Después de bajar del avión, pasé por _____ ; les mostré mis docu-

mentos—_____ y también _____ . Después

pasé por _____ . _____ me preguntó,

—¿Tiene Ud. algo que _____ ?— Yo le dije que no y él no

_____ mi equipaje.

Había mucha gente en el aeropuerto de Lima. La familia de mi amiga Dolores me

_____ . Al encontrar a mi amiga nos _____ .

¡Estábamos tan contentas!

B. **¡Qué estupendo!** Explique lo que Ud. diría en las siguientes situaciones.

1. Un(-a) buen(-a) amigo(-a) que estudia en otra universidad va a venir a verlo(-la) a Ud.

   _____

2. Ud. gana el premio en una lotería estudiantil — ocho días en Acapulco.

   _____

3. Ud. espera a su amigo(-a) en la estación de autobús. Ud. piensa que ha perdido el autobús pero finalmente llega.

   _____

4. Ud. saca una «A» en un examen en su clase más difícil.

   _____

5. Después de un viaje de cinco días su novio(-a) lo (la) llama a Ud.

   _____

6. Ud. está muy ocupado(-a) y su compañero(-a) de cuarto ofrece lavar su ropa sucia.

   _____

C. **Un viaje al Perú.** Explique qué y quiénes son lo siguiente. Siga el modelo.

   MODELO   La Sra. Morelos es profesora de español. La Sra. Morelos organizó el viaje.
   La Sra. Morelos es la profesora que organizó el viaje.

1. La Srta. Vargas es nuestra guía. Conocí a la Srta. Vargas en el vuelo a Lima.

   _____

2. El Sr. Higuera es el dueño de un restaurante. Esta tarde comimos en el restaurante del Sr. Higuera.

_____

3. Machu Picchu es la ciudad perdida de los incas. Visité Machu Picchu ayer.

_____

4. La catedral es un edificio muy antiguo. Saqué una foto de la catedral esta mañana.

_____

5. La Srta. Rivas es un miembro de nuestro grupo. Me senté cerca de la Srta. Rivas en el autobús.

_____

6. El Museo de Oro es un famoso museo. Te hablé del Museo de Oro antes del viaje.

_____

D. ¿Quiénes son? Explique quiénes son las siguientes personas.

1. Mi madre es la persona _____

_____

2. Mi novio(-a) es la persona _____

_____

3. Mi profesor(-a) de español es la persona _____

_____

4. El presidente de los EEUU es la persona _____

_____

5. Mi mejor amigo(-a) es la persona _____

_____

E. **¿Qué es esto?** Explique qué son las siguientes cosas. Combine las dos oraciones en una nueva oración usando una preposición y una forma de **el que** o **el cual**.

MODELO Ésta es la aduana. Los aduaneros registran el equipaje en la aduana.
Ésta es la aduana en la cual los aduaneros registran el equipaje.

1. Ésta es la sala de espera. Espero a mis padres en la sala de espera.

_____

_____

2. Éstas son las puertas. Subimos a los aviones por las puertas.

_____

_____

3. Éstos son los turistas. Viajo al Perú con estos turistas.

_____

_____

4. Éste es el boleto. No puedo viajar sin el boleto.

_____

5. Éste es mi maletín. Pongo toda mi tarea dentro del maletín.

_____

_____

F. **La azafata ofensiva.** Ayude a esta azafata a ser más cortés. Escriba otra manera de expresar las siguientes frases.

1. ¿Qué quiere beber Ud.?

_____

2. ¿Puede Ud. poner su equipaje de mano debajo del asiento?

_____

3. Ud. debe abrocharse el cinturón.

_____

4. Quiero ver su tarjeta de embarque.

_____

5. Siéntese en el asiento del pasillo.

_____

G. Unas acciones raras. Explique cómo actúan las siguientes personas.

1. Mi profesor(-a) de español habla como si _____

_____

2. Gasto dinero como si _____

_____

3. Un(-a) amigo(-a) mío(-a) se viste como si _____

_____

4. Mi mejor amigo(-a) actúa como si _____

_____

H. De viaje en el Perú. Ud. está de vacaciones en el Perú y necesita pedir mucha información. Haga preguntas usando **¿Qué es?** / **¿Qué son?** o **¿Cuál es?** / **¿Cuáles son?**

1. ¿ _____ la ciudad más grande del Perú?

2. ¿ _____ el número de mi habitación?

3. ¿ _____ Machu Picchu?

4. ¿ _____ unos sitios interesantes a visitar?

5. ¿ _____ aquellos edificios?

I. Enrique el nervioso. Explique lo que le molesta a Enrique cuando viaja. Complete las oraciones con la forma adecuada de una expresión de la lista.

ser tarde   llegar tarde   tardar   echar de menos
extrañar   faltar   perder

1. No me gusta viajar. En realidad no me gusta _____ al trabajo

   por mucho tiempo.

2. Tengo miedo de _____ el avión; por eso nunca

   _____ al aeropuerto.

3. Cuando viajo solo siempre _____ a mi familia.

4. Lo que me molesta más es la aduana. Los aduaneros _____

   mucho en registrar el equipaje.

5. Después de un día de viajar por una ciudad estoy cansado. Mis amigos quieren ir a

   una discoteca pero yo no. Siempre les digo, —Ya _____ . ¿Por

   qué no se acuestan?

EXPANSIÓN DE VOCABULARIO

Forming Nouns from Verbs

The following suffixes are used in order to form nouns from an infinitive.

1. **-AR** verb + suffix   **-ante**   =   noun
            emigrar   =   **el emigrante**

   To form the noun, drop the **-ar** infinitive ending and add the suffix **-ante** to the stem. The resultant noun indicates a person performing the action suggested by the verb. The English form of the noun often ends in *-ant* or *-ent*.

2. **-ER** or **-IR** verb + suffix   **-imiento**   =   noun
            sentir   =   **el sentimiento**

   To form the noun, drop the **-er** or **-ir** infinitive ending and add the suffix **-imiento** to the infinitive stem. The resultant noun indicates the condition or state of being suggested by the verb. The English form of the noun often ends in *-ment* or *-ing*.

Práctica

A. Dé la forma inglesa de las siguientes palabras.

1. el habitante _____

2. el participante _____

3. el emigrante _____

4. el sufrimiento _____

5. el establecimiento _____

6. el conocimiento _____

B. Forme el sustantivo español de los infinitivos.

1. estudiar   el _____

2. inmigrar   el _____

3. visitar   el _____

4. ayudar   el _____

5. nacer   el _____

6. entretener   el _____

7. sentir   el _____

8. crecer   el _____

C. Complete las oraciones con un sustantivo que termina en **-ante** o **-imiento**.

1. Un _____ es una persona que cambia de país

   permanentemente.

2. Una persona que canta es un _____ .

3. Una persona que vive dentro de un país o una ciudad es un

   _____ .

4. Cuando llenamos una solicitud muchas veces nos piden la fecha de

   _____ .

5. El amor es un _____ agradable y romántico.

6. Una persona que lee, estudia y observa mucho tendrá un gran

   _____ del mundo.

Capítulo 14
En el hotel

PRIMERA SITUACIÓN

A. El Hotel Solimar. Ud. trabaja en una agencia de publicidad y uno de sus clientes es el Hotel Solimar. El dibujo de arriba va a aparecer en un folleto de publicidad para el hotel. Ud. tiene que escribir el texto de propaganda. Describa el hotel incluyendo información sobre las habitaciones, las facilidades, los servicios y su localidad.

_____

_____

_____

_____

_____

_____

_____

_____

B. Los empleados. El folleto del Hotel Solimar también va a incluir fotos de varios empleados. Al lado de las fotos Ud. tiene que explicar qué hacen los varios empleados y cómo son.

Julio Montoya
  Botones   _____

                     _____

                     _____

                     _____

Dolores Rodríguez
  Criada   _____

                     _____

                     _____

                     _____

Capítulo 14

Carlos Ruiz Estrada   _____
  Conserje
                       _____

                       _____

                       _____

Juan Díaz   _____
  Portero
                       _____

                       _____

Silvia López del Río   _____
  Recepcionista
                       _____

                       _____

                       _____

C. En el hotel. Ud. viaja con dos amigos(-as) en Chile. Uds. llegan a Viña del Mar y de repente deciden quedarse unos días. Complete la siguiente conversación con el recepcionista en el Hotel Las Brisas.

1. Recepcionista   Buenas tardes, señor / señora / señorita. ¿En qué puedo servirle?
    Usted   (Explique que necesita una habitación.)

    _____

2. Recepcionista   ¿Tiene Ud. una reservación?
    Usted   (Conteste negativamente. Explique por qué.)

    _____

3. Recepcionista   Y ¿qué tipo de habitación necesita Ud.?
    Usted   (Responda.)

    _____

4. Recepcionista   Muy bien. ¿En qué sección del hotel prefiere su habitación?
   Usted   (Explique.)

_____

5. Recepcionista   Bueno.
   Usted   (Ud. quiere saber qué facilidades hay.)

_____

6. Recepcionista   La habitación tiene aire acondicionado y un televisor a colores. El hotel tiene una piscina, dos restaurantes y buen servicio de habitación.
   Usted   (Decide quedarse en el hotel por tres días.)

_____

7. Recepcionista   Muy bien. Aquí tiene Ud. la llave. Su habitación está en el sexto piso, número 643.
   Usted   (Dígale que Uds. tienen mucho equipaje y desean que alguien lo suba.)

_____

_____

Recepcionista   No hay problema. Que disfruten de su estancia en Viña del Mar.

D. Un viaje a Chile. Ud. está encargado(-a) de un grupo que sale hoy para Chile. Explique lo que Ud. espera que ya hayan hecho los miembros de su grupo.

   MODELO   todos / comprar un billete
                Espero que todos hayan comprado el billete.

1. Manolo / escribir al hotel

_____

2. tú / despedirse de su familia

_____

3. todos nosotros / conseguir una habitación

_____

4. Marta y Elena / leer una guía

_____

5. la Sra. Chávez / hacer las maletas

_____

6. los García / pagar los billetes

_____

E. **En Chile.** Ud. es un(-a) estudiante de intercambio en Santiago de Chile. Explique lo que Ud. espera que haya pasado o no haya pasado con su familia o amigos durante su ausencia.

_____

_____

_____

_____

_____

_____

_____

_____

F. **Los Gutiérrez.** Hoy Manuel y Teresa Gutiérrez celebran sus bodas de oro. ¿Qué hacen para llevarse bien durante cincuenta años?

MODELO hablar / a menudo
Manuel y Teresa se hablan a menudo.

1. escuchar / siempre

_____

2. escribir / cuando están separados

_____

3. dar regalos / a menudo

_____

4. ayudar / cuando tienen problemas

_____

5. respetar / siempre

_____

G. Unas relaciones buenas. Usando pronombres recíprocos, describa cómo son sus relaciones con su novio(-a), un(-a) buen(-a) amigo(-a) o un miembro de su familia. Explique lo que Uds. hacen.

_____

_____

_____

_____

_____

_____

_____

_____

SEGUNDA SITUACIÓN

A. Crucigrama.

Horizontal
2. Persona que recibe una carta
5. Señas que se ponen en una carta o paquete
6. Correo _____ ; correo enviado por avión
7. Cubierto que envuelve una carta
9. Código _____
10. Enviar
11. Receptáculo para depositar las cartas
12. Entregar el correo

Vertical
1. Dirección de la persona que envía una carta
3. Mensaje rápido
4. _____ postal; manera de enviar dinero
7. Estampilla
8. Carta o mensaje sin sobre

B. **Unas complicaciones.** Ud. es un(-a) estudiante de intercambio en Santiago de Chile. ¿Cómo respondería Ud. en las siguientes situaciones?

1. El cartero le entrega a Ud. una carta dirigida a su vecino.

   _____

2. Sus padres lo (la) llamaron a Ud. para decirle que le enviaron un paquete hace dos semanas. Como Ud. no ha recibido el paquete todavía, Ud. va a la oficina de correos.

   _____

3. En la oficina de correos un dependiente desagradable le trata a Ud. en una manera descortés.

   _____

4. El gerente de la oficina de correos le dice que el paquete está perdido y ellos no pueden hacer nada.

   _____

5. Ud. está pasando unos días en Viña del Mar y quiere mandar una tarjeta postal a un amigo en Santiago. Ud. va a la oficina de correos y le pide ayuda a un dependiente porque se le olvidó el código postal de su amigo.

   _____

C. **Un suéter nuevo.** Ud. pidió un suéter nuevo del catálogo del almacén El Corte Español. Al recibir el suéter, Ud. descubre que el almacén le cobró 50.000 pesetas en vez de 5.000. Escríbale una carta al almacén tratando de resolver el problema.

_____ :

_____

_____

_____

_____

_____

_____

_____

_____

_____

_____ ,

D. Una descripción de Chile.   Explique quién o quiénes hicieron lo siguiente.

   MODELO   Cordillera de los Andes / visitar / los turistas
   La Cordillera de los Andes fue visitada por los turistas.

1. muchas regiones de Chile / descubrir / los españoles

   _____

2. Santiago / fundar / Pedro de Valdivia

   _____

3. muchos edificios nuevos / abrir / las compañías grandes

   _____

4. la contaminación / causar / la industria

   _____

5. los barrios de la ciudad / poblar / los inmigrantes

   _____

E. ¿En qué parte de Chile? Usando palabras de la siguiente lista, explique dónde se puede encontrar o ver lo siguiente.

Magallanes   el desierto de Atacama   Viña del Mar
Santiago   el parque Metropolitano   la Carretera Panamericana

MODELO   ¿Dónde se puede encontrar el lugar más seco del mundo?
          Se encuentra el lugar más seco del mundo en el desierto de Atacama.

1. ¿Dónde se puede ver glaciares e icebergs?

_____

2. ¿Dónde se puede jugar a la ruleta?

_____

3. ¿Cómo se puede ir de Chile a la Argentina?

_____

4. ¿Dónde se puede ver mucha contaminación atmosférica?

_____

5. Dentro de Santiago, ¿dónde se puede encontrar un buen lugar para un picnic?

_____

F. ¡Qué cosas más grandes! Defina las siguientes palabras.

1. un hotelucho _____

_____

2. un hombrón _____

_____

3. un poblacho _____

_____

4. un solterón _____

_____

5. un sillón _____

_____

6. un paquetote _____

_____

G. Dudas de vocabulario.

1. **Una carta de Adolfo.** Complete esta carta con la forma adecuada de **dejar** /
partir / **salir**.

Voy a _____ de mi hotel el domingo a las 10. El avión

_____ más tarde a mediodía. Necesito tener mucho cuidado

porque la última vez que vine aquí _____ mi billete dentro de

la habitación del hotel.

2. **Los telegramas.** Complete los mensajes breves de los siguientes telegramas con
pero / **sino** / **sino que**.

No pienso salir de aquí el viernes _____ el sábado.

Salgo mañana _____ no llegaré hasta la semana que viene.

Habrá algún mal entendido. Carlos no ganó la lotería _____

se graduó de la universidad.

3. **Los pensamientos.** Complete el siguiente diálogo con la forma adecuada de
pensar / **pensar de** / **pensar en** / **pensar + inf.**

—Y tú, Roberto, ¿qué _____ hacer este fin de semana?

—No sé todavía. Ahora sólo puedo _____ mis exámenes de

esta semana.

—Pues, ¿qué _____ las playas de Viña del Mar? ¿Te gustaría ir?

—Yo _____ que sí. Te diré mañana.

EXPANSIÓN DE VOCABULARIO

Spanish Equivalent of English Words Beginning with *sc-, sp-, st-*

Spanish doesn't allow the English consonant pairs *sc-, sp-, st-* at the beginning of a word. The Spanish equivalents generally are preceded by the letter **e-**.

1. **esc-** = *sc-*
   la escena = *scene*

2. **esp-** = *sp-*
   el español = *Spanish*

3. **est-** = *st-*
   la estampilla = *stamp*

Práctica

A. Dé la forma inglesa de las siguientes palabras.

1. la escala _____

2. el escándalo _____

3. el escultor _____

4. el espacio _____

5. las espinacas _____

6. la espía _____

7. el estado _____

8. el estilo _____

9. la estatua _____

B. Dé la forma española de las siguientes palabras.

1. scene _____

2. school _____

3. sponge _____

4. special _____

5. stomach _____

6. stadium _____

7. student _____

8. stamp _____

C. Complete las oraciones con una palabra empezando con **esc-**, **esp-** o **est-**.

1. Antes de enviar una carta tenemos que poner una _____ en el

   sobre.

2. La _____ del Restaurante Brisamar es la paella valenciana.

3. Los niños de seis hasta doce años van a la _____ primaria.

4. Miguel Ángel fue un famoso _____ italiano. Creó muchas

   _____ , incluyendo el David y la Pietá.

5. Hay cincuenta _____ en los EEUU.

6. En los platos picantes hay muchas _____ como la pimienta, el

   pimentón, el comino y el orégano.

Capítulo 15
Los deportes

PRIMERA SITUACIÓN

A. El programa atlético. El (la) nuevo(-a) director(-a) atlético(-a) en su universidad quiere que Ud. les explique a los estudiantes su programa atlético para el futuro. Prepare un folleto incluyendo información sobre los deportes, los lugares donde se juegan y el equipo deportivo necesario. Incluya por lo menos seis deportes divididos entre deportes para hombres y mujeres y deportes interuniversitarios e intramurales.

DEPORTES	EDIFICIOS Y CAMPOS	EQUIPO DEPORTIVO

B. Su equipo favorito. ¿Qué preguntaría o respondería Ud. en las siguientes situaciones?

1. Ud. tenía que trabajar y no podía ir al partido o escucharlo por la radio.

   _____

2. Su equipo favorito ganó el campeonato.

   _____

3. Su equipo favorito perdió el último partido.

   _____

4. El (la) mejor jugador(-a) se lastimó.

   _____

5. Su jugador(-a) favorito(-a) marcó muchos puntos.

   _____

C. Con más habilidad. Las siguientes personas son poco atléticas. ¿Qué habrían hecho en la escuela secundaria si hubieran tenido más habilidad?

   MODELO   Francisco / jugar al béisbol
   Francisco habría jugado al béisbol.

1. Mateo y yo / practicar la gimnasia

   _____

2. tú / correr

   _____

3. Gustavo y Nicolás / ponerse en forma

   _____

4. yo / entrenarse más

   _____

5. Silvia / hacer ejercicios aeróbicos

_____

6. Uds. / ganar el campeonato

_____

D. **En la escuela secundaria.** Ud. está pensando en los días de la escuela secundaria. Explique lo que habría hecho con más tiempo, dinero, habilidad y oportunidades.

_____

_____

_____

_____

_____

_____

_____

_____

E. **Las necesidades.** Las siguientes personas salieron ayer para jugar en las finales de básquetbol. Explique lo que era necesario que hubieran hecho antes de salir.

MODELO todos / practicar
Era necesario que todos hubieran practicado mucho.

1. el entrenador / entrenarlos bien

_____

2. yo / hacer ejercicios

_____

3. mi amigo(-a) y yo / ponerse en forma

    _____

4. los jugadores / correr cada día

    _____

5. tú / ir al gimnasio todos los días

    _____

F. El (la) entrenador(-a). Ud. es el (la) entrenador(-a) para un equipo de béisbol. Explique lo que Ud. quería que su equipo hiciera el año pasado y lo que quiere que hagan este año.

    MODELO   ganar el campeonato
           El año pasado quería que mi equipo ganara el campeonato.
           Este año quiero que mi equipo gane el campeonato también.

1. jugar bien

    El año pasado _____

    Este año _____

2. hacer ejercicios de calentamiento

    El año pasado _____

    _____

    Este año _____

    _____

3. mantenerse en forma

    El año pasado _____

    Este año _____

4. escucharme

   El año pasado _____

   Este año _____

5. correr rápidamente

   El año pasado _____

   Este año _____

6. recibir árbitros justos

   El año pasado _____

   Este año _____

G. Antes del fin del semestre. Explique lo que es necesario / importante / posible que Ud. haya hecho antes del fin del semestre.

_____

_____

_____

_____

_____

_____

_____

H. Antes de graduarme. Explique lo que era necesario / importante / probable / bueno que Ud. hubiera hecho antes de graduarse de la escuela secundaria.

MODELO   **Era necesario que yo hubiera tomado cuatro años de inglés.**

_____

_____

_____

_____

_____

_____

_____

_____

SEGUNDA SITUACIÓN

A. **¿Qué les duele?** Explique lo que les duele a las personas en el dibujo.

1. A la señora _____

2. A la muchacha _____

3. Al joven _____

4. Al hombre _____

5. A la vieja _____

6. Al niño _____

B. **Los síntomas y los remedios.** Describa los síntomas para las siguientes enfermedades y sugiera un remedio.

1. la gripe _____

_____

_____

2. el insomnio _____

_____

3. la pulmonía _____

_____

4. un catarro _____

_____

_____

C. **La conmiseración.** Ud. es el (la) médico(-a) para el consultorio del dibujo de Práctica A. Escríbales una tarjeta a todos los pacientes expresándoles su conmiseración y sus buenos deseos. Varíe sus expresiones.

1. _____

_____

2. _____

_____

3. _____

_____

4. _____

_____

5. _____

_____

6. _____

_____

D. ¡La mala suerte! Explique lo que les pasó a las personas del dibujo de Práctica A. Use frases de la siguiente lista.

caer un libro	cortar el dedo	olvidar el impermeable
olvidar las píldoras	perder las gafas	romper el tobillo

MODELO El niño estaba en la biblioteca leyendo un libro muy grande.
       Se le cayó un libro grande.

1. La señora caminaba por el parque. Estaba lloviendo y no llevaba ni impermeable ni paraguas.

_____

2. La muchacha se quemó en la cocina porque no podía ver bien.

_____

3. El joven estaba jugando al fútbol.

_____

4. El hombre estaba trabajando muchas horas en el jardín y no recordó tomar sus píldoras.

_____

5. La anciana estaba cortando legumbres con mucha prisa.

_____

E. Con más cuidado. Explique lo que no les habría ocurrido a las personas en el dibujo de Práctica A si hubieran tenido más cuidado.

    MODELO   la señora / resfriarse
                Si hubiera tenido más cuidado, la señora no se habría resfriado.

Si hubiera tenido más cuidado,...

1. la muchacha / quemarse

_____

2. el joven / fracturarse el tobillo

_____

3. el hombre / lastimarse el hombro

_____

4. la anciana / cortarse el dedo

_____

5. el niño / romperse la pierna

_____

F. ¡Yo te lo dije! Ud. es el (la) padre (madre) de un(-a) hijo(-a) que casi nunca sigue sus consejos. Ahora su hijo(-a) está enfermo(-a). Dígale que no se habría enfermado si hubiera escuchado sus consejos.

    MODELO   comer bien
                No te habrías enfermado si hubieras comido bien.

1. llevar un impermeable y botas

_____

2. tomar las vitaminas

_____

3. acostarse más temprano

_____

4. no salir el sábado

_____

5. no abrir la ventana por la noche

_____

6. hacer más ejercicios

_____

G. **Para evitar un accidente.**   Su amigo(-a) se ha lastimado jugando al tenis.
Escríbale una carta expresando su conmiseración y sus deseos para el futuro.
También explíquele que habría evitado el problema si hubiera escuchado sus
consejos.

_____ :

_____

_____

_____

_____

_____

_____

_____

_____

_____

_____ ,

H. Dudas de vocabulario.

1. **Los gemelos.** Complete la descripción de Emilio y Alberto con una forma adecuada de **el juego / el deporte / el partido / jugar / tocar.**

   Emilio y Alberto son gemelos pero no les interesan las mismas cosas. Emilio es muy

   atlético; _____ al fútbol y al béisbol pero su

   _____ favorito es el básquetbol. Todos los fines de semana

   participa en un _____ de básquetbol o mira uno en la

   televisión. Por otra parte Alberto es más intelectual. _____ el

   violín y el piano. Para divertirse prefiere el _____ de ajedrez.

2. **El doctor Ruiz.** Complete este relato del Dr. Ruiz acerca de Manuel Álvarez. Use la forma adecuada de **doler / lastimar / hacer daño / ofender.**

   Manuel Álvarez se _____ jugando al fútbol norteamericano.

   Aunque está mucho mejor todavía le _____ mucho las rodillas.

   No quiero _____ a nadie pero tengo que decirles que muchas

   veces los deportes son violentos y _____ .

EXPANSIÓN DE VOCABULARIO

Words Borrowed From English

Just as English vocabulary is often composed of words borrowed from other languages, such as plaza, taco, or sierra, the Spanish language often borrows words from English. These borrowed words sometimes are admitted into Spanish without change, but often are modified to conform to Spanish rules for grammar and spelling. In order to recognize and use these English borrowings, keep in mind the following spelling changes.

1. The English consonant clusters with *h* are generally single consonants in Spanish.

ph	photography	=	**f**	la fotografía
th	theater	=	**t**	el teatro
ch	mechanic	=	**c**	el mecánico

2. English double letters are generally single letters in Spanish.

commercial = el anuncio comercial
volleyball = el vólibol
tennis = el tenis

3. The prefixes **super-** *(big)*, **hiper-** *(very large)*, and **mini-** *(small)* are frequently used in Spanish; they precede nouns: **el supermercado** *(supermarket)*; **el hipermercado, el hiper** *(a very large supermarket and department store under one roof)*; **la minifalda** *(miniskirt)*.

Práctica

A. Dé la forma inglesa de las siguientes palabras.

1. el vólibol _____

2. el champú _____

3. la hamburguesa _____

4. el sandwich _____

5. el esquí _____

6. la videocasetera _____

7. el detergente _____

8. los jeans _____

B. Dé la forma española de las siguientes palabras.

1. penicillin _____

2. tennis _____

3. photograph _____

4. television _____

5. computer _____

6. baseball _____

7. basketball _____

8. aerobics _____

C. Defina o describa las siguientes palabras.

1. el ketchup _____

_____

_____

2. el antibiótico _____

_____

_____

3. el golf _____

_____

_____

4. la minifalda _____

_____

_____

5. la margarina _____

_____

_____

6. el jogging _____

_____

_____

Manual de laboratorio

Capítulo preliminar
Un autorretrato

Presentación

A. Estudiantes de intercambio. You are helping to find roommates for the following exchange students who are coming to study at your university. Listen as each student gives a personal description and make notes on the chart. If you need to listen again, replay the tape.

NOMBRE	EDAD	NACIONALIDAD	PASATIEMPOS
Amalia			
Tomás			
Maricarmen			
Carlos			
Beatriz			

B. En el aeropuerto. You have volunteered to meet the exchange students at the airport. Listen as they describe themselves and take notes so you will be able to recognize each student. If you need to listen again, replay the tape.

1. Amalia: _____

2. Tomás: _____

3. Maricarmen: _____

4. Carlos: _____

5. Beatriz: _____

Para escuchar bien

When you are talking with somebody in English or listening to a description, you anticipate or predict what you are going to hear because of previous experiences you have had in similar situations. For example, when you arrive at the airport, you don't expect the airline ticket agent to ask you about your hobbies or your parents' health. Instead, you expect the person to ask you for your ticket, your seat preference, and so on. This is because your knowledge of the world, and your previous experiences in similar situations help you to predict what you are going to hear. Similarly, you should use your knowledge of the world to anticipate what is going to be said when listening in Spanish.

Now practice anticipating what will be said in the following exercises.

A. En el aeropuerto de Barajas. Imagine that you have just arrived in Spain and are going through customs. Listen to the following conversations, and circle **SÍ** if what you hear matches your expectations. Circle **NO** if what you hear does not match your expectations.

1. SÍ   NO   4. SÍ   NO

2. SÍ   NO   5. SÍ   NO

3. SÍ   NO

B. En el centro estudiantil. You will hear a series of short conversations in which some students exchange personal information. As you listen, circle the letter of the phrase that best completes each statement. If you need to listen again, replay the tape.

1. Los estudiantes hablan de
   a. sus trabajos.
   b. la ciudad donde nacieron.
   c. sus familias.
   d. sus pasatiempos.

2. Los pasatiempos de Joaquín son
   a. hacer ejercicios y leer periódicos.
   b. escribir cartas y tocar el piano.
   c. ver televisión y leer novelas.
   d. jugar al tenis y hacer ejercicios.

3. Claudia vive
   a. sola en una residencia estudiantil.
   b. con su esposo en un apartamento.
   c. con sus amigos en una casa.
   d. sola en un apartamento.

4. Las dos muchachas
   a. trabajan en la cafetería y estudian en la universidad.
   b. trabajan de las tres a las seis de la tarde y estudian por la noche.
   c. estudian de las ocho a las diez de la noche y trabajan por el día.
   d. necesitan dinero y trabajan poco.

Así se dice

The letters **a, e, i, o, u,** and sometimes **y** are used to represent vowel sounds in both English and Spanish, but their pronunciation in the two languages is very different. Note the following.

1. Spanish has fewer vowel sounds than English. It is generally said that Spanish has five basic sounds while English has many more.

2. Spanish vowel sounds are generally shorter than English vowel sounds. In addition, English vowel sounds often glide into or merge with other vowels to produce combination sounds. These combination sounds are called diphthongs. As a general rule, you should pronounce Spanish vowels with a short, precise sound. Listen to the difference in the pronunciation of the following two words: **me** (Spanish), *may* (English).

Now listen to the following pairs of words and decide if the first word of each pair is a Spanish or an English word. Circle your answer. Each pair of words will be repeated.

1. español inglés   4. español inglés

2. español inglés   5. español inglés

3. español inglés   6. español inglés

3. In English, vowels in unstressed positions are reduced to a neutral sound similar to *uh*; this neutral sound is called a *schwa*. The letter **i** in the English word *president* is pronounced in this fashion. Compare the pronunciation of the letter **i** in the Spanish and English words: **presidente** *president.*

Now listen to the following pairs of words and decide if the first word of each pair is a Spanish or an English word. Circle your answer. Each pair of words will be repeated.

1. español inglés   4. español inglés

2. español inglés   5. español inglés

3. español inglés   6. español inglés

Now concentrate on the Spanish vowel sound /a/. The Spanish /a/ is pronounced in a stressed or unstressed position similarly to the /a/ sound of the English word *father;* it is spelled **a** or **ha**.

Práctica

A. Listen to the following sentences and mark how many times you hear the sound /a/. Each sentence will be repeated.

1. _____   3. _____

2. _____   4. _____

B. Listen to the following Spanish words with the /a/ sound and repeat each after the speaker.

1. a	7. estado	13. Caracas
2. ala	8. pasea	14. Granada
3. ama	9. moza	15. Lima
4. ésa	10. tarjeta	16. Madrid
5. bala	11. identidad	17. Sevilla
6. mano	12. pasaporte	18. ciudad

C. Listen and repeat each sentence of the following minidialogues after the speaker.

1. — Estoy muy preocupada.
   — Yo también.
2. — Estoy exhausta.
   — A mí me pasa lo mismo.
3. — ¿Cuándo descansas?
   — Los fines de semana.

Estructuras

A. Números de identidad. You are talking on the telephone to a secretary in the Registrar's Office of your university. She is reading the exchange students' identification numbers to you. Repeat each number and then match the student with his or her identification number. Each number will be repeated.

1. _____ Amalia Lázaro   a. 66-76-35

2. _____ Tomás Fernández   b. 53-13-07

3. _____ Maricarmen Tizón   c. 03-58-96

4. _____ Carlos Carranza   d. 42-17-29

5. _____ Beatriz González   e. 21-49-87

B. ¿A qué hora? You have called the airport for information about the following flights which are arriving tomorrow. Listen to the flight numbers and arrival times and write the information below. The flight information will be repeated.

1. Guadalajara, México   Vuelo _____   _____

2. Santiago de Chile   Vuelo _____   _____

3. Sevilla, España   Vuelo _____   _____

4. Arequipa, Perú   Vuelo _____   _____

5. Caracas, Venezuela   Vuelo _____   _____

C. Los pasatiempos. Using the cues, tell what the following people do when they have some free time. Repeat the correct answer after the speaker.

   MODELO María / practicar los deportes
              María practica los deportes.

Capítulo preliminar

Capítulo 1
La vida de todos los días

PRIMERA SITUACIÓN

Presentación

Las actividades. Listen to the following people describe their daily activities. After each monologue you will hear three questions. Choose the most logical answer to each question from the responses given. If you need to listen again, replay the tape.

Monologue 1

1. (a) todos los días   b. de vez en cuando   c. nunca
2. a. dos veces al día   b. nunca   (c.) a veces
3. a. todas las noches   (b.) una vez a la semana   c. frecuentemente

Monologue 2

1. a. después   b. por último   (c.) primero
2. a. cada lunes   (b.) de vez en cuando   c. todos los días
3. (a.) finalmente   b. primero   c. nunca

Monologue 3

1. a. todos los días   b. dos veces a la semana   (c.) cada dos días
2. a. a menudo   (b.) todas las noches   c. de vez en cuando
3. a. frecuentemente   (b.) cada fin de semana   c. del amanecer al anochecer

Para escuchar bien

In the last chapter, you learned that your previous experiences in certain situations can help you predict or anticipate what may be said. In addition to using this knowledge or background information, there are many other things that can help you understand what is being said: a person's intonation or gestures, the topic being discussed, and the situation in which it occurs. So, even when you don't understand every single word of what is being said, you can still get the gist or the general idea of what the speaker is saying.

   Now practice getting the gist of a conversation and anticipating what the speakers will say in the following exercises.

A. **La publicidad.** You are in a Spanish-speaking country and have the radio on. Whens the music stops, a series of commercials begins. Listen to each and write the number of the commercial before the product or place that is being advertised. Read the possibilities before you listen to the commercials.

_4_ clases de computación

_____ alfombras

_____ restaurante

_3_ programa deportivo

_____ libros

_1_ supermercado

_____ artículos para el hogar

_2_ agencia de empleo

B. **Unos estudiantes hablan.** You will hear a conversation between two university students, José and Maribel. They are talking about what they have to do for their different classes. Before listening to their conversation, mark an **X** next to the topics you think they will discuss. Then listen to their conversation and mark the appropriate topics.

TEMAS	ANTES DE ESCUCHAR	DESPUÉS DE ESCUCHAR
1. hora de levantarse y acostarse	X	X
2. exámenes y trabajos escritos	X	X
3. cursos que toman	X	X
4. diversiones		
5. amigos comúnes		
6. planes de verano		

Now choose the sentence that best summarizes what you heard.

1. José y Maribel are very happy, and although they have a lot of work, they enjoy their classes.
2. Maribel is good in Spanish and José is good in math so they agree to help each other.
3. José and Maribel are worried because they have a lot of work to do for their different classes.
4. José and Maribel think their professors are too demanding and they have no time left for fun.

226

Capítulo 1

C. La vida de mi vecina. You will hear a housewife describing her daily routine. But before listening to her description, mark an **X** next to the topics you think she will talk about. Then listen to her description and mark the topics she mentions.

TEMAS	ANTES DE ESCUCHAR	DESPUÉS DE ESCUCHAR
1. hora de levantarse y acostarse	X	X
2. quehaceres domésticos (domestic tasks)	X	X
3. exámenes y trabajos escritos		
4. diversiones		X
5. problemas	X	X
6. posibles soluciones	X	X

Now choose the sentence that best summarizes what you heard.

1. This woman seems to be very content with her life, but she occasionally gets bored and so she calls her friends on the phone.
2. Although she is satisfied with the present state of affairs, this woman is worried about her children's future and is planning to go back to work.
3. This woman's days are very busy and she does not have any time for herself. However, she is planning to go back to school.
4. This woman wakes up early in the morning and goes to bed late at night. She does all the household chores and works in an office to pay for her children's education.

Así se dice

The Spanish /e/ is pronounced in a stressed or unstressed position similarly to the /e/ sound of the English word *mess;* it is spelled **e** or **he**. Remember that Spanish vowel sounds are short and precise. They do not glide like some English vowel sounds.

Práctica

A. Listen to the following pairs of words and decide if the first word of each pair is a Spanish word or an English word. Circle your answer. Each pair of words will be repeated.

1. español (inglés)
2. (español) inglés
3. español (inglés)

4. (español) inglés
5. (español) inglés
6. español (inglés)

B. Listen to the following sentences and mark how many times you hear the sound /e/. Each sentence will be repeated.

1. 3 (6)
2. 3 (5)

3. 5 (6)
4. 3

C. Listen to the following Spanish words with the /e/ sound and repeat each after the speaker.

1. el
2. en
3. espejo
4. me
5. tele

6. este
7. lee
8. escribe
9. estudie
10. cesta

11. España
12. Barcelona
13. aceite
14. almacén
15. siesta

D. Listen and repeat each sentence of the following minidialogues after the speaker.

1. — Este libro es interesante.
   — Préstemelo, por favor.
2. — Tiene siete hermanos muy inteligentes.
   — ¡Qué bien!
3. — ¿Cuándo vienes?
   — El viernes. ¿Te parece?

Estructuras

A. Yo también. A friend is commenting on the activities of various people. Say that you do the same things. Then repeat the correct answer after the speaker.

MODELO Enrique estudia en la biblioteca.
Yo también estudio en la biblioteca.

salem

B. Las noticias. Your friends have some news to share with you. Listen to what they have to say and write the missing words. Each news item will be repeated.

1. ¿ _Conoces_ a Tomás Fernández? _Es_ uno

de los estudiantes de intercambio. Pues, él _bien_ a mi casa

esta noche. _Salimos_ con María y Paco.

Estoy un poco nerviosa pero _se_ que

vamos a divertirnos.

2. ¿ _Oyes_ la noticia? _Van_ el viejo

edificio que _____ al lado del almacén.

_____ que _____ una estación de

servicio. _____ que esta ciudad cambia demasiado. No la

_____ .

C. ¿Quién? Mark an **X** in the chart under the subject of the verb you hear. Each sentence will be repeated.

	YO	TÚ	ÉL	NOSOTROS	ELLOS
1.					
2.					
3.					
4.					
5.					
6.					
7.					

SEGUNDA SITUACIÓN

Presentación

A. El arreglo personal.   Listen to the following definitions. Then write the number of the definition under the picture of the object or objects deing defined. Each sentence will be repeated.

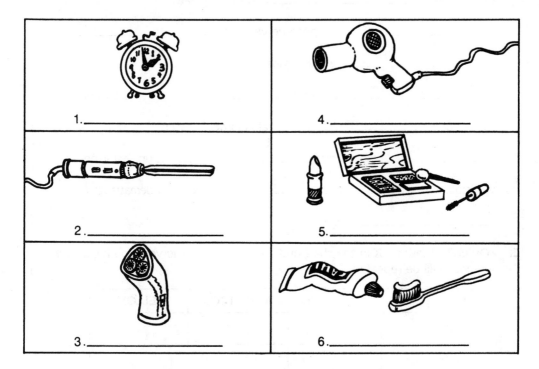

1._____

2._____

3._____

4._____

5._____

6._____

B. ¿Qué quieres decir?   Listen to the following statements and possible responses. Write the letter of the response you would give to show that you do not understand what is being said. The statements and responses will be repeated.

1. _____   2. _____   3. _____   4. _____

Para escuchar bien

Practice the strategies of anticipating, predicting, and getting the gist as you listen to the speakers in the following exercises.

A. **¡Dímelo!** You will hear a series of people talk about their daily activities. Before you listen to their descriptions, make a list of routine activities for each of the following persons.

1. a doctor of medicine

   _____

   _____

2. a university professor

   _____

   _____

3. a salesperson at a department store

   _____

   _____

4. a housewife

   _____

   _____

5. a high-school student

   _____

   _____

Now listen to each passage and decide what occupation each person has. Circle the letter of the correct answer. Read the possible answers first.

1. a. un profesor universitario
   b. un arquitecto
   c. un estudiante de la escuela secundaria
   d. un empleado en un restaurante

2. a. una recepcionista
   b. un ama de casa
   c. una vendedora
   d. una secretaria

3. a. un estudiante universitario
   b. un investigador
   c. un médico
   d. un profesor

B. Ay, por favor... Listen to the following conversation between Gladys and Marisela, two roommates at the University of Madrid. But before you listen to their conversation, make a list of the things you think they will talk about.

_____

_____

_____

_____

Now listen to the conversation and circle the sentence that best describes what you heard. Read the possible answers first.

1. Marisela y Gladys se están maquillando.

2. Marisela se toma mucho tiempo en el baño.

3. Gladys no puso el despertador y se quedó dormida.

4. Gladys va a llegar tarde a clase porque durmió mucho.

Así se dice

The Spanish /i/ is a shorter and tenser sound than the English /i/. Be careful not to confuse the Spanish /i/ sound with the English /iy/ sound of _sea_, the /i/ sound of _tip_, or the _schwa_ of _president_. The closest approximation to the Spanish /i/ sound is the letter **i** in the English word _machine_. In Spanish, the /i/ sound is spelled **i, hi,** or **y**.

Práctica

A. Listen to the following pairs of words and decide if the first word of each pair is a Spanish word or an English word. Circle your answer. Each pair of words will be repeated.

1. español   inglés   4. español   inglés

2. español   inglés   5. español   inglés

3. español   inglés   6. español   inglés

B. Listen to the following sentences and mark how many times you hear the sound /i/. Each sentence will be repeated.

1. _____   3. _____

2. _____   4. _____

C. Listen to the following Spanish words with the /i/ sound and repeat each after the speaker.

1. tipo	6. pie	11. fría
2. hiciste	7. presidente	12. cambiar
3. lápiz	8. cepillo	13. Chile
4. sin	9. pintura	14. México
5. peine	10. caliente	15. Lima

D. Listen and repeat each sentence of the following minidialogues after the speaker.

1. —¿Has visto mi peine?
   —Está al lado de tu cepillo de dientes.
2. —¿Vas a afeitarte?
   —Sí, pero primero voy a terminar este libro.
3. —El miércoles tienes una cita con el dentista.
   —¡Qué pesadilla!

Estructuras

A. Por la mañana. Using the cues you hear, explain what the following people do every morning. Repeat the correct answer after the speaker.

MODELO   Silvia / vestirse
         Silvia se viste.

B. Preguntas. You were not paying attention to what your friend was saying to you. Ask questions so that you can understand what was being said. Use **qué, quién, cuándo, adónde, por qué,** and **cuánto** in your questions. Repeat the correct answer after the speaker.

MODELO   Maricarmen se levanta tarde.
         ¿Quién se levanta tarde?

Capítulo 2
De vacaciones

PRIMERA SITUACIÓN

Presentación

A. Las vacaciones. You are trying to decide where to spend your vacation. Listen to the following ads for vacations spots and then list the activities available at each one. If you need to listen again, replay the tape.

COMPLEJO LA PLAYITA	HOTEL SERENIDAD	HOTEL COSMOPOLITA
_____	_____	_____
_____	_____	_____
_____	_____	_____
_____	_____	_____
_____	_____	_____

B. El teléfono. The telephone is ringing. Complete the following conversation by responding with what you would say or what would be said to you according to the cues. Repeat the correct answer after the speaker.

Para escuchar bien

You can use visual aids to help you understand what is being said. These visual aids can be concrete objects you see around you or mental images formed from previous experiences. When you hear somebody speak about a particular object, person, or activity, your mind conjures up an image of that object, person, or activity. If your friend, for example, tells you she went swimming, your mind immediately supplies the image of a swimming pool or the ocean and the activity of swimming itself.

Now practice using visual aids in the following exercises.

A. Descripciones. Look at the drawing in your textbook on page 47. You will hear four statements. Determine if each is accurate or not based on the information you see in the picture. If it is accurate, circle **Sí**, and if not, circle **NO**.

1. SÍ   NO   3. SÍ   NO

2. SÍ   NO   4. SÍ   NO

B. ¿Qué dices tú? You will hear four statements for each drawing below. Look at each drawing and circle **CIERTO** if the statement is true and **FALSO** if the statement is false.

1. a. CIERTO   FALSO   2. a. CIERTO   FALSO

   b. CIERTO   FALSO   b. CIERTO   FALSO

   c. CIERTO   FALSO   c. CIERTO   FALSO

   d. CIERTO   FALSO   d. CIERTO   FALSO

3. a. CIERTO   FALSO   4. a. CIERTO   FALSO

   b. CIERTO   FALSO   b. CIERTO   FALSO

   c. CIERTO   FALSO   c. CIERTO   FALSO

   d. CIERTO   FALSO   d. CIERTO   FALSO

C. ¿Quién dice esto?   Look again at the drawings and then listen to the following passages. Mark the number of the passage that best illustrates what the person in the drawing would most likely be thinking. If you need to listen again, replay the tape.

Drawing 1 _____   Drawing 3 _____

Drawing 2 _____   Drawing 4 _____

Así se dice

The Spanish /o/ sound is pronounced by rounding the lips. As with the other vowels, make sure you pronounce the Spanish /o/ without a glide. The /o/ sound of the English word *hotel* is similar to the Spanish /o/ sound; it is spelled **o** or **ho**.

Práctica

A. Listen to the following pairs of words and decide if the first word of each pair is a Spanish word or an English word. Circle the answer. Each pair of words will be repeated.

1. español   inglés   4. español   inglés

2. español   inglés   5. español   inglés

3. español   inglés   6. español   inglés

B. Listen to the following sentences and mark how many times you hear the sound /o/. Each sentence will be repeated.

1. _____ 3. _____

2. _____ 4. _____

C. Listen to the following Spanish words with the /o/ sound and repeat each after the speaker.

1. lo	6. polo	11. castillo
2. ola	7. complejo	12. pongo
3. como	8. toldo	13. Colombia
4. sol	9. forma	14. Puerto Rico
5. corro	10. loción	15. Toledo

D. Listen and repeat each sentence of the following minidialogues after the speaker.

1. — ¿Lo viste?
   — No, no lo vi.
2. — ¿Dónde está mi sombrero?
   — No lo sé.
3. — ¿No quiso tomar el sol?
   — No, no trajo su loción.

Estructuras

A. **¿Hoy o ayer?** Are these people telling you about activities that happened yesterday or that are happening now? Listen carefully and check **PRETERITE** or **PRESENT**, according to the verbs you hear. Each sentence will be repeated.

MODELO You hear: Julio pesca.
You check: **PRESENT**

	1	2	3	4	5	6	7	8
PRESENT								
PRETERITE								

B. **Ayer.** A friend is telling you what certain people are doing today. Explain that you did the same things yesterday. Repeat the correct answer after the speaker.

MODELO Maricarmen y Amalia van a la playa.
Yo fui a la playa ayer.

C. En la playa. Explain what the following people did at the beach yesterday. Repeat the correct answer after the speaker.

> MODELO Maricarmen / ir a la playa
> **Maricarmen fue a la playa.**

SEGUNDA SITUACIÓN

Presentación

A. Recomendaciones. Your friends would like to do the following activities tonight. Where would you tell them to go? Repeat the correct answer after the speaker.

> MODELO Queremos bailar.
> **Deben ir a una discoteca.**

B. ¿Cuál es la palabra? Name the object or place that is being described. Then repeat the correct answer after the speaker.

> MODELO Es una cosa que la gente puede leer cada día para saber las noticias.
> **Es el periódico.**

C. A Ud. le toca. Now it is your turn. Imagine that you do not know the names of the following objects. How would you make yourself understood? Use the expressions **Es un lugar donde...** and **Es una cosa que se pone...** in your answers. Repeat the correct answer after the speaker.

> MODELO el traje de baño
> **Es una cosa que se pone cuando uno quiere nadar.**

1. el bar
2. las gafas de sol
3. el cine
4. el sombrero
5. el gimnasio

Para escuchar bien

Practice the strategy of forming mental images when listening in the following exercises.

A. **¿Adónde fuiste tú?** You will hear a conversation between two university students who are talking about what they did during their summer vacation. But before you listen to their conversation, make a list of the activities you think they may say they did.

_____

_____

_____

_____

Now listen to their conversation. As you listen, circle the sentences that reflect the content of their conversation. First read the possible answers.

1. Susana y Marisabel son muy buenas amigas y posiblemente van a ir de vacaciones juntas el próximo año.

2. Marisabel trabajó todo el verano en la oficina de su padre y se aburrió muchísimo.

3. Evidentemente la familia de Marisabel tiene mucho dinero.

4. Susana vio a sus amigos de la escuela secundaria y fue al cine con ellos.

5. En la Costa del Sol Marisabel se enfermó y tuvo que regresar a su casa.

6. Una de las muchachas sacó muchas fotos y se las va a enseñar a su amiga.

7. Las dos muchachas fueron de vacaciones al mismo lugar pero no se vieron.

8. Según lo que dice, en la Costa del Sol sólo se puede ir a nadar y a esquiar.

B. **¿Qué hay?** You are listening to the radio and hear the following announcement. Listen to it and mark an **X** before the items mentioned. If you need to listen again, replay the tape.

_____ bailes   _____ fuegos artificiales

_____ corridas de toros   _____ ropa deportiva

_____ loción de broncearse   _____ partidos de fútbol

_____ competencias de natación   _____ películas de terror

_____ exposición de arte   _____ maratón

_____ conciertos   _____ obras teatrales

Así se dice

The Spanish /u/ sound is pronounced with the tongue arched high towards the back of the mouth and with a rounding of the lips. It is tenser and shorter than the English /u/ sound. As with the other vowels, make sure you pronounce the Spanish /u/ without a glide. The Spanish sound /u/ sound is similar to the /u/ sound in the English word *fool*. The Spanish sound /u/ is spelled **u** or **hu**.

Práctica

A. Listen to the following pairs of words and decide if the first word of each pair is a Spanish word or an English word. Circle the answer. Each pair of words will be repeated.

1. español inglés

2. español inglés

3. español inglés

4. español inglés

5. español inglés

6. español inglés

B. Listen to the following sentences and mark how many times you hear the sound /u/. Each sentence will be repeated.

1. _____

2. _____

3. _____

4. _____

C. Listen to the following Spanish words with the /u/ sound and repeat each after the speaker.

1. una
2. luna
3. usted
4. durmió
5. película
6. pudo
7. incluyo
8. universidad
9. música
10. futuro
11. mula
12. deuda
13. Perú
14. Cuba
15. Uruguay

D. Listen and repeat each sentence of the following minidialogues.

1. —¿Fumas?
   —No, no fumo.
2. —¿Fuiste a Cuba?
   —No, fui a Venezuela.
3. —Tú eres Raúl, ¿no?
   —No, yo soy Luis. Él es Raúl.

Estructuras

A. **¿Cuándo?** Are you hearing about activities that happened yesterday or that are happening now? Listen carefully and check **PRETERITE** OR **PRESENT**, according to the verbs you hear. Each sentence will be repeated.

MODELO You hear: Yo preferí ir a la playa.
You check: **PRETERITE**

	1	2	3	4	5	6	7	8
PRETERITE								
PRESENT								

B. **Anoche.** Describe what the following people did last night or how they felt. Repeat the correct answer after the speaker.

MODELO Roberto / sentirse muy contento
Roberto se sintió muy contento.

C. **En la playa.** Tell what or whom Susana saw at the beach yesterday. Repeat the correct answer after the speaker.

MODELO un castillo de arena
Vio un castillo de arena.

D. **¿Lo trajo Miguel?** Tell whether or not Miguel brought the following things to the beach. Use object pronouns and the cue you hear to answer each question. Repeat the correct answer after the speaker.

MODELO ¿Trajo Miguel la sombrilla? (Sí)
Sí, la trajo.

Capítulo 3
En familia

PRIMERA SITUACIÓN

Presentación

A. **La familia de Alicia.** Alicia's grandmother is telling you about her family. Listen to what she says. Then describe Alicia's family by completing the following sentences. If you need to listen again, replay the tape.

1. Juan Luis y Amalia son los _____ de Alicia.

2. Fernando es su _____ .

3. Isabel y Julieta son sus _____ .

4. Luis es su _____ .

5. Alberto, Enrique y Carlota son sus _____ .

6. Juan y Mariana son sus _____ .

7. Felipe es su _____ .

B. **Los saludos.** How would you greet the following people? Listen to a description of the person and three possible choices. Then write the letter of the most appropriate greeting. The descriptions and choices will be repeated.

1. _____   2. _____   3. _____   4. _____   5. _____

Para escuchar bien

When you listen to a passage, a conversation or an announcement, you don't need to understand every single word that is being said. Sometimes you just focus on certain details or specific information. For example, if you are at the airport and you want to know what gate your flight leaves from, you do not listen attentively to everything the announcer has to say. Instead, you just focus on your flight number and gate number.

Now practice focusing on details and specific information in the following exercises.

A. **Recuerdo que...** You are going to hear two men in their fifties reminiscing about their youth and comparing their lifestyles in the past with their present situations. But before you listen to their conversation, make a list of the things you think they may reminisce about.

_____

_____

_____

_____

Now listen to their conversation. As you listen, fill in the chart with their names and the activities they mention.

NOMBRES	ACTIVIDADES DE ANTES	ACTIVIDADES DE AHORA
1. _____	_____	_____
	_____	_____
	_____	_____
	_____	_____
2. _____	_____	_____
	_____	_____
	_____	_____
	_____	_____

B. Cuando era niño. You will hear a series of people describe what they used to do on weekends when they were young. Listen to their descriptions and fill in the chart with their names, the relatives they mention, and the activities they say they used to do.

NOMBRES	PARIENTES	ACTIVIDADES
1. _____	_____	_____
_____	_____	_____
2. _____	_____	_____
_____	_____	_____
3. _____	_____	_____
_____	_____	_____
4. _____	_____	_____
_____	_____	_____

Así se dice

In Spanish there are two types of diphthongs with the sound /i/: (1) the /i/ sound occurs in first position in front of another vowel as in **Diana, Diego,** and **Dios**; (2) the /i/ sound occurs in second position after the vowel as in **caimán, peine,** and **hoy.** If the /i/ sound has an accent, then each letter is pronounced. For example, /ia/ in **hacia** is pronounced as a diphthong, but not in **hacía.**

Práctica

A. Listen to the following Spanish words and repeat each after the speaker.

1.	Diana	5.	fiesta	9.	Amalia
2.	piano	6.	tiene	10.	pariente
3.	familia	7.	dio	11.	estudia
4.	bien	8.	julio	12.	Antonio

B. Listen to the following Spanish words and repeat each after the speaker.

1.	caigo	5.	rey	9.	voy
2.	traiga	6.	peine	10.	reinado
3.	baila	7.	hoy	11.	peinado
4.	Jaime	8.	doy	12.	ley

C. Listen to the following words and decide if each contains a diphthong or not. Circle **SÍ** or **NO**. Each word will be repeated.

1. SÍ   NO   4. SÍ   NO

2. SÍ   NO   5. SÍ   NO

3. SÍ   NO   6. SÍ   NO

D. Listen to each of the following sentences and mark how many times you hear a diphthong. Each sentence will be repeated.

1. _____   3. _____

2. _____   4. _____

E. Listen and repeat each sentence of the following minidialogues after the speaker.

1. —Tía Emilia, ¿vienes a comer con nosotros este viernes?
   —¿El viernes? No, voy el miércoles.
2. —¿Quieres algo de comer?
   —¿Qué tienes?
3. —Mi familia vive en Viena.
   —La mía también vive en Austria.

Estructuras

A. ¿Cuándo?   Are you hearing about activities that used to happen or that are happening now? Listen carefully and check **IMPERFECT** or **PRESENT** according to the verb you hear. Each sentence will be repeated.

MODELO   You hear: Yo estudiaba en la bibiloteca.
You check: **IMPERFECT**

	1	2	3	4	5	6	7	8
IMPERFECT								
PRESENT								

B. Cada semana.   Tell what the following people used to do every week last year. Repeat the correct answer after the speaker.

MODELO   José / lavar el coche
Cada semana José lavaba el coche.

C. Cada domingo. Listen as Alicia's grandmother describes what her family used to do every Sunday and write the missing verbs. The description will be repeated.

Cada domingo toda la familia _____ después de ir a misa. Los

niños _____ al fútbol mientras Julieta o Mariana

_____ la cena. Martín y Juan _____ al

dominó. Después de almorzar _____ la sobremesa y

_____ de todo lo que había pasado durante la semana. A veces

_____ de excursión al parque o al museo. ¡Cuánto me

_____ aquellos domingos en familia!

D. ¿Cómo era? Describe the following people according to the cues. Repeat the correct answer after the speaker.

    MODELO   Isabel / cariñoso
                 Isabel era cariñosa.

SEGUNDA SITUACIÓN

Presentación

A. ¿Qué pasa? Look at the following drawings. You will hear two statements for each drawing. Write the correct sentence under the corresponding picture. Each pair of sentences will be repeated.

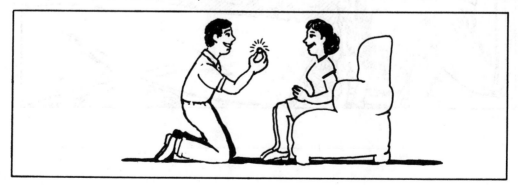

1. _____

2. _____

3. _____

4. _____

B. Las invitaciones. Listen to the following statements. Under what conditions would you hear each one? Check **A** if an invitation is being extended, **B** if it is being accepted, or **C** if it is being declined. Each statement will be repeated.

	1	2	3	4	5	6	7
A							
B							
C							

C. ¿Quién es quién? Luisa María is explaining to her young cousin how her new husband's family is related to her. Listen to what she says. In each sentence you will hear a beep in place of a word. Write the missing word. Each sentence will be repeated.

1. _____   2. _____

3. _____   4. _____

5. _____

Para escuchar bien

Practice listening for details and specific information in the following exercise.

¿Cuál es el mensaje? In each of the following telephone conversations you will hear a person extending an invitation for a social gathering. Before you listen to the conversation though, make a list of some phrases that are used to extend, accept, and decline invitations.

_____

_____

_____

_____

Now listen to each conversation and fill in the chart with the name of the person calling, the nature of the social gathering, the date and time and mark if the invitation was accepted or declined.

Nombre de la persona que llamó	Reunión social	Fecha	Hora	Aceptada	Rechazada
1. _____	_____	_____	_____	_____	_____
2. _____	_____	_____	_____	_____	_____
3. _____	_____	_____	_____	_____	_____

Así se dice

In Spanish there are two types of diphthongs with the vowel sound /u/: (1) the /u/ sound occurs in first position in front of another vowel as in **agua, hueso, muy,** and **cuota**: (2) the /u/ sound occurs in second position after the vowel as in **auto** and **deuda.**

Práctica

A. Listen to the following Spanish words and repeat each after the speaker.

1. guapo
2. cuatro
3. cuanto
4. abuelo
5. muerde
6. puerto
7. Luis
8. juicio
9. ruido
10. cuota
11. cauta
12. deuda

B. Listen to each of the following sentences and mark how many times you hear a diphthong with /u/. Each sentence will be repeated.

1. _____
2. _____
3. _____
4. _____

Estructuras

A. La boda. Listen as your friend describes the wedding of her sister. You will hear a beep in place of the verb. Repeat each sentence using the appropriate form of **ser, estar,** or **haber** to complete the sentence. Then repeat the correct answer after the speaker.

    MODELO   Mi hermana *BEEP* muy feliz.
                    Mi hermana es muy feliz.

B. **Diminutivos.** What is the diminutive form of the following words? Repeat the correct answer after the speaker.

   MODELO   You hear: regalo
   You say: **regalito**

Capítulo 4
En la universidad

PRIMERA SITUACIÓN

Presentación

A. Definiciones. Listen to the following phrases and then write the word being defined. Each phrase will be repeated.

1. _____   5. _____

2. _____   6. _____

3. _____   7. _____

4. _____

B. En la clase. Who is probably making the following statements? Check the most logical answer. Each statement will be repeated.

	1	2	3	4	5	6	7
ESTUDIANTE							
PROFESOR							

Para escuchar bien

The setting of a conversation includes not only the physical place, but also the time of day. Knowing where and when a given conversation or announcement takes place will help you to understand the speaker. For example, in a history class you would expect to hear a professor lecturing on famous historical figures and events. In the Registrar's Office of a university, you would expect to hear people talking about schedules and the classes they want to take. In other words, the setting helps you to anticipate what the speaker will say.

Now practice focusing on the setting of the following exercises.

A. **¿Dónde?**   Listen to the following announcements and decide where you would probably hear each. Then mark the number of the announcement next to the place where you would most likely hear it. But before you listen to the announcement, read the list of possible settings.

_____ el centro comercial   _____ la residencia estudiantil

_____ el campo deportivo   _____ la biblioteca

_____ el aeropuerto   _____ la sala de clase

B. **En la cafetería estudiantil.**   Imagine that you are sitting in the cafeteria of UNAM and overhear a group of students who are talking about their majors and their plans for the future. Make a list of the majors you think they may mention in their conversation.

_____

_____

_____

_____

Now listen to their conversation and write in the chart the students' majors and their plans for the future.

ESTUDIANTES	ESPECIALIDAD	PLANES FUTUROS
CARMEN		
MANUEL		
ANA		
ROSA		

Así se dice

The Spanish /p/ sound is produced without aspiration or the puff of air that the English /p/ sound has. The unaspirated Spanish /p/ sound is equivalent to the /p/ sound of the English words *special* and *speak*. It generally appears at the beginning of a word as in **pato, perro, para**, and **por**, but it can also appear within a word preceding the /t/ sound as in **captar**.

Práctica

A. Listen to the following pairs of words and decide if the first word of each pair is a Spanish word or an English word. Circle the answer. Each pair of words will be repeated.

1. inglés   español
2. inglés   español
3. inglés   español

4. inglés   español
5. inglés   español
6. inglés   español

B. Listen to the following Spanish words with the /p/ sound and repeat each after the speaker.

1. pez
2. papa
3. Pedro
4. Perú
5. papel

6. Pamplona
7. comprar
8. golpear
9. sopa
10. copa

11. séptimo
12. inscripción
13. Paraguay
14. capturar
15. Pepe

C. Listen and repeat each sentence of the following minidialogues after the speaker.

1. — ¿En qué te especializas, Pepita?
   — En ciencias políticas.
2. — ¿Estudias periodismo?
   — No, me especializo en pintura.
3. — ¿Qué deporte practicas?
   — Prefiero el polo.

Estructuras

A. Opuestos. Say the opposite of the words you hear. Repeat the correct answer after the speaker.

MODELO You hear: debajo de
You say: **sobre**

B. La cena. You are making arrangements for a dinner party. Listen to the following sentences and write the names of the guests according to where they are to sit. Each sentence will be repeated.

Pablo		

C. Pobre Ricardo. Listen as Ricardo explains why he cannot go to the movies tonight. In each of his sentences, you will hear a beep in place of a preposition. Decide if the missing preposition should be **por** or **para** and check the correct answer. Each sentence will be repeated.

> **MODELO** You hear: *BEEP* supuesto, me gustaría ir al cine.
> You check **por** because the answer is **Por supuesto, me gustaría ir al cine.**

	1	2	3	4	5	6	7
POR							
PARA							

D. ¿Para quién? Who will receive the following gifts? Use prepositional pronouns and the cues you hear to answer this question. Repeat the correct answer after the speaker.

> **MODELO** las flores / María
> **Las flores son para ella.**

E. En la biblioteca. Using the cues you hear, explain what happened yesterday in the library, repeat the correct answer after the speaker.

> **MODELO** Miguel / poder terminar el trabajo
> **Miguel pudo terminar el trabajo.**

SEGUNDA SITUACIÓN

Presentación

A. Una buena amiga. Your friend Adela called to tell you what classes everyone you know is taking this semester, but you weren't home so she left the following message on your answering machine. After listening to her message, make a list of each person's classes so you can remember them. If you need to listen again, replay the tape.

PACO

_____

_____

_____

ADELA

_____

_____

_____

SUSANA

_____

_____

_____

ENRIQUE

_____

_____

_____

B. ¿Qué tiempo hace? You are planning to travel to Mexico and you need to know what the weather is like. Listen to the following weather report, and make notes about the climate of the following cities. If you need to listen again, replay the tape.

1. México, D.F.: _____

_____

2. Acapulco: _____

_____

3. Guanajuato: _____

_____

4. Mérida: _____

_____

Para escuchar bien

Practice focusing on the setting and listening for specific information in the following exercises.

A. ¿Dónde y cuándo?   You will hear three conversations between two university students. As you listen, decide when and where the conversations are taking place. Circle the word or phrase that best completes each sentence.

Conversación 1

1. Estas estudiantes están conversando en

    a.   la biblioteca.

    b.   la cafetería.

    c.   su cuarto.

2. La conversación se lleva a cabo por

    a.   la mañana.

    b.   la noche.

    c.   la tarde.

Conversación 2

1. Estos estudiantes están conversando en

    a.   la oficina de un profesor.

    b.   una reunión social.

    c.   el salón de clase.

2. La conversación se lleva a cabo

    a.   muy temprano por la mañana.

    b.   muy tarde por la noche.

    c.   por la tarde.

Conversación 3

1. Estos estudiantes están conversando en

    a.   el laboratorio de idiomas.

    b.   el salón de computadoras.

    c.   el laboratorio de ciencias.

2. La conversación se lleva a cabo

    a. antes de clase.

    b. después de clase.

    c. durante la clase.

B. **¿Quién, cuándo y dónde?** You will hear a series of instructions. As you listen, decide who is giving them and the setting. Circle the letter of the phrase with the appropriate information. But before you listen to the instructions, read the different possibilities.

1. a. Una profesora, antes de un examen, en el salón.

    b. Una madre, antes de una fiesta, en su casa.

    c. Una estudiante, después de clase, en su cuarto.

2. a. Una secretaria, la primera semana de clases, en su oficina.

    b. Una compañera, después de una clase aburrida, en el carro.

    c. Un profesor, el primer día de clase, en su oficina.

3. a. Un empleado, en la biblioteca, a las doce de la noche.

    b. Un vendedor, en la librería, a las ocho de la mañana.

    c. Un instructor, en el laboratorio, a las seis de la tarde.

Así se dice

The Spanish /t/ sound is pronounced with the tip of your tongue against the back of your front teeth. Like the /p/ sound, the /t/ is pronounced without aspiration, or the puff of air, that the English sound has. For example: **tú, estudia, matemáticas,** and **texto.**

Práctica

A. Listen to the following pairs of words and decide if the first word of each pair is a Spanish word or an English word. Circle the answer. Each pair of words will be repeated.

1. español inglés   4. español inglés

2. español inglés   5. español inglés

3. español inglés   6. español inglés

B. Now listen to the following Spanish words with the /t/ sound and repeat each after the speaker.

1.	tú	6.	quita	11.	Alberto
2.	tengo	7.	meta	12.	matemáticas
3.	teatro	8.	tuna	13.	Toledo
4.	todo	9.	tres	14.	Argentina
5.	deporte	10.	tabú	15.	Guatemala

C. Listen and repeat each sentence of the following minidialogues after the speaker.

1. —Espero que no me quiten mi beca.
   —¿Quién te la va a quitar?
2. —¿Dónde está el estadio?
   —Detrás de las oficinas administrativas.
3. —¿Te gustan las matemáticas?
   —Sí. Este semestre me inscribí en tres cursos de matemáticas.

Estructuras

A. Un día feo. Listen as Paco tells you what happened yesterday. Check IMPERFECT or PRETERITE according to the verb you hear in each sentence.

MODELO   You hear: Ayer me levanté temprano.
         You check: **PRETERITE**

	1	2	3	4	5	6	7
IMPERFECT							
PRETERITE							

B. En la clase. Listen as Paco finishes his story. You will hear a beep in place of the verb in each sentence. Decide which form of the verb should complete the sentence and circle it. Each sentence will be repeated.

1.	entraba	entré	5.	me sentía me sentí
2.	estaba	estuve	6.	sabía supe
3.	daba	dio	7.	salía salí
4.	leía	leí		

C. **En el parque.** What happened in the park on the day of that terrible storm? Listen and complete the following sentences. If you need to listen again, replay the tape.

_____ un día bonito de mayo. _____ mucho

sol. Los pájaros _____ . Cerca de nosotros algunos chicos

_____ al vólibol. Todo el mundo _____ de

buen humor.

   De repente el clelo _____ negro y _____

una tormenta. Uno de los rayos _____ la pelota. Todos

_____ sorprendidos al ver una gran pelota de luz. Y con eso,

_____ el partido.

D. **La carrera.** Using the cues you hear, explain in what order the following people finished in the bicycle race. Repeat the correct answer after the speaker.

   MODELO Paco / seis
   Paco fue el sexto.

Capítulo 5
En una fiesta estudiantil

PRIMERA SITUACIÓN

Presentación

A. ¿Cómo son?   Listen as Jaime describes his friends. Summarize what he says by completing each sentence with one word. If you need to listen again, replay the tape.

1. María es _____ .

2. Tomás es _____ .

3. Paco es un _____ .

4. Anita es _____ .

5. Alonso es _____ .

B.   Las presentaciones.   Listen to the following statements. Under what conditions would you hear each one? Check **A** if the person is making an introduction and **B** if the person is responding to an introduction. Each sentence will be repeated.

	1	2	3	4	5	6	7
A							
B							

Para escuchar bien

Sometimes you need to remember factual information, so it is important to learn how to take notes in Spanish. For example, when you are attending a lecture or conference you need to filter out or select the important points the speaker is making and write them down. If you are listening to a radio announcement, you might need to remember an address, telephone number, or the details of a certain offer. If you take notes, written or mental, you will be able to recall the valuable information you need.

Now practice taking notes in the following exercises.

A. Necesito un apartamento. You are looking for an apartment and a friend is helping you. While he reads some classified ads, you take notes so you can visit the apartments later. Fill in each form with the necessary information. Remember that classified ads often use only the most essential words in order to save space and cost.

1.
Dirección: _____

Piso _____ Ascensor _____ Sin ascensor _____

Precio: _____

Número de dormitorios: _____

Amoblado _____ Sin amoblar _____

Con teléfono _____ Sin teléfono _____

Llamar a: _____ Teléfono: _____ Horas: _____

2.
Dirección: _____

Piso _____ Ascensor _____ Sin ascensor _____

Precio: _____

Número de dormitorios: _____

Amoblado _____ Sin amoblar _____

Con teléfono _____ Sin teléfono _____

Llamar a: _____ Teléfono: _____ Horas: _____

3. | Dirección: _____

Piso _____ Ascensor _____ Sin ascensor _____

Precio: _____

Número de dormitorios: _____

Amoblado _____ Sin amoblar _____

Con teléfono _____ Sin teléfono _____

Llamar a: _____ Teléfono: _____ Horas: _____

B. Se necesita empleo. You are looking for a job. While listening to the radio, you hear some announcements for possible employment opportunities. Fill in each chart with the necessary information so you can contact the proper person for an interview.

1. | **Trabajo:** _____

Empresa/Compañía: _____

Requisitos: _____

Sueldo: _____

Llamar a: _____

Teléfono: _____ **Hora:** _____

2. | Trabajo: _____

Empresa/Compañía: _____

Requisitos: _____

Sueldo: _____

Llamar a: _____

Teléfono: _____ Hora: _____

3. | Trabajo: _____

Empresa/Compañía: _____

Requisitos: _____

Sueldo: _____

Llamar a: _____

Teléfono: _____ Hora: _____

Así se dice

The Spanish /b/ sound can be spelled with the letters **b** or **v** and is similar to the English /b/ of *boy*. The sound occurs when the letter **b** or **v** follows the letters **m** or **n** as in **un viaje, un barco,** or **Colombia.** The sound /b/ also occurs when the letters **b** or **v** begin a phrase or sentence: **Bernardo es mi amigo.** and **Ven acá, Julio.**

Práctica

A. Listen to the following Spanish words with the /b/ sound and repeat each after the speaker.

1.	bola	6.	vaso	11.	banco
2.	beso	7.	cambiar	12.	veinte
3.	bien	8.	símbolo	13.	voy
4.	vaca	9.	cumbia	14.	vino
5.	bota	10.	basta	15.	veloz

B. Listen and repeat each sentence of the following minidialogues after the speaker.

1. —Violeta, ¿vas a Colombia?
   —Sí, voy con Víctor.
2. —¿Viene Cristina?
   —No sé. Voy a llamarla.
3. —Voy al banco.
   —Espera. Voy contigo.

Estructuras

A. **¿Cuándo?** Are these activities currently in progress or will they take place soon? Check **PROGRESSIVE** or **PRESENT** according to the verb you hear. Each sentence will be repeated.

MODELO   You hear: Lupe está bailando.
         You check: **PROGRESSIVE**

	1	2	3	4	5	6	7
PROGRESSIVE							
PRESENT							

B. **Ahora.** Explain what the following people are doing right now. Repeat the correct answer after the speaker.

MODELO   María / comprar un regalo
         María está comprando un regalo.

C. **Anoche.** Explain what the following people were doing last night at eight o'clock. Repeat the correct answer after the speaker.

MODELO   nosotros / descansar
         Nosotros estábamos descansando.

D. **¿Dónde está?** The following people have misplaced their belongings. Tell what they are looking for. Repeat the correct answer after the speaker.

MODELO   Tomás / libros
         Tomás busca sus libros.

E. **Está perdido.** Explain that the following people have lost their belongings. Repeat the correct answer after the speaker.

MODELO   ¿Dónde están los libros de Tomás?
         Los suyos están perdidos.

F. Aquí está. Your friend Esteban thinks that he has found the missing items. Tell him that he is wrong. Repeat the correct answer after the speaker.

MODELO   Aquí están los libros de Tomás.
No, no son suyos.

SEGUNDA SITUACIÓN

Presentación

A. ¿Qué va a servir? Susana is explaining what she would like to serve at her party. Make a list so you can help her with the shopping. If you need to listen again, replay the tape.

_____

_____

_____

B. En la fiesta. Who is probably making the following statements? Check the most logical answer. Each statement will be repeated.

	1	2	3	4	5	6	7	8
ANFITRIÓN								
INVITADO								

Para escuchar bien

Practice taking notes on factual information in the following exercises.

A. Vamos a tener una fiesta. You will hear a conversation between three friends who are planning a party. Before you listen to it, though, make a list of the food, drinks, and other things you think they will need to prepare for the party.

_____

_____

_____

_____

Now listen to the conversation and write the following information.

Comida: _____

_____

Bebidas: _____

_____

Adornos: _____

_____

Invitados: _____

_____

B. **La fiesta.** You are going to hear a few messages left on Elena, Susana, and Mercedes' telephone answering machine. They are all related to the invitation they sent for their party. Listen to each message and write the important information on the appropriate message slip.

1.

Para: _____

De: _____

Día: _____ **Hora:** _____

Mensaje:

_____

_____

_____

2.

Para: _____

De: _____

Día: _____ Hora: _____

Mensaje:

_____

_____

_____

3.

Para: _____

De: _____

Día: _____ Hora: _____

Mensaje:

_____

_____

_____

Así se dice

When the /b/ sound occurs within a word or phrase except after /n/, then the sound is similar to the /b/ sound, but your lips barely touch, for example, **lobo, el beso,** and **lavo.** This sound has no English equivalent.

Práctica

A. Listen to the following Spanish words and phrases with the /b/ sound and repeat each after the speaker.

1.	Cuba	6.	probar
2.	lavo	7.	evitar
3.	roba	8.	hablar
4.	cerveza	9.	abusa
5.	sabor	10.	la bestia

11.	¡Qué bien!
12.	el vino
13.	la vaca
14.	no voy
15.	la boca

B. Listen to the following words and phrases with the /b/ sound and repeat each after the speaker.

1. voy   yo voy
2. beso   el beso
3. vaca   la vaca
4. vestido   mi vestido
5. banco   voy al banco
6. baila   no baila

C. Listen and repeat each sentence of the following minidialogues after the speaker.

1. —¿Sabes si él viene el viernes?
   —No, viene el sábado.
2. —Habla Betty.
   —Hola. ¿Cómo está el bebé?
3. —Se publicó el nuevo descubrimiento.
   —¡Qué bien!

Estructuras

A. **La fiesta de Susana.** You are helping Susana serve drinks to her guests. Tell her what you have served to whom. Repeat the correct answer after the speaker.

   MODELO   Juan / el ponche
            A Juan le serví el ponche.

B. **Los viajes.**   You work in a travel agency. The receptionist has taken messages from clients who have called about their plans. Listen as the receptionist reads the messages to you. Make a list of the people who are leaving this week. Each message will be repeated.

MODELO   señor Báez / Canadá / viernes
El señor Báez sale para el Canadá el viernes.

1. _____

2. _____

3. _____

4. _____

5. _____

6. _____

7. _____

8. _____

C. **Las fiestas.**   Listen as Susana tells you how she feels about parties. Based upon what she says, complete the following sentences. If you need to listen again, replay the tape.

1. Lo bueno de las fiestas es _____

2. Lo malo es _____

3. Lo más importante es _____

Capítulo 6
En el restaurante

PRIMERA SITUACIÓN

Presentación

A. **¿Qué le puedo ofrecer?**   You are working in the Restaurante Oaxaca. Listen as the following customers give you their orders. Write what they want. If you need to listen again, replay the tape.

1. _____

_____

_____

2. _____

_____

_____

3. _____

_____

_____

B. **En el restaurante.**   Who is probably making the following statements? Check the most logical answer. Each statement will be repeated.

	1	2	3	4	5	6	7	8
MESONERO								
CLIENTE								

Para escuchar bien

When you listen to a conversation, lecture, announcement, or any other type of speech, you don't need to remember the exact words that were spoken. Instead, you can paraphrase, that is, use different words or phrases to report what you heard.

Now practice paraphrasing in the following exercises.

A. En el Oaxaca. Listen to the following conversation. Circle **SÍ** if the statements below accurately paraphrase what you heard and **NO** if they do not.

Sí   No   1.   Es mediodía.

Sí   No   2.   La comida en este restaurante no es muy buena.

Sí   No   3.   Por lo menos dos personas han estado en ese restaurante anteriormente.

Sí   No   4.   Nadie quiere tomar sopa.

Sí   No   5.   Es tarde y tienen que apurarse.

B. ¿Quién dice qué? Look at the drawing and imagine what the people there are saying to each other. For each of the four minidialogues you will hear, circle the letter of the statement that best paraphrases each one. Then write the number of the minidialogue under the appropriate group of people.

1. a. La madre le da un refresco al niño.
   b. El niño no presta atención a la madre.
   c. El niño quiere toda su comida.

2. a. Las dos personas disfrutan de su comida.
   b. A una de las personas no le gusta la sopa.
   c. El gazpacho es más sabroso que el ceviche.

3. a. No han terminado de almorzar.
   b. Es tarde y no hay mucho tiempo.
   c. Es necesario que todos tomen un café.

4. a. Los dos no se ponen de acuerdo.
   b. A los dos les gustan cosas similares.
   c. Uno de ellos prefiere agua mineral.

Así se dice

Unlike the English /d/ sound, the Spanish /d/ is pronounced by pressing the tip of your tongue against the back of your upper teeth. The Spanish /d/ sound occurs at the beginning of a phrase or sentence as in **Diego, ¿cómo estás?**, after a pause within a phrase as in **Ángela, dame tu libro.**, or after /n/ or /l/ as in **ando** and **falda**. It is always spelled **d**.

Práctica

A. Listen to the following Spanish words with the /d/ sound and repeat each after the speaker.

1. dame	6. Dora	11. caldo
2. dime	7. anda	12. molde
3. debe	8. cuando	13. Aldo
4. Díaz	9. conde	14. ronda
5. Delia	10. falda	15. candela

B. Listen and repeat each sentence of the following minidialogues after the speaker.

1. —Dime, ¿vienes o no vienes?
   —Yo no. Dora sí.
2. —¿Dónde y cuándo viajas?
   —De aquí a una semana.
3. —Aldo, ¿te gusta este caldo?
   —El caldo sí. El pollo no.

Estructuras

A. **¿Le gusta el mole poblano?** You have been asked to participate in a survey about food preferences. Listen to the following items and say that you like or dislike each one according to the cue you hear. Repeat the correct answer after the speaker.

> **MODELO** ¿el mole poblano? (no)
> **No, no me gusta el mole poblano.**

B. **Los intereses.** Explain what interests the following people, using the cues you hear. Repeat the correct answer after the speaker.

> **MODELO** Marisa / la ópera
> **A Marisa le interesa la ópera.**

C. **Las molestias.** Explain what bothers the following people. Repeat the correct answer after the speaker.

> **MODELO** Miguel / el ruido
> **A Miguel le molesta el ruido.**

D. **Un cliente difícil.** The waiter has brought the dessert cart to your table. As he points out various desserts you tell him that you would like a different one. Repeat the correct answer after the speaker.

> **MODELO** ¿helado?
> **No quiero este helado. Prefiero ése.**

SEGUNDA SITUACIÓN

Presentación

A. **De compras.** You have offered to do the grocery shopping. Listen as Susana explains to you what she needs to prepare dinner. Make a list of things you need to buy. If you need to listen again, replay the tape.

_____

_____

_____

B. Poner la mesa. You are teaching your young cousins how to set the table. However, they are not sure what certain items of the place setting are called. Listen to their questions and identify the object. Repeat the correct answer after the speaker.

> MODELO ¿En qué se sirve el café?
> **La taza.**

C. En la mesa. Listen to the following statements and possible responses. Write the letter of the most appropriate response. The statements and responses will be repeated.

1. _____ 2. _____ 3. _____ 4. _____ 5. _____

Para escuchar bien

Practice paraphrasing in the following exercises.

A. El cumpleaños de Ignacio. You will hear a description of how Ignacio celebrated his birthday. Before you listen to him though, open your textbook to page 198 and look at the menu. Make a list of the items you and Ignacio would order to celebrate his birthday.

_____

_____

_____

_____

Now listen to the description and mark **CIERTO** next to the statements that best paraphrase either part or all of what you heard and **FALSO** next to those that do not.

Cierto Falso 1. Gerardo invitó al narrador y a sus amigos a cenar al «Todo Fresco».

Cierto Falso 2. El narrador estaba muy contento con sus amigos porque lo invitaron a cenar.

Cierto Falso 3. Uno de los jóvenes no quiso pagar.

Cierto Falso 4. Cuando llegaron al «Todo Fresco», se dieron cuenta que había mucha gente y no tenían dónde sentarse.

Cierto Falso 5. Todos los muchachos comieron lo mismo.

Cierto Falso 6. Al final de la cena hubo problemas con pagar la cuenta.

Cierto   Falso   7.   Desafortunadamente todos se fueron muy disgustados porque no querían pagar.

Cierto   Falso   8.   El narrador fue a buscar su carro porque se molestó al ver a sus amigos discutir.

B.   ¿Cómo son estos muchachos?   You are going to hear a description of four students: Gerardo, Armando, Roberto and Pepe. As you listen, take notes. At the end of the passage, you will hear some statements that paraphrase what you have heard. Mark **CIERTO** if the statement is a good paraphrase or **FALSO** if it is not. If you need to listen again, replay the tape.

_____

_____

_____

_____

_____

_____

_____

_____

1.   Cierto   Falso   4.   Cierto   Falso

2.   Cierto   Falso   5.   Cierto   Falso

3.   Cierto   Falso   6.   Cierto   Falso

Así se dice

The /d/ sound has two variants beside the one you have already learned. The first variant, /đ/, is pronounced like the *th* in the English word *either*. It occurs within a word or phrase, except after the /n/ or /l/ sound, for example, **lodo, cada**, or **Adiós, Adela**. The second variant is no sound at all. When the /đ/ sound occurs at the end of the word, it is often not pronounced although it appears in writing, for example, **ciudad** and **verdad**.

Práctica

A. Listen to the following Spanish words and phrases with the /d/ sounds and repeat each after the speaker.

1.	cada	6.	tarde	11.	ensalada de papas
2.	moda	7.	usted	12.	enchilada de pollo
3.	entrada	8.	mitad	13.	fruta del tiempo
4.	Adela	9.	ciudad	14.	empanada de dulce
5.	fideos	10.	Madrid	15.	helado de chocolate

B. Listen and repeat each sentence of the following minidialogues after the speaker.

1. — ¿Vive Diego en El Salvador?
   — No, ahora vive en la ciudad de México.
2. — ¿Quieres algo de comer?
   — Sí, quiero enchiladas de queso.
3. — Ud. debe venir a mi oficina esta tarde.
   — Como usted diga.

Estructuras

A. Estoy a dieta. Your friend is on a diet. He is wondering which foods are more fattening. Compare the following foods. Then repeat the correct answer after the speaker.

   MODELO   el pollo o los camarones
   El pollo tiene menos calorías que los camarones.

B. Poner la mesa. Your little sister is helping you set the table. Tell her you need the following items. Repeat the correct answer after the speaker.

   MODELO   copas
   Necesito las copas.

Capítulo 7
En Venezuela

PRIMERA SITUACIÓN

Presentación

A. Un paseo. Look at the map below as you listen to Enrique. He will tell you about some places he visited in Caracas. When he pauses, write the name of the place he is identifying. If you need to listen again, replay the tape.

1. _____

2. _____

3. _____

4. _____

B. **¿Dónde queda?**   Look at the map again. Someone is asking you where the following places are located. Answer by naming the street or avenue. Repeat the correct answer after the speaker.

MODELO   ¿Dónde queda el Restaurante Julio?
El Restaurante Julio está en la Avenida Lozada.

Para escuchar bien

When you attend a class or conference or when you ask a friend for a recipe or directions, it is important to take notes on what you hear. Taking notes helps you to remember what was said and improves your writing skills in Spanish.

Now practice taking notes in the following exercises.

A. **¿Cómo se va al parque?**   You will hear a short dialogue in which a young woman asks for directions to a park. But before you hear the dialogue, make a list of phrases that can be used to ask for and give directions.

_____

_____

_____

_____

Now listen to the dialogue and write the missing words.

Señorita   _____ , señora, pero _____ ¿cómo

se va al Parque los Caobos?

Señora   Cómo no. Camine derecho _____ y luego doble

_____ . El parque está _____ .

Señorita   _____ gracias.

B. **Se perdió María.**   You are going to hear a conversation between Zoila and a police officer. Zoila is reporting that her friend María got lost. A transcript of the information that Zoila provides is given on the following pages, but there is some information missing. You will have to supply that information. But before you listen to the conversation, read the transcript.

Policía   Bueno, señorita, dígame, ¿cuándo se perdió su amiga?

Zoila   La última vez que la vi fue a las nueve de la mañana de hoy,

_____ . Íbamos al _____ pero nos

dimos cuenta que no se abría sino hasta las once del día. Decidimos ir a dar
una vuelta por los alrededores y cuando menos me di cuenta, María había
desaparecido.

Policía   ¿Cuál es su nombre completo?

Zoila   ¿El mío? _____ .

Policía   ¿Y el de su amiga?

Zoila   _____ .

Policía   ¿Cómo es su amiga María?

Zoila   Ella es alta y _____ . Mide _____ .

Es delgada y tiene el pelo _____ , bien corto. Tiene los

ojos _____ y un lunar en la _____ .

Policía   ¿Y cuántos años tiene?

Zoila   _____ años.

Policía   ¿Y es soltera o casada?

Zoila   _____ . Nosotras estamos de vacaciones. Vinimos a

Caracas pero no sé cómo María desapareció. La busqué por todas partes pero
no la encontré.

Policía   ¿Y cómo llegaron ustedes al país?

Zoila   Vinimos en avión de Bogotá. Apenas llegamos ayer.

Policía   ¿En qué hotel están alojadas?

Zoila   En «El Tamanaco». El teléfono de nuestra habitación es

_____ .

Policía Mire, señorita, muchos turistas se separan de sus compañeros pero no se pierden. Estoy seguro que su amiga debe estar buscándola a Ud. o esperándola en su hotel. De todas maneras nosotros vamos a empezar la búsqueda. En lo que sepamos cualquier cosa le avisamos.

Zoila ¿Y qué hago yo ahora?

Policía Vaya a su hotel. Uno de nuestros oficiales la llevará al Tamanaco. Si sabe algo de su amiga, por favor, háganos saber.

Zoila Por supuesto y muchas gracias.

Now complete the following form.

PARTE POLICIAL

Nombre de la persona desaparecida: _____

Nombre de la persona que reporta la desaparición: _____

Lugar de residencia de la persona que reporta la desaparición:

_____ Teléfono: _____

Lugar donde fue vista la persona la última vez: _____

_____

Fecha cuando fue vista la persona la última vez: _____

_____

Descripción de la persona desaparecida

Estatura: _____ Color de ojos: _____

Color de piel: _____ Marcas o cicatrices: _____

Color del cabello: _____ Estado civil: _____

Edad: _____

Así se dice

The Spanish /k/ sound is pronounced without the aspiration or puff of air that the English /k/ sound has at the beginning of a word. That is, it follows the same patterns as the Spanish /p/ and /t/ sounds. The /k/ sound is spelled **c** before **a, o,** or **u** as in **casa, cosa,** and **cura.** It is also spelled **c** at the end of a syllable in words such as **rector** and **tractor.** However, before **e** or **i** the /k/ sound is spelled **qu** as in **queso** and **quisieron.** Only words of foreign origin and words that refer to the metric system are spelled with a **k.** This is the case in words like **kilo** and **Alaska.**

Práctica

A. Listen to the following pairs of words and decide if the first word in each pair is a Spanish word or an English word. Circle the answer. Each pair of words will be repeated.

1. español   inglés   4. español   inglés

2. español   inglés   5. español   inglés

3. español   inglés   6. español   inglés

B. Listen to the following Spanish words with the /k/ sound and repeat each after the speaker.

1. cara	6. curso	11. histórico
2. que	7. parque	12. rector
3. come	8. esquina	13. Caracas
4. quiso	9. rasca	14. Córdoba
5. kilómetro	10. banco	15. Quito

C. Listen and repeat each sentence of the following minidialogues after the speaker.

1. — ¿Quieres que compre alguna cosa?
   — Sólo queso y mantequilla, por favor.
2. — No pude comprar el periódico en el quiosco.
   — ¿Por qué?
3. — Este cruce es muy peligroso.
   — Y aquél también.

Estructuras

A. ¿Cómo se llega?   Señora Santana has asked you for directions to the Oficina de Turismo. Give her directions according to the cues you hear. Repeat the correct answer after the speaker.

> **MODELO**   bajar del metro en la Avenida Bolívar
> **Baje Ud. del metro en la Avenida Bolívar.**

B. Una excursión a la ciudad. Your friends ask you what points of interest they should see while visiting your city. Give them some suggestions according to the cues you hear. Repeat the correct answer after the speaker.

MODELO   visitar el Ayuntamiento
Visiten Uds. el Ayuntamiento.

C. Se pintan letreros. You have volunteered to paint signs for your friends. Listen to the following situations and tell what your sign will say. Repeat the correct answer after the speaker.

MODELO   Alquilo mi apartamento.
Se alquila apartamento.

D. Los días feriados. An exchange student from Venezuela has asked you when certain holidays are celebrated in the United States. Tell him the date of the following holidays. Repeat the correct answer after the speaker.

MODELO   la Noche Vieja
Es el treinta y uno de diciembre.

E. Más historia. What do you know about the history of Venezuela? Listen to the following facts. Write the number of the sentence you hear next to the date mentioned. Each sentence will be repeated.

1. _____ 1927   2. _____ 1527   3. _____ 1987   4. _____ 1811

5. _____ 1947   6. _____ 1821   7. _____ 1962

SEGUNDA SITUACIÓN

Presentación

¿No crees que sería mejor si...?   Where are the following people trying to persuade their friends to spend the afternoon? In the spaces provided, indicate whether the speaker would like to go to **la corrida, el centro cultural**, or **el parque de atracciones**. If you need to listen again, replay the tape.

1. _____   5. _____

2. _____   6. _____

3. _____   7. _____

4. _____

Para escuchar bien

Practice taking dictation and notes in the following exercises.

A. Aquí tienen...   You will hear a museum guide informing some tourists about the different works of art they can see at the museum. But before you listen to him, make a list of the things you think he is going to mention.

_____

_____

_____

_____

Now listen to the passage and write what he says in the pauses provided. If you need to listen again, replay the tape.

_____

_____

_____

_____

_____

_____

_____

_____

_____

_____

_____

_____

_____

_____

_____

_____

B. Cuéntame.   You will hear a conversation between two friends who are sightseeing in Caracas. But before you listen to their conversation, make a list of places you think they visited.

_____

_____

_____

_____

Now listen to their conversation and write the names of all the places you hear them mention.

_____

_____

_____

_____

_____

_____

_____

Así se dice

The Spanish /x/ sound is pronounced with friction. It is similar to the initial sound of the English words *house* and *home*, but the Spanish sound is harsher. In some Spanish dialects, it is similar to the sound made when breathing on a pair of glasses to clean them. It is spelled **j** before **a, o,** and **u** as in **jamón, joven,** and **juego; g** or **j** before **e** and **i** as in **gente, gitano, jefe,** and **jinete.** In some cases, it can be spelled **x** as in **México** and **Xavier.**

Práctica

A. Listen to the following Spanish words with the /x/ sound and repeat each after the speaker.

1.	jefe	6.	juega	11.	traje
2.	José	7.	dibujo	12.	maneja
3.	Javier	8.	queja	13.	mujer
4.	gente	9.	cruje	14.	México
5.	jabón	10.	déjame	15.	Texas

B. Listen and repeat each sentence of the following minidialogues after the speaker.

1. —Mujer, ¿has visto a Javier?
   —Está en el jardín con José.
2. —No quiero jugar a las cartas.
   —Pero Josefa, no seas mala gente.
3. —Jorge, te dije que dejaras el jamón.
   —Mamá, pero tengo hambre. Déjame probarlo.

Estructuras

A. En el parque de atracciones. You are taking your nephew to an amusement park. He asks about some of the things he will see and do. Answer his questions by telling him what you will do there. Repeat the correct answer after the speaker.

> **MODELO** ¿Vamos a visitar la casa de espejos?
> **Sí, visitemos la casa de espejos.**

B. Mi ciudad. You are being asked your opinion about the transportation services your city provides. Answer the questions according to the cues you hear. Repeat the correct answer after the speaker.

> **MODELO** ¿Hay bastante estacionamiento? (poco)
> **No, hay poco estacionamiento.**

Capítulo 8
De compras en Bogotá

PRIMERA SITUACIÓN

Presentación

A. En el Centro Comercial Mariposa. Listen to the following advertisement for a new shopping center. What kinds of stores are being described? Next to the name of the store indicate what kind of store it is. If you need to listen again, replay the tape.

1. Hermanos Gómez _____

2. Tienda Felicidades _____

3. Boutique Elegancia _____

4. Tienda Ortiz _____

B. En la tienda. Who is probably making the following statements? Check the most logical answer. Each statement will be repeated.

	1	2	3	4	5	6	7	8
COMPRADOR								
DEPENDIENTE								

Para escuchar bien

When you are participating in a conversation, there might be instances when either you or the person you are talking to does not say exactly what you mean. For example, someone asks you if you want to eat some pizza and you say, "Uh . . . well . . . uh . . . ," the person might rightly infer that you don't want any or at least you don't want any at that particular moment. There is also the case when somebody asks you something and instead of answering the question directly, you give another answer. For example, somebody asks you, "Do you want to go to the movies?" and you answer, "I have an exam tomorrow." From your answer, the person will think that you would probably like to go to the movies, but you can't because of your exam. Thus the person has inferred the real meaning of what you said.

Now practice making inferences from what you hear in the following exercises.

A. **¿Qué quieren decir?** You will hear three short conversations between a salesperson and a customer. After you listen to each conversation, write what the customer meant by his or her reply. But before you listen to these conversations, write some of the phrases that the customer would use to make a purchase and the phrases that the salesperson would use to reply.

_____

_____

_____

Now listen to the conversations and write what each customer meant.

1. _____

2. _____

3. _____

B. **¡Pero, mamá!** Now, you are going to hear a series of comments made by a mother to her teenage daughter who is going out on a date. After you listen to each comment, write what the mother really meant by her comment. But before you listen, write down some of the things you think the mother might say or ask.

_____

_____

_____

_____

Now listen and write the meaning of each of the mother's comments.

1. _____

2. _____

3. _____

4. _____

5. _____

6. _____

Así se dice

The Spanish /g/ sound is almost identical to the English /g/ sound. It occurs at the beginning of a phrase or sentence and after the /n/ sound, as in **Gloria, gracias por tu ayuda.**, **un garaje**, or **angosto**. It is spelled **g** before **a, o**, or **u** as in **gato, goma**, and **gusto**. However, before **e** and **i**, it is spelled **gu** as in **Guevara** and **Guillermo**.

Práctica

A. Listen to the following Spanish words with the /g/ sound and repeat each after the speaker.

1. ganga	6. golpe	11. guerra
2. grande	7. conga	12. guitarra
3. gallo	8. manga	13. Guernica
4. guía	9. ponga	14. Granada
5. gas	10. Guevara	15. Guillermo

B. Listen and repeat each sentence of the following minidialogues after the speaker.

1. — ¿Cómo se llama usted?
   — Gustavo Esteban González.
2. — Guillermo, ¿qué haces este verano?
   — Voy en grupo a estudiar en Granada.
3. — Gloria, ¿vives en el barrio San Gabriel?
   — Sí, en la calle angosta cerca del Restaurante Angola.

Estructuras

A. Sé que... Ojalá que. You hear only the end of the following sentences. How does each sentence begin? Listen carefully to the verb and check **SÉ QUE** if the verb you hear is in the **Indicative**. Check **OJALÁ QUE** if the verb you hear is in the subjunctive. Each phrase will be repeated.

    MODELO You hear: ...la liquidación empieza el sábado.
                    You check: **SÉ QUE**

	1	2	3	4	5	6	7	8
SÉ QUE								
OJALÁ QUE								

B. Consejos. Your friends are going shopping. What advice do you offer them? Repeat the correct answer after the speaker.

MODELO   Ir al Centro Comercial Mariposa
Les aconsejo que Uds. vayan al Centro Comercial Mariposa.

C. Es necesario que... Señor Morales is a shopping consultant. What does he tell his clients to do in order to become wise shoppers? Repeat the correct answer after the speaker.

MODELO   Uds. / comparar los precios
Es necesario que Uds. comparen los precios.

D. La Boutique Elegancia. Enrique Morales, the shopping consultant, has described many of the stores in the Centro Comercial Mariposa. What does he say about Boutique Elegancia? Repeat the correct answer after the speaker.

MODELO   mercancía / caro
Tiene la mercancía más cara del centro comercial.

SEGUNDA SITUACIÓN

Presentación

Las devoluciones. You are working in the department store Hermanos Gómez as a salesclerk. Each day you must make a list of the purchases returned and the reasons why they were returned. Listen to the following customers. Then list the items returned and the reasons for their return. If you need to listen again, replay the tape.

1. _____

2. _____

3. _____

4. _____

5. _____

6. _____

Para escuchar bien

Practice making inferences and using visual cues in the following exercises.

A.   ¿En qué piensan?   Look at the drawings and try to imagine what these people are thinking. Then listen to the following sentences. Write the number of each sentence next to the drawing it matches. Each sentence will be repeated.

1. _____

2. _____

3. _____

4. _____

B.   Me parece...   Look at the drawings again and try to imagine a possible dialogue between the people involved. Now match each dialogue you hear to a drawing. If you need to listen again, replay the tape.

1. _____   2. _____   3. _____

Así se dice

A variant of the /g/ sound which you just practiced, occurs within a word or phrase except after /n/. It is pronounced like the /g/ sound in the English word *sugar.* This sound is spelled **g** before **a, o** or **u** and **gu** before **e** and **i**.

Práctica

A. Listen to the following words with the /g/ sound and repeat each after the speaker.

1.	amigo	6.	luego	11.	algodón
2.	agua	7.	regar	12.	paraguas
3.	ruega	8.	dígame	13.	Málaga
4.	algo	9.	lago	14.	Bogotá
5.	el garaje	10.	haga	15.	Santiago

B. Listen and repeat each sentence of the following minidialogues after the speaker.

1. —Ese hombre es un vago.
   —Debiera hacer algo.
2. —¿Quieres un vaso de agua?
   —Ahora no. Luego.
3. —Pero, ¡qué elegancia!
   —Muy agradecida.

Estructuras

A. Los regalos. Tell which gifts you are giving to the following people. Repeat the correct answer after the speaker.

MODELO a Joaquín / una guitarra
Se la regalo a Joaquín.

B. Las compras. You and your friend are going shopping today. However, you are in a bad mood and contradict whatever your friend says. Repeat the correct answer after the speaker.

MODELO Siempre estoy lista para ir de compras.
Nunca estoy lista para ir de compras.

Capítulo 9
En casa

PRIMERA SITUACIÓN

Presentación

A. Antes de la visita. Your family is expecting weekend guests. While you are out, your mother calls with instructions about what needs to be done around the house before the guests arrive. Listen to the message she left on the telephone answering machine and make a list of chores for each person. If you need to listen again, replay the tape.

Paco: _____

_____

Juan: _____

_____

María: _____

_____

Isabel: _____

_____

Carlota: _____

_____

B. Si fueras tan amable... Listen to the following statements. Under what conditions would you hear each one? Check **A** if someone is making a request, **B** if the request is being accepted, or **C** if the request is being refused. Each statement will be repeated.

	1	2	3	4	5	6	7	8
A								
B								
C								

Para escuchar bien

You have already learned that you don't need to understand every single word of what is being said and that you can just listen for the general idea or gist of a conversation. It is also important to learn how to listen for the main idea of what is being said and the supporting details. For example, if somebody asks you what your occupation is, you might respond, "I'm a student." That would be the main idea you want to communicate. You might also add, "I study economics at George Washington University." Those would be the supporting details that expand the scope of your preliminary statement and add to the listener's knowledge about you.

Now practice identifying the main ideas and supporting details in the following exercises.

A. Anuncios radiales. You will hear three radio announcements asking for people to perform different services. As you listen, write the main ideas and supporting details. But before you listen to the announcements, make a list of the different kinds of services or chores that can be performed in a house.

_____

_____

_____

_____

_____

_____

Now listen to each announcement and take notes of the main ideas and supporting details.

1. **Main idea:** _____

   Supporting details: _____

   _____

   _____

2. **Main idea:** _____

   Supporting details: _____

   _____

   _____

3. **Main idea:** _____

   Supporting details: _____

   _____

   _____

B. Con los empleados. You will hear three conversations between the employers who paid for the previous radio announcements and the people they hired. As you listen, write the main ideas and the supporting details. But before you listen to the conversations, write the affirmative and negative command forms of the following verbs: **cortar, regar, plantar, barrer, cocinar, limpiar, fregar, lavar, secar, planchar, sacudir.**

_____

_____

_____

_____

_____

_____

_____

_____

_____

_____

   Now listen and write down the main ideas and supporting details for each
conversation.

1. **Main ideas:** _____

    Supporting details: _____

    _____

    _____

2. **Main ideas:** _____

    Supporting details: _____

    _____

    _____

3. **Main ideas:** _____

    Supporting details: _____

    _____

    _____

Así se dice

The Spanish /l/ sound is pronounced similarly to the English /l/ sound in *Lee.* It is always
spelled **l**.

Práctica

A. Listen to the following pairs of words and decide if the first word in each pair is a Spanish word or an English word. Circle the answer. Each pair of words will be repeated.

1. español   inglés
2. español   inglés
3. español   inglés

4. español   inglés
5. español   inglés
6. español   inglés

B. Listen to the following Spanish words with the /l/ sound and repeat each after the speaker.

1. lo
2. ley
3. la
4. alma
5. plan

6. caldo
7. claro
8. plancha
9. papel
10. lavandería

11. papelería
12. al
13. mal
14. problema
15. Lima

C. Listen and repeat each sentence of the following minidialogues after the speaker.

1. —Pásame la sal, Celia.
   —Está a tu lado.
2. —Leo, tienes que cortar el césped.
   —Pero si lo corté la semana pasada.
3. —¿Le diste de comer al perro?
   —No. Creí que lo había hecho Laura.

Estructuras

A. Tú o Ud. Listen to the following commands. Are they being directed to people addressed as **tú** or **Ud.**? Listen carefully and check **TÚ** or **UD.** according to the verb you hear. Each command will be repeated.

   MODELO   You hear: Barre el piso.
   You check: **TÚ**

	1	2	3	4	5	6	7	8
TÚ								
UD.								

B. Los quehaceres domésticos. Explain to your roommate what he must do to get ready for tonight's party. Repeat the correct answer after the speaker.

MODELO   lavar los platos
Lava los platos.

C. No lo hagas. You are willing to help your roommate with the chores. Tell him not to do certain things because you will do them. Repeat the correct answer after the speaker.

MODELO   limpiar la cocina
No limpies la cocina. Yo lo hago.

D. Las hermanas. Margarita and Carlota are sisters who look and act alike. Describe Margarita by comparing her to Carlota. Repeat the correct answer after the speaker.

MODELO   bonito
Margarita es tan bonita como Carlota.

E. Así es la vida. Your friend is complaining about all the obligations she has. Tell her that you have as many obligations as she does. Repeat the correct answer after the speaker.

MODELO   exámenes
Yo tengo tantos exámenes como tú.

F. Tanto como tú. Your brother accuses you of not doing as many chores around the house as he does. Tell him that you do as much as he does. Repeat the correct answer after the speaker.

MODELO   cortar el césped
Yo corto el césped tanto como tú.

G. ¿Qué pasa? Look at the following drawings. You will hear two sentences for each drawing. Write the correct sentence under the corresponding picture. Each pair of sentences will be repeated.

1.

_____

_____

2.

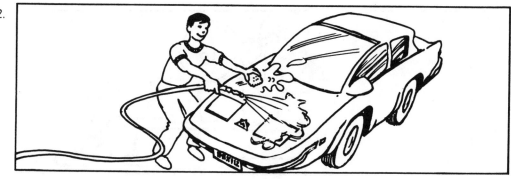

_____

_____

3.

_____

_____

4.

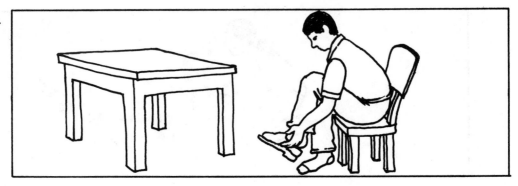

_____

_____

5.

_____

_____

SEGUNDA SITUACIÓN

Presentación

Un desastre. You are a journalism student working in Bogotá for the summer. Your job is to report details of important stories to your home newspaper. Listen to the following news broadcast and then answer the questions. If you need to listen again, replay the tape.

1. ¿Qué fue el desastre? _____

2. ¿Dónde ocurrió? _____

3. ¿Cuándo ocurrió? _____

4. ¿Cuántas personas murieron? _____

5. ¿Por qué se han arrestado a unas veinte personas?

   _____

6. ¿Qué hicieron los políticos?

   _____

7. ¿Qué ocurrió en las regiones costeras?

   _____

Para escuchar bien

Practice listening for the main ideas and supporting details in the following exercises.

A. Noticiero. You will hear three news reports. As you listen, write the main ideas and supporting details of each news item.

1. **Main idea:** _____

   Supporting details: _____

   _____

   _____

2. **Main idea:** _____

   Supporting details: _____

   _____

   _____

3. **Main idea:** _____

   Supporting details: _____

   _____

   _____

B. El clima. You will hear two weather reports from different Latin American cities. As you listen, write the main ideas and supporting details in each report.

1. **Main ideas:** _____

   Supporting details: _____

   _____

   _____

2. **Main ideas:** _____

   Supporting details: _____

   _____

   _____

Así se dice

The Spanish /ll/ sound is pronounced similarly to the English /ly/ sound in *million*. This sound occurs at the beginning of a word and in front of vowels. It is only used in some areas of South America and rural Castille. It is always spelled **ll**.

Other Spanish-speaking areas prefer the /y/ sound before **a, e, o,** and **u** at the beginning of a word or beginning of a syllable. This sound is similar to the English /y/ sound in **yes** and **yarn**. It is spelled **hi, y,** or **ll**.

Práctica

A. Listen to the following Spanish words with the /ll/ sound and repeat each after the speaker.

1. llama	6. sello	11. grillo
2. lleno	7. Castilla	12. ella
3. lluvia	8. rollo	13. llave
4. millón	9. talla	14. llana
5. bella	10. platillo	15. silla

B. Listen to the following Spanish words with the /y/ sound and repeat each after the speaker.

1.	llama	6.	sello	11.	leyes
2.	lleno	7.	Castilla	12.	yo-yo
3.	lluvia	8.	rollo	13.	hierba
4.	millón	9.	talla	14.	hielo
5.	bella	10.	royal	15.	yerno

C. Listen and repeat each sentence of the following minidialogues after the speaker.

1.. —¿Tienes la llave?
  —No, la tiene ella.
2. —Llama a Yolanda.
  —Ya la llamé.
3. —Quiero un poco de hielo.
  —Está allí.

Estructuras

A. Creo que... o Dudo que... You hear only the end of the following sentences. How does each sentence begin? Listen carefully to the verb and check **CREO QUE** if the verb you hear is in the **Indicative**. Check **DUDO QUE** if the verb you hear is in the subjunctive. Each phrase will be repeated.

MODELO You hear: ...mucha gente vaya a la manifestación.
You check: **DUDO QUE**

	1	2	3	4	5	6	7	8
CREO QUE								
DUDO QUE								

B. Es conveniente. Certain household chores should be done every day. What do you advise the following people to do each day? Repeat the correct answer after the speaker.

MODELO yo / lavar los platos
Es conveniente que yo lave los platos.

C. Un robo sensacional. There was a break-in at the well guarded Joyería Orense. Many facts about this crime do not make sense. Explain what surprises you. Repeat the correct answer after the speaker.

MODELO El delito puede ocurrir en esta joyería.
Me sorprende que el delito pueda ocurrir en esta joyería.

D. **¿Antes o después?** Do you do the following things before or after eating dinner? Repeat the correct answer after the speaker.

MODELO · lavar los platos
Lavo los platos después de comer.

Capítulo 10
En la agencia de empleos

PRIMERA SITUACIÓN

Presentación

A. Conseguir un empleo. Listen as an employment counselor gives you advice about finding a job. Then list the things you should do to be successful. If you need to listen again, replay the tape.

_____

_____

_____

_____

_____

_____

B. Hablando de... Listen to the following statements. Under what conditions would you hear each one? Check **A** if someone is expressing an idea, **B** if someone is changing the subject, or **C** if someone is interrupting. Each statement will be repeated.

	1	2	3	4	5	6	7	8
A								
B								
C								

Para escuchar bien

When you listen to a conversation or lecture, sometimes you have to summarize what you heard. A summary can be written in the form of an outline, chart, or paragraph. To write an outline, chart or paragraph, you have to recall factual information and categorize it logically in the proper format.

Now practice summarizing what you hear in the following exercises.

A. Sus obligaciones. You will hear a short conversation between an employer and a prospective secretary. As you listen, fill in the following outline with the corresponding information. But before you listen, write a list of possible tasks the employer might mention.

_____

_____

_____

_____

Now listen to the conversation and fill in the outline.

Agencia de empleos

A. Obligaciones de la secretaria

    1. _____

    2. _____

    3. _____

    4. _____

    5. _____

B. Obligaciones de la señorita Méndez

    1. _____

    2. _____

B. ¿Qué harás tú? You will hear a group of recent college graduates discuss the results of their job search. As you listen, fill in the following outline. But before you do this, write what you plan to do after you graduate.

_____

_____

_____

_____

Now listen and fill in the following outline.

Lugares de trabajo

Mujer 1

A. Periódico: _____

B. Departamento: _____

C. Responsabilidades

    1. _____

    2. _____

Mujer 2

A. Periódico: _____

B. Departamento: _____

C. Responsabilidades: _____

Hombre 1

A. Situación presente: _____

B. Expectativas: _____

C. Noticias del futuro. You will hear a short lecture given by a futurologist, who is describing the workplace and working conditions in twenty years. As you listen, fill in the following outline with the information provided. But before you listen, make five predictions about what the workplace will be like in twenty years.

1. _____

2. _____

3. _____

4. _____

5. _____

Now listen to the lecture and fill in the outline.

Efectos de los avances tecnológicos

I. Mayor número de personas trabajarán en sus casas
   A. Consecuencias positivas
      1. En la ciudad

         a. _____

         b. _____

         c. _____

      2. En la familia

         a. _____

      3. En la tecnología y economía

         a. _____

   B. Consecuencia negativa

      1. _____

Así se dice

The Spanish /n/ sound is generally similar to the English /n/ sound in the word *not*, although it varies slightly according to the sound that follows it. For example, the tip of your tongue touches the back of your upper front teeth when /n/ precedes /t/, /d/, and /s/ as in **pinto, donde**, and **mensual**. When the /n/ precedes a vowel, /l/, /r/, /rr/ or when it occurs at the end of a word or sentence, the tip of your tongue touches the gum ridge as in **nada, ponla, honrado**, and **con**. When /n/ occurs in front of **ch** as in **concha** and **ancho**, the tip of your tongue touches the back part of your palate.

Práctica

A. Listen to the following Spanish words with the /n/ sound and repeat each after the speaker.

1.	no	6.	pinto	11.	concha
2.	nada	7.	nunca	12.	ancha
3.	nadie	8.	ponla	13.	poncho
4.	donde	9.	honrado	14.	rancho
5.	mensual	10.	con	15.	Enrique

B. Listen to the following sentences and mark how many times you hear the sound /n/. Each sentence will be repeated.

1. _____   3. _____

2. _____   4. _____

C. Listen and repeat each sentence of the following minidialogues after the speaker.

1. — ¿Ud. es la señorita Méndez?
   — Sí, señor.
2. — Estoy muy contenta con mi trabajo.
   — Cuánto me alegro.
3. — Pronto conseguirás una entrevista.
   — Ojalá porque todavía no he oído nada.

Estructuras

A. **¿Cuándo?**   Are these people telling you about activities that are happening now or that will happen in the future? Listen carefully and check **PRESENT** or **FUTURE** according to the verb you hear. Each sentence will be repeated.

MODELO   You hear: Llamaré a los invitados.
You check: **FUTURE**

	1	2	3	4	5	6	7	8
PRESENT								
FUTURE								

B. **La entrevista.**   Tomorrow you have an interview for an important job. Describe what you will do. Repeat the correct answer after the speaker.

MODELO   levantarse temprano
Me levantaré temprano.

C. **En el futuro.**   What will the following people probably be doing in the future? Make a guess. Repeat the correct answer after the speaker.

MODELO   Tomás / ganar la lotería
Tomás ganará la lotería.

D. **Los clientes.**   Explain to a co-worker how he should treat the clients who come into your office. Repeat the correct answer after the speaker.

MODELO   cortés
Trata a los clientes cortésmente.

SEGUNDA SITUACIÓN

Presentación

¡Grandes rebajas!   The Papelería Comercial is having a sale on office furniture, machines, computer ware, and office supplies. Listen to their radio ad and list the office supplies that are on sale. If you need to listen again, replay the tape.

_____

_____

_____

Para escuchar bien

Practice summarizing what you hear in the following exercises. Remember that a summary can be in the form of a chart, outline, or paragraph.

A.   Nuestra empresa.   You will hear a short presentation by a business manager, who is explaining the corporate structure of the company to the new personnel. As you listen, make a chart with the information provided. But before you listen, make a list of the different departments you think a company might have and the functions each performs within the corporate structure.

_____

_____

_____

_____

Now listen to the presentation and make a chart of the corporate structure of this company.

Administración

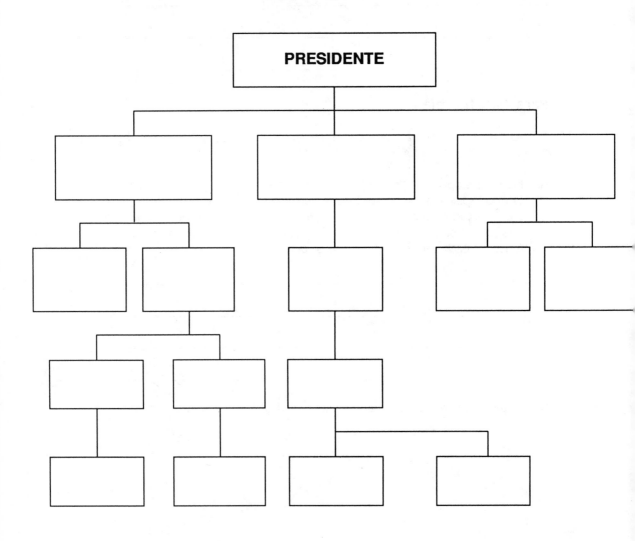

B. Tengo que hacer un pedido. You will hear a short conversation between a secretary and the office manager. The secretary is placing an order for office equipment. As you listen, complete the following chart with the information provided. But, before you listen, make a list of the items you think she might order.

_____

_____

_____

_____

Now listen and complete the chart.

Pedido

1. Para la oficina de la secretaria

   a. _____   c. _____

   b. _____   d. _____

2. Para la oficina del supervisor

   a. _____   c. _____

   b. _____

3. Para la Oficina de Relaciones Públicas

   a. _____   c. _____

   b. _____

Así se dice

The Spanish /ñ/ sound is pronounced similarly to the English sound /ny/ in *union* and *canyon*. It always occurs in word or syllable initial position and is spelled **ñ**.

Práctica

A. Listen to the following Spanish words with the /ñ/ sound and repeat each after the speaker.

1.	ñato	6.	señal	11.	caña
2.	mañana	7.	paño	12.	baño
3.	año	8.	señor	13.	enseñar
4.	cuñada	9.	niño	14.	daño
5.	español	10.	uña	15.	peña

B. Listen to the following sentences and mark in your lab manual how many times you hear the sound /ñ/. Each sentence will be repeated.

1. _____   3. _____

2. _____   4. _____

C. Listen and repeat each sentence of the following minidialogues after the speaker.

1. —No me arañes con tus uñas.
   —Disculpa, Toño.
2. —Enséñame tu carro nuevo.
   —No es nuevo. Es del año pasado.
3. —Hola, cuñada. ¿Qué buscas?
   —Busco la caña de pescar de mi niño.

Estructuras

A. El trabajo ideal. You are looking for the perfect job. Describe this job according to the cues you hear. Repeat the correct answer after the speaker.

> **MODELO** ofrecer vacaciones largas
> **Quiero un trabajo que ofrezca vacaciones largas.**

B. Es un... Describe the following people and things. Begin each sentence with **Es un...** and use the adjectives **grande, antiguo, pobre, viejo**. Repeat the correct answer after the speaker.

> **MODELO** El hombre no tiene dinero.
> **Es un hombre pobre.**

Capítulo 11
En la empresa multinacional

PRIMERA SITUACIÓN

Presentación

A. **En la agencia de empleos.**   You are working as a personnel consultant for an employment agency. You are listening to a client who has a wonderful product to sell and enough capital to start a small business. Listen to what he tells you and make a list of the people he needs to hire.

_____

_____

_____

B. **Por teléfono.**   Who is probably making the following statements? Check **A** if it is the person calling and **B** if it is the person answering the call. Each statement will be repeated.

	1	2	3	4	5	6	7
A							
B							

Para escuchar bien

When you listen to a conversation or message, sometimes you have to report what you have heard to another person. You do this by retelling what happened or reporting what was said in the third-person singular and plural. For example, "John said he would come to the meeting." If you are reporting to one person what another person must do in Spanish, you will generally use **que** + subjunctive as in an indirect command, for example, **Que lo haga María**.

Now practice reporting messages and orders in the following exercises.

A. Tomando apuntes. You will hear a series of messages left on the answering machine of Mr. Robles. As you listen, take notes using indirect commands so you can report the messages to him later.

1. _____

2. _____

3. _____

4. _____

5. _____

B. El jefe. You will hear a short conversation between two secretaries; one is reporting the manager's orders to the other one. As you listen, make a list of the orders given using indirect commands. But before you do this, write five orders you think the manager of an import-export firm might give to a secretary.

1. _____

2. _____

3. _____

4. _____

5. _____

Now listen to the conversation and write the orders as you would report them.

1. _____

2. _____

3. _____

4. _____

5. _____

Así se dice

When the Spanish /r/ does not begin a word, it is pronounced by a single flap of the tip of the tongue on the ridge behind the upper front teeth. The Spanish /r/ sound is similar to the English sounds of /tt/ in *batter* or /dd/ in *ladder*, it is always spelled **r**.

Práctica

A. Listen to the following Spanish words with the /r/ sound and repeat each after the speaker.

1.	febrero	6.	cara	11.	pronto
2.	cargar	7.	Toronto	12.	ir
3.	partir	8.	comer	13.	Caracas
4.	tarde	9.	mar	14.	Perú
5.	pero	10.	gordo	15.	Uruguay

B. Listen to the following sentences and mark how many times you hear the sound /r/. Each sentence will be repeated.

1. _____ 3. _____

2. _____ 4. _____

C. Listen and repeat each sentence of the following minidialogues after the speaker.

1. —Mira, Teresa, ¿te gusta esta pulsera de oro?
   —Me encanta. ¿Me la vas a regalar, hermano?
2. —¿Trabajas en el Banco Hipotecario?
   —Sí, ¿por qué? ¿Quieres pedir un préstamo?
3. —Señorita Martínez, averigüe cuál es la tasa de interés para préstamos a corto plazo, por favor.
   —Es el diez por ciento.

Estructuras

A. **¿Cuándo?** Are these people telling you about completed activities or about activities that are happening now? Listen carefully and check **PRESENT** or **PRESENT PERFECT** according to the verb you hear. Each sentence will be repeated.

MODELO You hear: José ha ejecutado todos los pedidos.
You check: **PRESENT PERFECT**

	1	2	3	4	5	6	7	8
PRESENT								
PRESENT PERFECT								

B. **¿Has terminado...?** You are working as an account executive. Today you would like to leave the office before the end of the work day. However, your boss wants to know if you have finished certain tasks. Repeat the correct answer after the speaker.

MODELO   terminar el informe para mañana
Sí, he terminado el informe para mañana.

C. **El viaje de negocios.** The sales manager of your department is on an important business trip. You hope he accomplishes certain objectives. What do you say to your colleague? Repeat the correct answer after the speaker.

MODELO   presentarse al nuevo ejecutivo
Que se presente al nuevo ejecutivo.

SEGUNDA SITUACIÓN

Presentación

A. **Un desastre fiscal.** Listen to the following news bulletin and then answer the questions. If you need to listen again, replay the tape.

1. ¿Qué sube cada mes?

_____

2. ¿Cómo es el presupuesto nacional?

_____

3. ¿Cuál es el otro problema que le preocupa al gobierno?

   _____

4. ¿Qué quiere empezar la administración?

   _____

5. ¿En qué va a insistir el gobierno?

   _____

B. Definiciones.   Listen to the following phrases and then write the word or expression being defined. Each phrase will be repeated.

1. _____   5. _____

2. _____   6. _____

3. _____   7. _____

4. _____

Para escuchar bien

Using the strategies you have learned, practice reporting what you hear and retelling a story in the following exercises.

A.   ¡Qué situación!   Two friends are discussing their banking activities. Listen to their conversation and from the options presented, choose those that best retell the story you heard. But, before you listen, read the options and write a list of six words or phrases related to banking that you would expect to hear in this conversation.

_____

_____

_____

_____

_____

_____

Now listen to their conversation and make your choices.

1. Elena está muy contenta porque va a comprarse una casa.
2. Elena había ido al Banco Hipotecario a pedir consejo financiero.
3. Elena y Jorge habían ahorrado por muchos años.
4. La tasa de interés no ha bajado.
5. Elena y Jorge no habían vivido en una casa alquilada por mucho tiempo.
6. Elena y Jorge no van a tener que hacer ningún cambio en sus vidas para poder pagar su nueva casa.
7. Elena y Jorge ya han reunido bastante dinero.
8. El esposo de Elena se acaba de comprar un carro nuevo; por eso van a tener problemas para pagar las cuotas mensuales.

B. El banco.   You will hear an advertisement for El Banco Latino. As you listen, take notes on the important information. Then stop the tape and write a short paragraph summarizing the advertisement.
   Now listen and take notes.

_____

_____

_____

_____

Now write your summary.

_____

_____

_____

_____

Así se dice

The Spanish /rr/ sound is pronounced by flapping the tip of the tongue on the ridge behind the upper teeth in rapid succession. This sound is called trilling; it occurs between vowels, at the beginning of a word, and after /n/, /l/, or /s/. The trilled /rr/ is spelled **rr** between vowels as in **perro** and **carro**. In other positions, it is spelled **r** as in **ropa** and **honrado**.

Práctica

A. Listen to the following Spanish words with the /rr/ sound and repeat each after the speaker.

1.	carro	6.	rubia	11.	ropa
2.	perro	7.	honrado	12.	repaso
3.	barro	8.	enredo	13.	Israel
4.	raro	9.	enrejado	14.	rasgar
5.	roto	10.	alrededor	15.	rascar

B. Listen to the following sentences and mark how many times you hear the sound /rr/. Each sentence will be repeated.

1. _____ 3. _____

2. _____ 4. _____

C. Listen and repeat each sentence of the following minidialogues after the speaker.

1. — ¿Ya compraste el carro?
   — Sí, es rojo.
2. — Mi perro me rasgó la ropa.
   — ¡Qué raro!
3. — Voy a Roma pronto.
   — Cómo me encantaría ir también.

Estructuras

A. **¿Cuándo?** The following people are describing past activities. Some of these activities were completed before today; others were not. Listen carefully and check **PRESENT PERFECT** or **PAST PERFECT** according to the verb you hear. Each sentence will be repeated.

MODELO You hear: Había pedido consejo financiero.
   You check: **PAST PERFECT**

	1	2	3	4	5	6	7	8
PRESENT PERFECT								
PAST PERFECT								

B. **Antes de las tres.** What did you accomplish by three o'clock yesterday afternoon? Repeat the correct answer after the speaker.

MODELO archivar los documentos
   Había archivado los documentos.

C. **En el banco.** What did the following people do in the bank before it closed today? Repeat the correct answer after the speaker.

   MODELO   Marta / cerrar su cuenta corriente
   Marta había cerrado su cuenta corriente.

D. **¿Cuánto tiempo hace?** How long has the Empresa Multinac been providing the following services? Repeat the correct answer after the speaker.

   MODELO   10 años / exportar productos
   Hace 10 años que exporta productos.

E. **Llevo mucho tiempo...** Explain how long you have been assuming the following responsibilities. Repeat the correct answer after speaker.

   MODELO   5 años / trabajar en esta empresa
   Llevo 5 años trabajando en esta empresa.

F. **Las cuentas.** You are verifying account numbers for new clients. Listen as a co-worker reads the client's name and account number. Match the client with his or her account number. Each name and account number will be repeated.

1. _____ Juan Luis Domínquez   a.   7.747

2. _____ María Herrera   b.   10.834

3. _____ Pablo Ortiz   c.   1.683

4. _____ Carlos Santana   d.   8.528

5. _____ Jaime Velásquez   e.   3.951

6. _____ Lucía López   f.   6.475

7. _____ Isabel Ochoa   g.   9.362

Capítulo 12
En una comunidad hispana

PRIMERA SITUACIÓN

Presentación

A. El exilio.   As a project for your sociology class you are interviewing immigrants. Listen to the story told by the following refugee and write answers to the questions. If you need to listen again, replay the tape.

1.   ¿Por qué inmigró?

   _____

2.   ¿Qué problemas encontró al llegar al nuevo país?

   _____

3.   ¿Cómo se ganó la vida?

   _____

4.   ¿Qué problemas encuentra todavía?

   _____

5.   ¿Qué espera para el futuro?

   _____

B. De acuerdo. Listen to the following statements. Under what conditions would you hear each one? Check **A** if the speaker is expressing agreement and **B** if the speaker is disagreeing. Each statement will be repeated.

	1	2	3	4	5	6	7	8
A								
B								

Para escuchar bien

When you listen to a conversation, it is important to understand who the participants are, the relationship between them (Are they friends or strangers? Is one subordinate to the other?), and the tone of the conversation (Is it friendly or unfriendly? Confrontational or non-confrontational?). Some of this information is conveyed by the speaker's tone of voice and use of certain words such as terms of endearment and nicknames. In Spanish, the use of **tú** and **Ud.** also indicates the relationship between two people.

Practice identifying the tone of conversation and relationship between speakers in the following exercises.

A. ¿Quiénes son? You will hear two minidialogues. As you listen, match each dialogue with one of the following drawings. In addition, decide if each minidialogue is between strangers, between friends, or between an authority figure or a subordinate. But, before you listen, look at the drawings and imagine the kind of conversation these people are having. Write your conjectures below.

1. _____

2. _____

Now listen and write the correct answers below each drawing.

1. **Diálogo:** _____   2. **Diálogo:** _____

Tipo de conversación: _____   **Tipo de conversación:** _____

_____   _____

B. ¿Qué te parece?   You will hear a conversation between two people who are discussing the situation of immigrants in this country. As you listen, decide if the conversation is between friends, strangers, or acquaintances and if it has a confrontational or non-confrontational tone. Also write the words and phrases that influence your decision. But, before you listen, write a list of five words or phrases used to express agreement and disagreement.

_____

_____

_____

Now listen and write your impressions.

_____

_____

_____

Así se dice

The Spanish /s/ has many regional variations. In Spanish America, the /s/ sound is usually similar to the English /s/ of *sent* or *summer.* The /s/ sound is spelled differently depending on where it occurs in a word. For example, it is spelled **s** and **z** before vowels and at the end of word as in **sopa, zapato,** and **paz; s** and **x** before /p/ and /t/ as in **espero, estudio, explorar,** and **extensión**; and **c** before /e/ and /i/ as in **dice** and **cinta**.

In contrast, in most parts of Spain the **z** and **c** before /e/ and /i/ are pronounced like the /th/ sound in the English word *thing:* **pobreza, dice,** and **prejuicio**. In the following exercises, you will practice the Spanish American pronunciation of the /s/ sound.

Práctica

A. Listen to the following Spanish words with the /s/ sound and repeat each after the speaker.

1.	señor	6.	así	11.	basura
2.	sembrar	7.	vaso	12.	serie
3.	soy	8.	regreso	13.	necesita
4.	ese	9.	dice	14.	pobreza
5.	prejuicio	10.	cerveza	15.	explotar

B. Listen to the following sentences and mark how many times you hear the sound /s/. Each sentence will repeated.

1. _____   3. _____

2. _____   4. _____

C. Listen and repeat each sentence of the following minidialogues after the speaker.

1. —¿Qué dices, Josefa, conseguiremos trabajo?
   —Yo creo que sí, Sergio.
2. —El problema de la emigración es bastante serio.
   —Más serio es el problema de la inflación.
3. —¿Quiénes son esas personas?
   —No sé. No las conozco.
   —¿Serán extranjeros?
   —Seguramente sí.

Estructuras

A. **¿Cuándo?** Are these people telling you about activities that will happen in the future or that would happen when certain conditions are present? Listen carefully and check **FUTURE** or **CONDITIONAL** according to the verb you hear. Each sentence will be repeated.

MODELO You hear: Lo ayudaré.
You check: **FUTURE**

	1	2	3	4	5	6	7	8
FUTURE								
CONDITIONAL								

B. **Bajo la dictadura.** Explain what you would do if you were living under a dictatorship. Repeat the correct answer after the speaker.

MODELO   esperar un cambio de gobierno
Esperaría un cambio de gobierno.

C. **Una vida nueva.** What would the following people do if they had to immigrate? Repeat the correct answer after the speaker.

MODELO   José / aprender la lengua
José aprendería la lengua.

D. **Los inmigrantes.** Listen as the speaker asks about situations that immigrants often face. Answer the questions in the affirmative using the absolute superlative. Repeat the correct answer after the speaker.

MODELO   ¿Es malo vivir bajo una dictadura?
Sí, es malísimo.

SEGUNDA SITUACIÓN

Presentación

A. **El Día de la Raza.**   You have volunteered to prepare flyers to announce activities for the celebration of the Día de la Raza. Listen as the chairman of the committee in charge of organizing the celebration tells you about some of the activities planned. Then make a list of the events and their starting times. If you need to listen again, replay the tape.

ACTIVIDAD	HORA

B. **Muchísimas gracias.**   Listen to the following statements. Under what conditions would you hear each one? Check **A** if the speaker is expressing anger, **B** if the speaker is expressing gratitude, and **C** if the speaker is responding to an expression of gratitude. Each statement will be repeated.

	1	2	3	4	5	6	7	8
A								
B								
C								

Para escuchar bien

Using the strategies you have learned, practice identifying the relationship between the speaker's tone of voice and the listener in the following exercise.

Se avisa que... You will hear three announcements. The first two occur in the customs office in a border town and the third one is in an airport. As you listen, decide if the announcements are friendly or threatening and if they are spoken by someone in a position of authority or not. But, before you listen, do the following exercises.

A. Write the third-person plural subjunctive form of the following verbs: **hacer, tener, ser, poder, pasar.**

_____

B. Write three topics for announcements you expect to hear in a customs office or an airport.

_____

C. Now listen and write your impressions of the tone of voice and the person speaking in each announcement.

1. _____

_____

2. _____

_____

3. _____

_____

Así se dice

In some parts of Spanish America, the letter **s** or **z** is pronounced /h/. This /h/ sound is similar to the sound of the letter *h* in the English word *bah*. It occurs before a consonant or at the end of a word, for example, **Caracas, pez**, and **pescado**.

Práctica

A. Listen to the following Spanish words with the /h/ sound and repeat each after the speaker.

1. pez	6. escasez	11. está
2. pescado	7. algunos	12. vas
3. Caracas	8. problemas	13. discriminar
4. busca	9. disco	14. entrevista
5. hispano	10. país	15. establecer

B. Listen to the following sentences and mark how many times you hear the sound /h/. Each sentence will be repeated.

1. _____   3. _____

2. _____   4. _____

C. Listen and repeat each sentence of the following minidialogues after the speaker.

1. —Hay una escasez de pescado en todo Caracas.
   —Eso pasa solo algunos días. No te preocupes.
2. —El problema del analfabetismo tiene que desaparecer.
   —Y el de la discriminación.
3. —Conseguí una entrevista con *El País*.
   —No sabía que buscabas trabajo en un periódico.

Estructuras

A. ¿Cuándo? Are these people telling you about activities that will happen in the future or that habitually occur? Listen carefully and check **FUTURE** or **HABITUAL** according to the verb you hear. Each sentence will be repeated.

MODELO You hear: Muchos inmigrantes tendrán éxito cuando se adapten a su nueva vida.
You check **FUTURE**

	1	2	3	4	5	6	7	8
FUTURE								
HABITUAL								

B. La nueva vida. Tell some of the reasons why a person would emigrate. Repeat the correct answer after the speaker.

MODELO para que / la familia tener una vida mejor
Se emigra para que la familia tenga una vida mejor.

C. ¿Cuándo? Are the following people describing activities that have been completed or that will be completed by some future time? Listen carefully and check **PRESENT PERFECT** or **FUTURE PERFECT** according to the verb you hear. Each sentence will be repeated.

MODELO You hear: Han celebrado el Día de la Raza.
You check: **PRESENT PERFECT**

	1	2	3	4	5	6	7	8
PRESENT PERFECT								
FUTURE PERFECT								

D. Para las cinco. Tell what you will have done by five o'clock this afternoon. Repeat the correct answer after the speaker.

MODELO preparar la cena
Habré preparado la cena.

E. Para el próximo año. Tell what the following people will have done by next year. Repeat the correct answer after the speaker.

MODELO José / aprender a hablar español
José habrá aprendido a hablar español.

Capítulo 13
La llegada a Lima

PRIMERA SITUACIÓN

Presentación

A. Una excursión. While listening to the radio program «El viajero feliz», you hear about an interesting excursion. You decide to organize a weekend trip for your friends. Listen carefully and make notes about the trip. If you need to listen again, replay the tape.

¿Dónde? _____

¿Cuándo? _____

¿Cómo? _____

¿Por qué? _____

_____

B. A bordo. Who is probably making the following statements? Check the most logical answer. Each statement will be repeated.

	1	2	3	4	5	6	7	8
AZAFATA								
PASAJERO								

Para escuchar bien

When you hear a conversation or any passage, sometimes you are required to answer questions about what happened. In addition, you might be asked to give a personal interpretation or explain how you perceive the situation: fair or unfair, expected or unexpected, and the attitude of the people involved: calm or nervous, selfish or generous, upfront or dubious, arrogant or humble. To make these judgments, you rely on the factual information you hear, the words and expressions the speaker uses, and your own personal background information concerning the topic or situation.

Now practice answering content-related questions and making personal interpretations in the following exercises.

A. ¿Qué hago? You will hear a short conversation between a customs official and a traveler at an airport. As you listen, identify the main problem and be ready to give your personal reaction to it. But before you listen, read the following questions.

Now listen and write the answers to the questions.

1. ¿Qué problema se presentó en la aduana?

_____

2. ¿Por qué se presentó este problema?

_____

3. ¿Qué le parece la actitud del empleado? ¿y la de la viajera?

_____

4. En su opinión, ¿quién tenía razón? ¿Por qué?

_____

_____

5. ¿Qué haría Ud. en una situación semejante?

_____

_____

6. ¿Cómo cree Ud. que es el empleado físicamente? ¿Y cómo cree Ud. que es su personalidad?

_____

_____

7. Describa Ud. a la viajera física y sicológicamente.

_____

_____

B. En el avión. You will hear a conversation between a passenger and a flight attendant on a plane. As you listen, identify the main problem and be ready to give your personal reaction to it. But before you listen, read the following questions. Now listen to the conversation and write the answers to the questions.

1. ¿Qué problema surgió antes del despegue?

   _____

2. ¿Qué solución ofreció la aeromoza?

   _____

3. ¿Fue esta solución del agrado de la viajera? Explique.

   _____

   _____

4. ¿Cuál fue la actitud de la viajera? ¿Qué frases usó que le hacen pensar así?

   _____

   _____

5. ¿Y la aeromoza? ¿Cuál fue su actitud con la viajera?

   _____

6. Si Ud. fuera la viajera, ¿qué habría hecho?

   _____

7. Si Ud. fuera la aeromoza, ¿qué habría hecho?

   _____

8. Describa a la viajera física y sicológicamente.

   _____

   _____

Así se dice

Spanish words have two kinds of syllables: stressed and unstressed. In addition, Spanish words tend to have only one stressed syllable, for example, **Ni-ca-ra-gua** (unstressed-unstressed-stressed-unstressed), **li-te-ra-tu-ra** (unstressed-unstressed-unstressed-stressed-unstressed). English words, on the other hand, have three types of syllables: those with primary stress, secondary stress, or unstressed for example *Nic-a-ra-gua* (secondary stress-unstressed-primary stress-unstressed), *lit-er-a-ture* (primary stress-unstressed-un-stressed-secondary stress). When pronouncing a Spanish word for the first time, you need to learn to identify the stressed syllable so that you say the word correctly.

Práctica

A. Listen to the following words and decide which syllable the stress falls on. Underline the stressed syllable. Each word will be repeated.

1. bien-es-tar
2. com-pa-ñe-ro
3. in-mi-gran-tes
4. vo-lun-ta-ri-a-men-te
5. de-ma-si-a-do

6. i-di-o-mas
7. a-dop-ti-va
8. tra-ba-ja-ran
9. a-s-cen-den-cia
10. be-ne-fi-ciar

B. Listen and repeat each of the following Spanish words after the speaker.

1. jefatura
2. autonomía
3. bienestar
4. mayoría

5. ciudadano
6. hispano
7. celebración
8. ascendencia

9. legalmente
10. herencia
11. universidades
12. bilingüismo

C. Listen and repeat each sentence of the following minidialogues after the speaker.

1. —¿Qué opinas tú del bilingüismo?
   —Me parece estupendo. Ojalá todo el mundo hablara más de un idioma.
2. —Nosotros queremos mucho nuestra patria adoptiva.
   —Claro, vinimos aquí voluntariamente.
3. —Mis compañeros trabajarán en la celebración de la independencia nacional.
   —¿La que habrá en el consulado?

Estructuras

A. Sabía que... o Dudaba que... You hear only the end of the following sentences. How does each sentence begin? Listen carefully to the verb and check **SABÍA QUE** if the verb you hear is in the indicative. Check **DUDABA QUE** if the verb you hear is in the subjunctive. Each phrase will be repeated.

MODELO You hear: ...Paco hiciera una reservación.
You check: **DUDABA QUE**

	1	2	3	4	5	6	7	8
SABÍA QUE								
DUDABA QUE								

B. Antes del viaje. Explain what was necessary for you to do before your last trip. Repeat the correct answer after the speaker.

MODELO hacer una reservación
Era necesario que hiciera una reservación.

C. Los consejos. What advice did you give the following people before they left on a tour of Peru, Chile, and Argentina? Repeat the correct answer after the speaker.

MODELO Isabel / escuchar el programa «El viajero feliz»
Le aconsejé a Isabel que escuchara el programa «El viajero feliz».

D. Iría a Machu Picchu. Tell under what conditions you would go to Machu Picchu. Repeat the correct answer after the speaker.

MODELO tener más tiempo
Si tuviera más tiempo, iría a Machu Picchu.

SEGUNDA SITUACIÓN

Presentación

A. ¡Buen viaje! The radio program «El viajero feliz» offers some excellent advice. Listen carefully and make a list of the things a person should do before traveling to another country. If you need to listen again, replay the tape.

_____

_____

_____

_____

_____

_____

_____

B. ¡Estoy feliz! Listen to the following statements. Under what conditions would you hear each one? Check **A** if the speaker is expressing happiness and **B** if the speaker is expressing affection. Each statement will be repeated.

	1	2	3	4	5	6	7
A							
B							

Para escuchar bien

Practice identifying the main topic or problem and the speaker's attitudes in the following exercises.

A. Déme mi dinero. You will hear a conversation between a travel agent and a customer. As you listen, identify the main problem and the speakers' attitudes toward it. But before you listen to the dialogue, read the following questions and make a list of some problems you think a prospective traveler might have with a travel agent.

_____

_____

_____

_____

Now listen and write the answers to the questions.

1. ¿Qué problema se presenta aquí?

_____

2. ¿Cómo puede Ud. describir la actitud del pasajero? ¿Y la de las empleadas?

_____

_____

3. ¿Qué frases o expresiones usa el pasajero que le hacen pensar así?

_____

_____

4. ¿Qué frases o expresiones debería haber usado el pasajero para causar una impresión diferente?

_____

_____

5. ¿Cómo cree Ud. que es el viajero física y sicológicamente?

_____

_____

6. ¿Cree Ud. que este viajero se portará de la misma manera con el gerente? ¿Por qué?

_____

_____

B. Ya sabes que... You will hear a number of messages left on an answering machine. As you listen, jot down the reason for the call and the caller's attitude.

1. Razón de la llamada: _____

   Actitud de la persona que llama: _____

2. Razón de la llamada: _____

   Actitud de la persona que llama: _____

3. Razón de la llamada: _____

   Actitud de la persona que llama: _____

Así se dice

In Spanish as in English, syllable stress can distinguish a difference in meaning, for example, **papa** and **papá, hable** and **hablé, ésta** and **está**.

Práctica

A. Within the following pairs, circle the word you hear. Each word will be repeated.

1. papá   papa
2. está   ésta
3. compre   compré
4. abra   habrá

5. hablo   habló
6. nado   nadó
7. pague   pagué
8. baje   bajé

B. Listen and repeat the following pairs of words after the speaker.

First-person present tense	Third-person preterite		Formal command	First-person preterite
1. viajo	viajó	6.	mire	miré
2. visito	visitó	7.	pase	pasé
3. compro	compró	8.	tome	tomé
4. bajo	bajó	9.	lave	lavé
5. llego	llegó	10.	explique	expliqué

C. Listen and repeat each sentence of the following minidialogues after the speaker.

1. —¿Sabes dónde está papá?
   —Está allá, en la casa.
2. —Es importante que Ud. compre un carro nuevo.
   —Pero si ya compré uno.
3. —Avíseme cuando se case.
   —Me casé la semana pasada.

Estructuras

A. **¡Bienvenidos!** List the following instructions a tour guide is giving to his group. Repeat each sentence, replacing the beep with **que** or **quien**. Then repeat the correct answer after the speaker.

> **MODELO** Bienvenidos a Buenos Aires, la ciudad (beep) se conoce como el «París de Sudamérica».
> **Bienvenidos a Buenos Aires, la ciudad que se conoce como el «París de Sudamérica».**

B. **¡Quejas!** You work in the Passenger Relations office of the Jorge Chávez airport. Describe to a co-worker some of the complaints you have received today. Repeat each of the following sentences, replacing the beep with an appropriate form of **cuyo**. Then repeat the correct answer after the speaker.

> **MODELO** Ricardo García es el pasajero *beep* billete está perdido.
> **Ricardo García es el pasajero cuyo billete está perdido.**

C. **¡Por favor!** You have just arrived at the Jorge Chávez airport and there are some things you need to do. Politely request the following information. Repeat the correct answer after the speaker.

> **MODELO** poder decirme cuándo sale el vuelo 49
> **¿Pudiera decirme cuándo sale el vuelo 49?**

D. Por la aduana. You have just passed through customs and you are not happy. How did the customs agent treat you? Repeat the correct answer after the speaker.

MODELO no decirle la verdad
Me trató como si no le dijera la verdad.

Capítulo 14
En el hotel

PRIMERA SITUACIÓN

Presentación

A. En la recepción. You are working as a desk clerk at the Hotel Miraflores. The phone has been ringing constantly. Listen carefully and make a list of the room numbers and the services requested by each guest. If you need to listen again, replay the tape.

ROOM	SERVICE

B. En el hotel. Who is probably making the following statements? Check **A** if it is the guest and **B** if it is the hotel desk clerk. Each statement will be repeated.

	1	2	3	4	5	6	7	8
A								
B								

Para escuchar bien

When you are listening to a conversation or passage, you may not always understand everything that is said. There might be one or more words you do not know, but you can infer their meaning by utilizing various strategies. Sometimes you can understand the meaning of unfamiliar words by their syntactic position, that is, where in the sentence the words occur. For example, if a word is before a verb, it is probably the subject of that verb. Another clue to the meaning of a word is its ending. Does it have a verb ending: **-aba, -ía, -ando, -imos, etc;** a noun ending: **-dad, -ción, -as, etc;** or perhaps an adverb ending: **-mente?** In other instances, you can guess the meaning of a word because it sounds like an English word as in **hospital** and *hospital,* or because certain parts of the word sound like another Spanish word you know, as in **vestido** and **vestirse, cambio** and **cambiar.**

Now practice inferring the meaning of unfamiliar words or phrases in the following exercises.

A. ¡Qué barbaridad!   You will hear a conversation between a couple; they are complaining about the service at the hotel where they are staying. They will use some words you might not know. As you listen, jot down these words and what you think they mean. But, before you listen, look at the drawing and write the names of the objects you see.

_____

_____

_____

_____

Now listen to the conversation and write the words you do not know and their possible meanings.

_____

_____

_____

_____

B. El Hotel Crillón. You will hear a telephone conversation between a desk clerk and a prospective guest. Listen for the verb tenses. Are the speakers talking about past completed actions using the present perfect indicative or explaining what they hope had happened using the present perfect subjunctive? As you listen for these verb tenses, write in column A the verbs you hear in the present perfect indicative and in column B the verbs you hear in the present perfect subjunctive. But, before you listen, write the present perfect indicative and present perfect subjunctive third-person singular forms of the following verbs: **malograr, llegar, llamar, retrasar, perder, pasar, ir, quedar, suceder, tener.**

_____

_____

_____

_____

Now listen and write the verbs in the appropriate columns.

A	B

Así se dice

Linking, or the running together of words, occurs in Spanish and English. However, the two languages differ in how they run their words together. English tends to run two consonants together as in *hot tea*, whereas Spanish runs a final consonant and a beginning vowel together as in **un árbol** or two vowels together as in **eso es**. Proper linking of words will make you sound more like a native speaker.

Práctica

A. Listen to the following Spanish sentences and mark how many words you hear in each sentence. Each sentence will be repeated.

1. _____   4. _____

2. _____   5. _____

3. _____   6. _____

B. Listen to the sentences from Exercise A again and write each one. Each sentence will be repeated.

1. _____

2. _____

3. _____

4. _____

5. _____

6. _____

C. Listen and repeat each sentence of the following minidialogues after the speaker.

1. —Mi estancia en ese hotel fue un desastre.
   —¿Por qué dices eso?
2. —Necesito otra almohada. Así no puedo dormir.
   —Ten la mía.
3. —Los empleados de este hotel son muy amables.
   —¿Verdad que sí? Yo estoy encantada.

Estructuras

A. ¿Cuándo?   Are these people telling you about activities that they hope are completed or about activities that they hope are happening now? Listen carefully and check **PRESENT SUBJUNCTIVE** or **PRESENT PERFECT SUBJUNCTIVE** according to the verb you hear. Each sentence will be repeated.

MODELO   You hear: Espero que la criada haya limpiado la habitación.
You check: **PRESENT PERFECT SUBJUNCTIVE**

	1	2	3	4	5	6	7	8
PRESENT SUBJUNCTIVE								
PRESENT PERFECT SUBJUNCTIVE								

B. Un buen amigo.   Your friends are happy that you have made all the arrangements for the weekend trip. Tell what they are glad that you have done. Repeat the correct answer after the speaker.

MODELO   hablar con el agente de viajes
Se alegran que haya hablado con el agente de viajes.

C. Dudas.   You don't trust your traveling companions. Explain what you doubt that they have done. Repeat the correct answer after the speaker.

MODELO   Ricardo / escribir al hotel
Dudo que Ricardo haya escrito al hotel.

D. Los amigos.   Explain what you and your friends do. Repeat the correct answer after the speaker.

MODELO   Paco le escribe a Marilú. Marilú le escribe a Paco.
Paco y Marilú se escriben.

SEGUNDA SITUACIÓN

Presentación

A. El sistema postal. One of your friends is an exchange student, and he does not understand how the postal system works here. He calls you with a lot of questions, but you are not at home. Listen to the message he left on your answering machine and complete the following note to him. If you need to listen again, replay the tape.

Tomás:

Puedes echar las cartas en _____ que está en la esquina o

llevarlas a _____ . Si vas a _____ , puedes

comprar sellos allí. Si quieres comunicarte rápidamente con tu hermano y no puedes ni

escribirle ni llamarlo, es mejor mandarle _____ . En el paquete hay

que escribir claramente el destinatario y la dirección. No te olvides de escribir

_____ ni el remite. Luego, llévalo a la oficina de correos donde

te lo _____ y te dirán _____ que tienes

que poner.

¡Buena suerte!

B. Un problema. Listen to the following statements. Under what conditions would you hear each one? Check **A** if the speaker is making a complaint and **B** if the speaker is trying to resolve a complaint. Each statement will be repeated.

	1	2	3	4	5	6	7	8
A								
B								

Para escuchar bien

Practice listening for the verb or noun endings of words in the following exercises.

A. **¡Fraude!**   In the following news broadcast, the discovery of mail fraud is announced. As you listen, write all the verbs you hear in the passive voice with **SER** in column A. In column B, write the substitute you hear for the passive voice. But before you listen, write the passive voice with **SER** and the substitute construction with **SE** for the following verbs: **detener, describir, informar, encontrar, tomar, respetar, enviar, registrar, trasladar, ver.**

Voz pasiva: _____

_____

_____

Construcción con *se*: _____

_____

_____

Now listen to the broadcast.

A	B
_____	_____
_____	_____
_____	_____
_____	_____
_____	_____
_____	_____

B. ¿Qué pasó? You will hear a conversation between a postal clerk and a customer. As you listen, write all the augmentatives you hear in column A and in column B all the absolute superlatives. But, before you listen, write the augmentatives for the following nouns: **carta, tarjeta, telegrama,** and the absolute superlative for the following adverbs: **mucho, pequeño, rápido.**

_____

_____

Now listen to the conversation and write the words in the appropriate columns.

A	B
_____	_____
_____	_____
_____	_____
_____	_____

Así se dice

In normal speech individual sounds often take on characteristics of the sounds that follow them. This phenomenon is called assimilation. The /s/ sound is pronounced /z/ when it is final in a syllable before the sounds /b, d, g, m, n, l, rr/. Compare the /s/ sound in **es** with the /z/ sound in **desde.** Likewise, the /n/ sound is pronounced /m/ before the sounds /m, p, b/ as in **inmediatamente, un poco,** or **un viaje.**

Práctica

A. Listen and repeat the following Spanish phrases after the speaker.

1. unos ganchos
2. las mantas
3. las noticias
4. las legumbres
5. los recargos
6. Es verdad.
7. Es de Chile.
8. un minuto
9. inmediatamente
10. inmigrar
11. un viaje
12. un poco
13. con piscina
14. con baño

B. Listen and repeat each sentence of the following minidialogues after the speaker.

1. —¿De dónde es Miguel?
   —Pues, es de Santiago.

2. —¿Qué tipo de habitación necesita Ud.?
   —Quisiera una habitación doble con baño.
   —Tenemos una muy linda con vista al mar.
3. —Osvaldo, ¿cuándo sales para el aeropuerto?
   —Inmediatamente. Nuestro vuelo sale a las tres.
   —Entonces, no puedo acompañarte.

Estructuras

A. En el correo. Explain what is done in the post office. Repeat the correct answer after the speaker.

MODELO enviar cartas por correo aéreo
Se envían cartas por correo aéreo.

B. Más servicios. Now explain what services the people at the post office provide. Repeat the correct answer after the speaker.

MODELO asegurar paquetes
Aseguran paquetes.

C. Todo está listo. Explain what is ready for the party. Repeat the correct answer after the speaker.

MODELO la casa / decorar
La casa está decorada.

Capítulo 15
Los deportes

PRIMERA SITUACIÓN

Presentación

El partido de ayer. Listen to the following statements. Under what conditions would you hear each one? Check **A** if the speaker is asking for information about the game, **B** if the speaker is making a positive comment, and **C** if the speaker is making a negative comment. Each statement will be repeated.

	1	2	3	4	5	6	7	8
A								
B								
C								

Para escuchar bien

You have probably heard the expression, "It is not what he said, but the way he said it." Sometimes the way people say something, that is, the intonation or tone of voice and grammatical structures they use, affects the way you respond to them. In English, for example, you would respond differently to each of the following: "Come here!", "Could you please come here?", "Do you mind coming here?", and "Do you think you could come here, please?" The same phenomenon occurs in Spanish where different levels of politeness are used in different circumstances and with different people. Note the difference between the following: **Ven acá.**, **¿Puedes venir acá, por favor?**, **¿Podrías venir acá, por favor?**, and **¿Serías tan amable de venir acá, por favor?**.

Now practice identifying the different levels of speech or politeness in the following exercises.

A. **¡A jugar!** You will hear a series of statements and requests. As you listen to each, write the number of the sentence in column **A** if you think it illustrates a polite style of speech; column **B** if it illustrates a friendly style; and column **C** if it illustrates a rude or abrupt style. But before you listen, write the singular affirmative and negative commands (formal and informal) of the following verbs: **ir, hacer, jugar, correr, ganar, entreñarse.**

_____

_____

_____

_____

Now listen to the different statements and write the number in the appropriate column.

A	B	C
_____	_____	_____
_____	_____	_____
_____	_____	_____
_____	_____	_____

B. **El partido de fútbol.** You will hear two short dialogues. As you listen to each, write your impressions of the speaker's tone (formal, friendly, rude). Now listen to the dialogues.

1. **Hombre:** _____

   Mujer: _____

2. **Hombre:** _____

   Mujer: _____

C. **Tengo unas entradas.** You will hear a conversation between two men about some tickets for a soccer game. As you listen, write your impression of each speaker's tone (formal, friendly, rude) and the words or phrases that influenced your decision.

Hombre 1: _____

Expresiones: _____

_____

_____

Hombre 2: _____

Expresiones: _____

_____

Así se dice

Pitch refers to the level of force with which words are produced within a sentence; it is used for emphasis and contrast. For example, there is a difference between **La niña está enferma** (emphasis on the condition) and *La niña* **está enferma** (emphasis on who is ill). In Spanish there are three levels of pitch. Based on these pitch levels, simple statements in Spanish follow the intonation pattern (1 2 1 1 ↓) and emphatic statements (1 2 3 1 ↓).

Práctica

A. Listen to the following simple statements and repeat each after the speaker.
1. José Emilio se rompió la pierna la semana pasada.
2. A Juan le faltan vitaminas. Siempre anda muy cansado.
3. Al pobre se le torció el tobillo mientras jugaba al fútbol.
4. Si me hubiera puesto una inyección a tiempo, ahorita no me sentiría tan mal.
5. Emilio está muy deprimido porque se rompió el brazo.

B. Listen to the following emphatic statements and repeat each after the speaker.
1. Se rompió el brazo, no la rodilla.
2. Tuvo una contusión.
3. No tengo escalofríos; tengo náuseas y mareos.
4. Padecía de alergias.
5. Está muy mal.

C. Listen to the following statements and decide if each is **SIMPLE** or **EMPHATIC**. Circle the answer. Each statement will be repeated.

1. Simple   Emphatic   4. Simple   Emphatic

2. Simple   Emphatic   5. Simple   Emphatic

3. Simple   Emphatic   6. Simple   Emphatic

Estructuras

A. **¿Cuándo?**   Listen to the following statements. Are these people telling you about activities they would do or that they would have done under certain conditions? Listen carefully and check **CONDITIONAL** or **CONDITIONAL PERFECT** according to the verb you hear. Each sentence will be repeated.

> **MODELO**   You hear: Ganaríamos el partido.
> You check: **CONDITIONAL**

	1	2	3	4	5	6	7	8
CONDITIONAL								
CONDITIONAL PERFECT								

B. **Con un poco más talento.**   Tell what you would have done if you had had a little more talent. Repeat the correct answer after the speaker.

> **MODELO**   entrenarse más
> **Me habría entrenado más.**

C. **¡Qué mala suerte!**   Explain what the following people would have done in order to win the championship. Repeat the correct answer after the speaker.

> **MODELO**   el pueblo / construir un nuevo estadio
> **El pueblo habría construido un nuevo estadio.**

D. **Dudo que... o Dudaba que...**   You hear only the end of the following sentences. How does the sentence begin? Listen carefully to the verb and check **DUDO QUE** if the verb you hear is in the present perfect subjunctive. Check **DUDABA QUE** if the verb you hear is in the past perfect subjunctive. Each phrase will be repeated.

> **MODELO**   You hear: ...el equipo hubiera practicado bastante.
> You check: **DUDABA QUE**

	1	2	3	4	5	6	7	8
DUDO QUE								
DUDABA QUE								

E. **Era necesario.** What was it necessary for the following people to have done if they wanted to be successful playing a sport? Repeat the correct answer after the speaker.

   MODELO   Isabel / hacer ejercicios
   Era necesario que Isabel hubiera hecho ejercicios.

SEGUNDA SITUACIÓN

Presentación

A. **Me siento mal.** Your friends are not feeling well. What do you suggest that they do? Listen to their complaints and check the most logical answer. If you need to listen again, replay the tape.

	1	2	3	4	5
GUARDAR CAMA					
LLAMAR AL MÉDICO					
IR AL HOSPITAL					

B. **Que te vaya bien.** Listen to the following statements. Under what conditions would you hear each one? Check **A** if the speaker is expressing sympathy or **B** if the speaker is expressing good wishes. Each statement will be repeated.

	1	2	3	4	5	6	7	8
A								
B								

Para escuchar bien

Practice identifying different levels of politeness in the following exercises.

A. En el consultorio. You will hear a conversation that takes place at the doctor's office. As you listen, write your impression of the style (formal, friendly, rude) of each speaker and identify the words or phrases used that influenced your decision. But, before you listen, write three things that a patient might say to his or her doctor.

_____

_____

_____

_____

Now listen and write your impressions.

Médico: _____

Expresiones:

_____

_____

_____

_____

Joven: _____

Expresiones:

_____

_____

_____

_____

B. ¡Qué enferma estoy! You will hear a conversation between two friends, one of them is sick. As you listen, write your impression of the tone (formal, friendly, rude) of each speaker and identify the words or phrases used that influenced your classification. But, before you listen, write three things a close friend would tell you to do if you were sick.

_____

_____

_____

Now listen to the conversation and write your impressions.

Mujer 1: _____

Expresiones: _____

_____

_____

_____

Mujer 2: _____

Expresiones: _____

_____

_____

_____

Así se dice

Spanish uses two intonation patterns for questions. The pattern for questions requesting a yes or no answer is similar to the English pattern for yes-no questions (1 2 2 2↑): **¿Te duele el estómago?** The pattern for questions requesting information is (1 2 3 1↓): **¿Cuándo vas a hablar con el médico?**

Práctica

A. Listen to the following yes-no questions in Spanish and repeat each after the speaker.
1. ¿Te duele la cabeza?
2. ¿De verdad que te fracturaste la muñeca?
3. ¿Tienes la rodilla hinchada?
4. ¿Le dijiste al médico que se te perdieron las muletas?
5. ¿Crees que si llamara a tu madre te sentirías mejor?
6. ¿Me podrá él recetar un remedio?

B. Listen to the following Spanish information questions and repeat each after the speaker.
1. ¿Qué te dijo el médico que hicieras?
2. ¿Cómo crees que sentirías si tomaras dos aspirinas ahora mismo?
3. ¿Dónde me dijiste que se te cayeron los remedios?
4. ¿Cuándo te dio pulmonía?
5. ¿Cómo te lastimaste el hombro?
6. ¿Quién te recetó esos remedios?

C. Listen to the following questions and decide if they are information questions or yes-no questions. Write the answer. Each question will be repeated.

1. _____   4. _____

2. _____   5. _____

3. _____   6. _____

Estructuras

A. Se me olvidó. Explain what accidentally happened to you. Repeat the correct answer after the speaker.

MODELO   perder las gafas
Se me perdieron las gafas.

B. Se nos perdieron... Explain what accidentally happened to the following people. Repeat the correct answer after the speaker.

MODELO   nosotros / acabar la aspirina
Se nos acabó la aspirina.

C. Si hubiera tenido más cuidado... Explain what would not have happened if you had been more careful. Repeat the correct answer after the speaker.

MODELO   fracturarse el brazo
Si hubiera tenido más cuidado, no me habría fracturado el brazo.

Capítulo preliminar

A. (Answers may vary—especially ages and activities.)

Soy el Sr. Galván. Tengo sesenta años. Soy de talla media, un poco gordo y calvo. Llevo anteojos y tengo bigote. Me gusta mirar la televisión, leer el periódico y jugar al golf.

Soy la Srta. Hernández. Tengo dieciocho años y soy estudiante. Tengo el pelo negro, largo y rizado. Soy baja y delgada. Me gusta bailar, ir a los conciertos, ir de compras y charlar con amigos.

Soy el Sr. Ruiz. Tengo treinta años. Soy muy alto y atlético. También soy fuerte. Tengo el pelo corto y rubio. Me gusta practicar todos los deportes, jugar al fútbol y al tenis y hacer ejercicios.

B. Answers vary.

C. Answers may vary.

1. Me llamo (your name). Y tú, ¿cómo te llamas? 2. ¿De dónde eres? 3. Dime, por favor, 4. ¿Qué estudias? Yo estudio (list subjects). 5. ¿Quieres decirme, por favor, dónde vives? 6. ¿Cuál es tu pasatiempo favorito? Me gusta(-n) (list hobbies).

D. 1. catorce 2. ochenta y un 3. ciento setenta y tres 4. sesenta y ocho 5. veintiséis (veinte y seis) 6. ciento veintiuna (veinte y una)

E. 1. Son las tres y media de la mañana. 2. Son las once menos cuarto de la noche. 3. Son las cuatro y media de la tarde. 4. Es la una y cinco de la mañana. 5. Son las ocho y veintitrés (veinte y tres) de la noche.

F. 1. Anita y Jorge comen en el café a las doce y media. 2. (Tú) Escribes cartas a la una. 3. Miguel y yo charlamos a las tres. 4. (Yo) Leo el periódico a las siete y media. 5. Uds. bailan en la discoteca a las diez. 6. Gloria regresa a casa a las once y cuarto.

G. Answers vary.

Expansión de vocabulario

A. 1. variety 2. reality 3. society 4. responsibility 5. formality 6. productivity

B. la universidad 2. la ciudad 3. la actividad 4. la identidad 5. la nacionalidad 6. la variedad

C. 1. ciudades 2. Universidad 3. nacionalidad 4. variedad 5. actividades 6. identidad

Bienvenidos a España

A. 1. Sevilla 2. Atlántico 3. Portugal 4. peseta 5. Pirineos 6. Juan Carlos I 7. Madrid 8. pesca La caja vertical: VALENCIA

B. 1. Unas ciudades importantes son Madrid, Barcelona, Sevilla, y Valencia.

2. Los ríos de España incluyen el Guadalquivir, el Tajo, la Guadiana y el Duero.

3. Las cordilleras importantes son los Pirineos, la Sierra de Guadarrama, la Sierra Nevada y la Cordillera Cantábrica.

4. Las industrias importantes son el turismo, la agricultura, la pesca y la fabricación de acero, barcos, vehículos y artículos de cuero.

5. El gobierno de España es una monarquía constitucional.

6. Hay 40.000.000 de habitantes.

7. España es el tercer país más grande de Europa y el segundo en Europa en altitud media. Es un país marítimo. El clima es muy variado según la región.

Capítulo 1

Primera situación

A. 1. escribir a máquina, usar una computadora / una fotocopiadora / una máquina de escribir eléctrica / un procesador de textos

2. llevar ropa sucia, recoger ropa limpia

3. llenar el tanque, revisar el aceite

4. comprar estampillas / sellos / timbres, enviar una carta / un paquete

5. estudiar, hacer la tarea, leer, prepararse para los exámenes, tomar apuntes

B. Answers vary.

C. Verb forms are constant; frequency phrases will vary.

1. Me reúno con amigos...

2. Uso una computadora...

3. Voy al correo...

4. Tomo apuntes...

5. Hago compras en un centro comercial...

6. Trabajo horas extras...

7. Echo una siesta...

8. Envío un paquete...

D. Answers vary.

E. 1. (Felipe) almuerza con amigos.

2. Vuelve a casa a las diez.

3. No pierde tiempo.

4. Duerme siete horas.

5. Repite nuevas frases en el laboratorio de lenguas.

6. Sueña con su futuro.

7. Les pide dinero a sus padres.

8. Piensa en su novia.

F. Affirmative/negative answers vary; verb forms are constant.

1. ...almorzamos con amigos.

2. ...volvemos a casa a las diez.

3. ...perdemos tiempo.

Expansión de vocabulario

A. 1. lotion 2. introduction / presentation 3. nation 4. profession 5. situation 6. conversation

B. 1. la emoción / las emociones 2. la tradición / las tradiciones 3. la definición / las definiciones 4. la sección / las secciones 5. la loción / las lociones 6. la recomendación / las recomendaciones

C. 1. vacaciones 2. imaginación 3. naciones 4. diversiones 5. tradición 6. profesión

Capítulo 3

Primera situación

A. 1. el padre, el esposo, el abuelo 2. la madre, la esposa, la abuela 3. el hijo, el hermano 4. la hija, la nieta, la sobrina

B. Answers may vary.
1. ¿Qué tal? Pues nos vemos. 2. ¡Tanto tiempo sin verla a Ud.! ¿Cómo está Ud.? Muy bien. Que le vaya bien. 3. ¡Encantado(-a) de verte! ¿Qué hay de nuevo? Muy bien. Pues, te llamo. Chau. Hasta luego.

C. 1. El Dr. Gallego les aconsejaba a todos. 2. Vicente y yo jugábamos al dominó. 3. Uds. almorzaban con sus tíos. 4. Mariana veía a sus abuelos a menudo. 5. (Tú) Te divertías con tus primos. 6. Carlos y Anita iban a misa.

D. Answers vary. Must be in imperfect tense.

E. 1. Los Ruiz viven en una nueva casa grande y cómoda. 2. Acaban de comprar dos antiguas sillas francesas. 3. La Sra. Ruiz es española, vieja e inteligente. 4. Tienen dos hijas que son altas y muy bonitas. 5. También tienen una nieta de cinco años que es guapa y cariñosa pero un poco traviesa.

F. 1. Es rubia y bonita. Es joven y feliz. 2. Es bajo, gordo y calvo. 3. Es morena, bonita y de talla media. 4. Es alto, moreno y guapo. 5. Es joven, baja y muy mona.

G. Answers vary.

Segunda situación

A. 1. el esposo 2. Claudia García de Moreno 3. el suegro 4. cuñadas 5. cuñados 6. el yerno 7. la nuera 8. los parientes políticos 9. María Teresa Vargas Casona de García Muñoz

B. 1. Estoy preparando una fiesta para el viernes y me gustaría que vinieras. 2. Me encantaría, pero tengo que trabajar. 3. ¡Qué lástima que no puedas venir! 4. ¿Crees que podrías venir a una fiesta en mi casa este viernes? 5. Con mucho gusto. ¿A qué hora?

C. Answers vary.

D. 1. ...la boda es el sábado a las dos. 2. ...la cena es en el Hotel Marbella. 3. ...es de Ecuador. 4. ...es linda y coqueta. 5. ...está contenta. 6. ...están nerviosos.

E. 1. es 2. Es (una) 3. Es 4. es 5. ser 6. es 7. es 8. está 9. es 10. está 11. hay 12. está 13. hay 14. es 15. estoy 16. estar 17. está

F. Adelita Evita Manolito Luisito Rosita Susanita Lolita Juanito Paquito Pepito

G. unida, cerca, a causa de, porque, pequeña, joven, cercano

H. Answers vary.

Expansión de vocabulario

A. 1. stepchildren 2. great-great grandmother 3. brother(s)- and sister(s)-in-law 4. great-great-grandfather 5. great-grandson 6. godfather 7. parents-in-law 8. stepsister

B. 1. la madrastra 2. la hijastra 3. el hermanastro 4. el padrastro 5. el bisabuelo 6. la bisabuela 7. la biznieta 8. el rebisabuelo

C. 1. suegros 2. bisabuelo 3. hermanastra 4. rebisabuela (tatarabuela) 5. compadre, comadre 6. biznieto

Bienvenidos a México

A. 1. Guadalupe 2. Pacífico 3. altiplano 4. peso 5. turismo 6. León 7. Xochimilco 8. Monterrey La caja vertical: ACAPULCO

B. 1. Las ciudades importantes de México son Guadalajara, León, México, D.F., Monterrey y Puebla. 2. Unas playas famosas son Acapulco, Cancún, Mazatlán y Puerto Vallarta. 3. Las industrias importantes son el turismo, el petróleo, los productos agrícolas, la fabricación de equipo de vehículos, las materias primas y la artesanía. 4. México tiene 82.000.000 de habitantes. La mayoría de la población vive en el Altiplano. 5. México es una república federal compuesta de treinta y un estados. 6. México es el tercer país más grande de Latinoamérica. Se divide en varias regiones. El clima varía según la altura.

Capítulo 4

Primera situación

A. Estudió en la Facultad de
1. Ciencias de la Educación 2. Arquitectura 3. Ingeniería 4. Administración de Empresas 5. Derecho 6. Bellas Artes 7. Filosofía y Letras

B. 1. e 2. d 3. a 4. b 5. f 6. c

C. 1. ¿Podría Ud. explicarlo otra vez? 2. ¿De cuántas líneas? 3. ¿Cómo se dice «to register» en español? 4. ¿Podría Ud. hablar más despacio? 5. No sé. 6. ¿Puede Ud. repetir la pregunta?

D. Answers vary.

E. Por, para, para, para, Por, por, para, por, por, por, Por, para, por

F. 1. Sí, son de él. 2. Sí, es de ella. 3. Sí, son de ellos. 4. Sí, son de ellas.

G. 1. Miguel no sabía las respuestas en su examen de cálculo. 2. Rafael pudo ir a clase aunque estuvo enfermo. 3. (Yo) Quise estudiar pero una compañera de clase me interrumpió mucho. 4. Mi mejor amigo supo que recibió una beca. 5. (Tú) Tuviste buenas noticias de tu familia.

Segunda situación

A. El tema central es un curso de lengua y cultura españolas para extranjeros. Los temas secundarios son las clases, las actividades complementarias, la recepción, los certificados y los otros servicios del curso.
1. Hay cinco horas de lengua española por semana. Hay clase de lunes a viernes. La clase de lengua española es de las 9 a las 10; la clase de prácticas de español es de las 10 a las 11. 2. Hay cuatro niveles: el principiante, el elemental, el medio y el superior. Answer will vary. 3. Son conferencias, coloquios, seminarios, audiciones y proyecciones sobre los temas de las clases. 4. Hay actos culturales y recreativos incluyendo visitas a museos y monumentos, actuaciones teatrales y musicales y excursiones. 5. La recepción de estudiantes nuevos es el dos de agosto. El examen es el dos de agosto de las 10 a las 12. 6. Cada estudiante recibirá un Certificado Académico Personal. 7. Ofrece alojamiento, servicio de comedor, servicio médico ordinario y un horario flexible. 8. Ofrece deportes, el acceso a la biblioteca y seguro de accidentes.

B. 1. Hace sol y calor. Hace buen tiempo. 2. Hace mucho frío. 3. Hace mucho viento. 4. Hace muchísimo calor. 5. Answer varies.

C. Answers vary.

D. estudiaba, salíamos, fue, tomé, estudié, repasamos, aprendimos, estaba, me sentía, falté, pude, devolvió, saqué

E. Answers vary.

F. 1. e 2. c 3. g 4. h 5. f 6. d 7. a

G. Answers vary.

Expansión de vocabulario

A. 1. philosophy 2. astronomy 3. trigonometry 4. geology 5. psychology 6. physiology

B. 1. la comunicación / communication 2. la educación / education 3. la especialización / major, specialty 4. la organización / organization 5. la administración / administration 6. la recomendación / recommendation 7. la programación / programming 8. la interpretación / interpretation

C. 1. astronomía 2. anatomía (fisiología) 3. sicología 4. filosofía 5. sociología 6. programación 7. comunicaciones 8. administración

Capítulo 5

Primera situación

A. Answers vary.

B. Answers vary.

C. 1. Sr. Guzmán, le presento a la Sra. Rodríguez. 2. Anita, te presento a Yolanda. 3. Permítame que me presente. Yo soy (your name). 4. Encantado(-a) de conocerla a Ud. 5. Mucho gusto, Gloria. 6. El gusto es mío.

D. 1. está bailando 2. están comiendo y bebiendo 3. está presentando a un amigo al otro 4. se están dando la mano 5. se están divirtiendo / están divirtiéndose

E. 1. Carlos y yo nos estábamos presentando / estábamos presentándonos. 2. Uds. estaban divirtiéndose / se estaban divirtiendo. 3. Susana y Elena estaban chismeando. 4. (Tú) Estabas oyendo música rock. 5. La anfitriona estaba sirviendo bebidas. 6. (Yo) Estaba comiendo y bebiendo. 7. Miguel estaba jugando a las cartas.

F. 1. ¿Es tuyo este paraguas? No, no es mío. El mío es rojo. 2. ¿Son tuyos estos discos? No, no son míos. Los míos son más nuevos. 3. ¿Es tuya esta bufanda? No, no es mía. La mía es más larga. 4. ¿Son tuyas estas gafas? No, no son mías. Las mías son negras. 5. ¿Son tuyos estos guantes? No, no son míos. Los míos están más sucios.

Segunda situación

A. Answers vary.

B. 1. ¡Bienvenido! 2. Por favor, tengan la bondad de pasar. Están en su casa. 3. Señora, siéntese, por favor. 4. Muchas gracias por venir. 1. Hola. ¿Qué tal? 2. Muchas gracias. Lo pasé de lo mejor.

C. 1. Sí, pregúnteselo. 2. Sí, explíqueselo. 3. Sí, muéstreselos. 4. Sí, tráigaselo. 5. Sí, envíesela.

D. la, los, la, El, la, 0, 0, las, las, la, la, los, la, el

E. Answers vary.

F. 1. se reunieron, conoció, se encontró con, encontrar 2. mucho, venir, ir, demasiado

G. Answers vary.

Expansión de vocabulario

A. 1. electric 2. artistic 3. historic 4. chronological 5. marvelous, wonderful 6. curious 7. religious 8. studious

B. 1. enérgico 2. dinámico 3. analítico 4. tóxico 5. maravilloso 6. famoso 7. contagioso 8. precioso

C. 1. energética 2. histórico 3. artístico 4. eléctrica 5. estudioso 6. preciosa 7. famosos 8. fabulosa

Capítulo 6

Primera situación

A. 1. Se mencionan cinco grupos: sopas y cremas, huevos y pastas, mariscos, entradas y postres. Los mariscos son la especialidad de la casa. 2. Un plato italiano es Spaghettis napolitana. Dos platos franceses son Petite Marmite y Consomé gelée. 3. El gazpacho andaluz es la sopa más típica de España. La paella es la entrada más típica de España. El flan es el postre más típico de España. 4. Se puede elegir un plato de las sopas y cremas, un plato de los Grupos 2: Huevos y pastas, 3: Mariscos o 4: Entradas y un plato de los postres. Se puede beber el vino. 5. Answers vary.

B. 1. Todavía no sé qué pedir. ¿Podría Ud. regresar dentro de un momento, por favor? 2. De entrada (answers vary). 3. ¿Cuál es la especialidad de la casa? 4. ¿Cómo están preparadas las gambas? 5. ¿Es picante este plato de gambas? 6. Answers vary. 7. Answers vary. 8. Answers vary.

C. 1. Al Dr. Higuera le gusta la tortilla Bajamar. 2. A mí me gustan las gambas. 3. A los Ramírez les gusta el flan al caramelo. 4. A ti te gustan las ostras supergigantes. 5. A mi madre y a mí nos gusta la paella especial. 6. A Uds. les gustan los huevos revueltos Bajamar. 7. A Carolina le gusta el gazpacho andaluz.

D. Answers vary.

E. 1. prefiero aquél. 2. prefiero ésas. 3. prefiero aquélla. 4. prefiero éstos. 5. prefiero ésta.

F. Answers vary.

Segunda situación

A. Camarero, tráiganos… 1. un cuchillo, por favor. 2. una cuchara, por favor. 3. un salero, por favor. 4. un pimentero, por favor. 5. una copa, por favor. 6. un vaso, por favor. 7. una taza, por favor. 8. una servilleta, por favor.

B. Answers vary.

C. 1. ¿Qué les puedo ofrecer? 2. ¿Cómo quiere Ud. su whiskey? ¿Con agua, con hielo o puro? 3. La comida está servida. Pasemos a la mesa, por favor. 4. Buen provecho. 1. Gracias, pero no tomo. 2. Muchas gracias, pero no apetezco más. 3. Nunca había comido este plato. ¡Es delicioso! 4. ¿Me podrías pasar la sal, por favor?

D. 1. La comida mexicana es más picante que la comida norteamericana. 2. Los camarones son más sabrosos que el atún. 3. Los cacahuetes son más salados que los espárragos. 4. El caldo de pollo es más rico que el menudo. 5. Una naranja es más dulce que un limón.

E. Answers vary.

F. al, las, la, el, del, los, el, el, la, las, las, Los, los, el, el, la, del, la, al, los, el, el, los, el

G. calor, caliente, probé, picantes, tratar de, la cuenta, trató

Expansión de vocabulario

A. 1. Paella (seafood casserole) Valencian style 2. Gazpacho (cold vegetable soup) from Andalucía 3. Omelette (tortilla) Spanish style 4. Chicken in a Puebla style sauce 5. Swiss style Enchiladas 6. Italian style Pizza

B. 1. el caldo de pollo 2. el cóctel de camarones (gambas) 3. los tacos de carne de res 4. el sandwich de jamón 5. las enchiladas de queso 6. la torta de chocolate 7. la ensalada de tomate 8. el jugo (zumo) de naranja

C. 1. gazpacho andaluz 2. enchiladas suizas 3. mole poblano 4. huachinango a la vera-cruzana

Bienvenidos a Centroamérica, Venezuela y Colombia

A. 1. Nicaragua 2. Honduras 3. Costa Rica 4. Bogotá 5. Andes 6. Panamá 7. Caracas 8. petróleo 9. café La caja vertical: GUATEMALA

B. 1. Los seis países hispanos de Centroamérica son Guatemala (La Ciudad de Guatemala), Honduras (Tegucigalpa), El Salvador (San Salvador), Nicaragua (Managua), Costa Rica (San José), Panamá (La Ciudad de Panamá). 2. Las ciudades importantes de Colombia son Bogotá, Cali y Medellín. La ciudad más importante de Venezuela es Caracas. 3. El número de habitantes de Centroamérica es 25.000.000; Colombia tiene 32.000.000 de habitantes y Venezuela tiene 15.000.000. 4. Los gobiernos de Colombia y Venezuela son democráticos. En los países de Centroamérica hay una gran variedad en los gobiernos y la política. 5. La economía de Centroamérica se basa en productos agrícolas y el turismo. La economía de Venezuela se basa en el petróleo y la de Colombia en el café y el turismo. 6. Centroamérica, Colombia y Venezuela tienen una geografía similar con una costa tropical y la región templada de las montañas. Venezuela también tiene llanos. El clima varía según la altura.

Capítulo 7

Primera situación

A. 1. Se puede encontrar una estación de metro en la Avenida Bolívar detrás del Ayuntamiento. 2. Se puede comprar ropa nueva en Almacenes Suárez en la Avenida Bolívar entre la Calle del Pintor y la Avenida del Mar. 3. Se puede cambiar cheques de viajero en el Banco Nacional que se encuentra en la esquina de la Avenida San Antonio y la Avenida del Mar al lado de esta Oficina de Turismo. 4. Se puede comprar comida para un picnic en el Supermercado Precios Únicos en la esquina de la Avenida Bolívar y la Calle de la Paz. Está al lado del Hotel Bolívar. 5. Hay una parada de autobús en la Plaza Bolívar en la esquina de la Avenida Bolívar y la Calle de la Paz. 6. Se puede comprar revistas y periódicos en el quiosco que está en la Plaza Bolívar en la esquina de la Avenida Bolívar y la Calle del Pintor; está enfrente de Almacenes Suárez.

B. Answers vary but should include: el Ayuntamiento, la Catedral Metropolitana, el Museo de Bellas Artes, el Palacio Presidencial y la Plaza Bolívar.

C. Answers may vary.

1. Tome el metro. Siga derecho por la Avenida San Antonio hasta llegar a la Calle del Pintor. Doble a la izquierda y siga derecho hasta la Avenida Bolívar. Doble a la derecha. La estación de metro está detrás del Ayuntamiento. 2. Camine por la Avenida San Antonio hasta la Calle de la Paz. Doble a la derecha. Siga derecho cruzando la Avenida Bolívar. El edificio está al lado del Supermercado Precios Únicos. 3. La Plaza de Toros está muy cerca en la esquina de la Avenida de San Antonio y la Calle de la Paz. Después de la corrida, siga derecho por la Calle de la Paz. Doble a la derecha en la Avenida Bolívar. El hotel está al lado del Supermercado Precios Únicos. 4. Siga derecho por la Avenida San Antonio hasta la Calle del Pintor. Doble a la izquierda y siga derecho hasta la Avenida Bolívar. Está en la esquina. 5. Camine derecho hasta la esquina de la Calle del Pintor. El Palacio Presidencial está allá enfrente. Después, siga por la Calle del Pintor. Al llegar a la Avenida Bolívar, doble a la izquierda y camine a la esquina de la Calle de la Paz.

D. 1. Consíganlo lo más pronto posible. 2. Sí, lean una buena guía turística. 3. Vean el Palacio Presidencial. 4. Sí, saquen fotos de los sitios de interés. 5. Almuercen en un restaurante típico. 6. Quédense por una semana. 7. Dense un paseo por el centro el primer día. 8. Vayan a una discoteca por la noche.

E. 1. Se compran periódicos en el quiosco. 2. Se come bien en el Restaurante del Mar. 3. Se puede ver una película en el Cine Bolívar. 4. Se compran regalos en la Boutique Álvarez. 5. Se toma el autobús en la parada de autobús. 6. Se ve la exposición de arte en el Museo de Bellas Artes.

F. 1. Uds. van a visitar la catedral el viernes, treinta de julio de mil novecientos noventa y cuatro. 2. Uds. van a comer en un restaurante típico el sábado, treinta y uno de julio de mil novecientos noventa y cuatro. 3. Uds. van a ver una corrida de toros el domingo, primero de agosto de mil novecientos noventa y cuatro. 4. Uds. van a viajar al lago Maracaibo el lunes, dos de agosto de mil novecientos noventa y cuatro. 5. Uds. van a ir a la playa el martes, tres de agosto de mil novecientos noventa y cuatro.

Segunda situación

A. 1. los cuadros, una exposición de arte, las galerías, las pinturas, las obras de arte, los retratos 2. el desfile, la espada, el matador, la taquilla, el traje de luces, el toro

B. Answers vary.

C. Answers vary.

D. 1. Asistamos a un concierto rock. 2. Vamos al parque de atracciones. 3. Almorcemos en un restaurante. 4. Salgamos a bailar. 5. Tengamos una fiesta. 6. Juguemos al vólibol. 7. Answers vary.

E. 1. No juguemos a las cartas. 2. No visitemos el museo de arte. 3. No nos levantemos temprano mañana. 4. No vayamos de compras. 5. No conduzcamos a la playa.

F. 1. El Sr. Cáceres compró numerosos regalos. 2. Pablo visitó todas las exposiciones de arte. 3. Mariana asistió a demasiados conciertos. 4. Los Núñez vieron otra corrida. 5. El Dr. Pereda comió en pocos restaurantes típicos. 6. La Sra. Ocampo viajó a algunos sitios históricos.

G. parece, verdadera / real, cita, cuidar, mirar, ver, está buscando, En realidad, actualmente / hoy día

Expansión de vocabulario

A. 1. umbrella 2. snowplow 3. dishwasher 4. wardrobe 5. pastime 6. window cleaner 7. parachute 8 lightning rod

B. 1. guardapuerta 2. abrelatas 3. sacacorchos 4. parabrisas 5. limpiadientes 6. salvavidas 7. parasol 8. paragolpes

C. 1. rascacielos 2. paraguas 3. lavaplatos 4. sacacorchos 5. guardarropa 6. salvavidas

Capítulo 8

Primera situación

A. Answers vary, but all begin **Ve a / al...**

B. 1. Busco un regalo de cumpleaños para mi hermano(-a). 2. No me parecen apropiadas. ¿Podría ver el suéter en el escaparate / la vitrina? 3. ¿Me podría decir cuánto cuesta, por favor? 4. Lo encuentro fino pero quisiera algo menos caro. 5. Oh, me gusta mucho. Y ¿cuánto cuesta, por favor? 6. Está bien. Lo compro. 7. No, es todo. 8. Muchas gracias. Adiós, señora.

C. Espero que... 1. ...los precios sean muy bajos. 2. ...el restaurante en el almacén sirva su especialidad hoy. 3. ...no haya mucha gente. 4. ...la joyería tenga muchas cadenas de oro. 5. ...la zapatería no se cierre temprano. 6. ...mi boutique favorita me ofrezca precios especiales.

D. 1. Les aconsejo a mis padres que lleguen temprano al centro comercial. 2. Le aconsejo a mi compañero(-a) de cuarto que se pruebe la ropa antes de comprarla. 3. Les aconsejo a todos que busquen gangas. 4. Te aconsejo que no pierdas el dinero otra vez. 5. Le aconsejo a mi mejor amigo(-a) que escoja con cuidado. 6. Les aconsejo a Uds. que conozcan las marcas excelentes.

E. 1. Quiero los regalos más caros de la ciudad. 2. Quiero la pulsera más linda de la joyería. 3. Quiero las mejores botas de la zapatería. 4. Quiero el collar de oro más grande de la boutique. 5. Quiero los aretes más finos de la tienda.

F. Answers vary.

Segunda situación

A. Prices will vary.
A. Una falda a cuadros que hace juego con el chaleco. Una blusa de un solo color: el blanco, el rojo o el verde. Unos zapatos bajos de cuero negro; medias. Un impermeable de algodón con un paraguas del mismo color. Una bolsa de cuero negro. B. Un abrigo de azul marino de lana pura; una bufanda a rayas y un sombrero y guantes de azul marino. Unas botas de lujo de cuero negro. Unos pantalones grises de lana. C. Un calentador de algodón de un solo color: el azul marino, el gris, el negro o el rojo. Unos calcetines blancos de algodón y zapatos de tenis de cuero. D. Un pijama de seda con lunares en azul y blanco. Una bata de seda azul y pantuflas negras de cuero.

B. 1. Creo que Ud. se ha equivocado. Los pantalones cuestan sólo 9.500 pesos. 2. ¡No puedo seguir esperando! 3. ¡Qué falta de responsabilidad! Arrégleme el botón o cóbreme menos. 4. ¡Pero qué se ha creído! 5. ¡Esto no puede ser! Uds. tienen que arreglar este traje descocido.

C. Answers vary.

D. 1. Sí, se las compré a ellas. 2. Sí, se lo compré a él. 3. Sí, se la compré a ella. 4. Sí, se los compré a ellos. 5. Sí, se la compré a él.

E. 1. Consuelo López no es muy trabajadora. Nunca hace nada. 2. No se viste bien. No lleva ni vestido ni traje. 3. No es muy popular con los clientes. Ningún cliente le manda flores. 4. Tampoco le dan regalos. 5. De ninguna manera vende más ropa que todas las otras dependientes. 6. Nadie dijo que Consuelo es la dependiente perfecta.

F. e, y, u, e, u, y, o

G. la vitrina / el escaparate, claro, ligera, ventanas, luz, lámpara, volvió / regresó, volvió, lámpara, devolvió

Expansión de vocabulario

A. 1. jewelry store 2. cosmetics store 3. laundry 4. glove store 5. butcher shop 6. ice cream parlor 7. bakery 8. stationery store

B. 1. la frutería 2. la relojería 3. la pescadería 4. la zapatería 5. la pastelería 6. la librería

C. 1. joyería 2. zapatería 3. papelería 4. librería 5. frutería 6. perfumería

Capítulo 9

Primera situación

A. Answers may vary.
barrer el piso—una escoba; colgar la ropa—unas perchas; hacer la cama; lavar y secar los platos—el jabón, una esponja, una toalla; lavar y secar la ropa—la lavadora, el detergente, la secadora; limpiar el fregadero—un trapo; pasar la aspiradora—la aspiradora; planchar la ropa—la tabla de planchar, una plancha; recoger la mesa; sacar la basura; sacudir los muebles—un trapo

B. Answers vary.

C. Answers vary.

D. 1. No pongas la televisión. Pon la mesa. 2. No hagas un sandwich. Haz la cama. 3. No riegues la alfombra. Riega las plantas. 4. No tengas prisa. Ten paciencia. 5. No seas tonto(-a). Sé amable. 6. No juegues ahora. Cuelga la ropa.

E. 1. El apartamento de Clara es tan lindo como el apartamento de Maribel. 2. Clara limpia su apartamento tan regularmente como Maribel. 3. El apartamento de Clara tiene tanta luz como el apartamento de Maribel. 4. El apartamento de Clara tiene tantos dormitorios como el apartamento de Maribel. 5. El apartamento de Clara tiene tantas ventanas como el apartamento de Maribel. 6. El apartamento de Clara tiene tanto espacio como el apartamento de Maribel.

F. Answers vary.

Segunda situación

A. 1. rescatar: las otras palabras describen las acciones de los reporteros. 2. un asesinato: las otras palabras son desastres naturales. 3. la cárcel: las otras palabras son crímenes. 4. el reportero: las otras palabras tienen que ver con el derecho y las leyes. 5. la manifestación: las otras palabras tienen que ver con las elecciones.

B. 1. Una máquina que se usa con el televisor para grabar un programa o una película y mirarlo(-la) otra vez. 2. Un programa en vivo de la televisión que empieza el sábado por la noche a las once y media. Es humorístico y divertido y satiriza muchos aspectos de la vida diaria en el mundo. 3. Un programa de concursos en el cual les dan a los jugadores las respuestas y ellos tienen que adivinar las preguntas. 4. Un programa generalmente de tema histórico; se presenta por dos o tres horas durante tres, cuatro o cinco noches. 5. Un programa con un(-a) anfitrión(-a) que entrevista a personas famosas. Así el público tiene la oportunidad de conocer a personas importantes y célebres.

C. 1. Gracias. No te hubieras molestado. 2. No es necesario, gracias. 3. Muchas gracias. No te hubieras molestado. 4. No te preocupes por eso. 5. Gracias, pero no te molestes.

D. Opening phrases may vary; all will require a subjunctive in the second clause except creo / no dudo which require an indicative. 1. Es terrible que los políticos gasten demasiado dinero en sus campañas electorales. 2. Es dudoso que siempre elijamos al mejor candidato. 3. Creo que las guerras no resuelven nada. 4. Es una lástima que haya mucho crimen en los EEUU. 5. Dudo que podamos eliminar el crimen con más cárceles. 6. No creo que las leyes ayuden más a los criminales que a las víctimas. 7. Es malo que en algunos países arresten a los participantes de una manifestación.

E. Answers vary. All verbs in Column 2 require a subjunctive in the clause beginning with que yo. 1. ...que yo (no) haga la cama todos los días. 2. ...que yo (no) conduzca rápidamente. 3. ...que yo (no) fume. 4. ...que yo (no) estudie español. 5. ...que yo (no) trabaje. 6. ...que yo (no) tenga un(-a) novio(-a). 7. ...que yo (no) saque buenas notas. 8. Answers vary.

F. Answers vary. Use infintive form of verb after **antes de** or **después de.**

G. pongo la televisión, crió, cría, cultiva, crecen, la tele(visión), otro televisor

Expansión de vocabulario

A. 1. international 2. local 3. commercial 4. extraordinary 5. primary 6. pessimistic 7. realistic 8. communistic

B. 1. nacional 2. electoral 3. comercial 4. contrario 5. secundario 6. idealista 7. optimista 8. capitalista

C. 1. electoral 2. nacionales, internacionales, locales 3. comunista 4. ordinario 5. pesimista 6. optimista

Bienvenidos a la comunidad hispana en los EEUU

A. 1. chicanos 2. Miami 3. Los Ángeles 4. Puerto Rico 5. Cuba 6. Montalbán 7. Nueva York 8. Olmos
La caja vertical: HISPANOS

B. 1. Actualmente hay 19.000.000 de hispanos en los EEUU. Para el año 2000 habrá unos 30.000.000. 2. El 63% son de México, el 12% son de Puerto Rico y 5% son de Cuba. El 20% son de los demás países del mundo hispano. 3. Los chicanos se encuentran en el suroeste, de Texas a California. Los cubanos se encuentran en Miami y en el sur de la Florida. Los puertorriqueños se encuentran en la Ciudad de Nueva York y la región cosmopolita. 4. El cine y la tele: María Conchita Alonso, Lorenzo Lamas, Ricardo Montalbán, Rita Moreno, Edward James Olmos. Los deportes: Joaquín Andújar, Pedro Guerrero, Willie Hernández, Nancy López, Tony Pérez, Lee Treviño, Fernando Valenzuela. La moda: Adolfo, Carolina Herrera, Oscar de la Renta. La música: Rubén Blades, Celia Cruz, Los Lobos, Miami Sound Machine, Linda Ronstadt. La política: Enrique Cisneros, César Chávez, Xavier Suárez.

Capítulo 10

Primera situación

A. Answers vary.

B. Answers vary.

C. 1. Se me ocurrió esta idea. 2. Yo propongo que busquemos trabajo juntos. 3. No creo que su idea pueda funcionar. En cambio yo propongo... 4. Un momento. Pero yo tengo otra idea. 5. Volviendo al tema original...

D. 1. (Tú) Construirás una casa grande. 2. Los Pereda se harán muy ricos. 3. Carlos del Valle se encargará de una compañía grande. 4. Uds. tendrán su propia compañía. 5. Mi novio(-a) y yo podremos casarnos. 6. La Srta. Robles saldrá para México. 7. Answers will vary.

E. Questions may vary; answers will vary.
1. ¿Qué habrá en esta caja? ¿Será un regalo de cumpleaños? 2. ¿Qué querrá? ¿Ganaré mucho dinero? 3. ¿Qué tendré que hacer? ¿Trabajaré horas extras?

F. 1. El jefe trabaja eficazmente. 2. La secretaria trabaja cuidadosamente. 3. La Sra. Pereda trabaja pacientemente. 4. Los gerentes trabajan atentamente. 5. Marcos Duarte trabaja perezosamente. 6. Todos los vendedores trabajan responsablemente.

Segunda situación

A. Answers vary but should include the following: los archivos; las calculadoras; las carpetas; la cinta adhesiva; las computadoras: las impresoras, la maquinaria, la pantalla, los programas; el dictáfono; los escritorios; la grapadora; las máquinas de escribir; las papeleras; el quitagrapas; los sacapuntos.

B. 1. la publicidad 2. las relaciones públicas 3. el mercadeo 4. las ventas 5. la administración 6. las finanzas.

C. 1. ¿Me has oído bien? 2. ¿Comprendes? 3. ¿Te parece bien? 4. ¿Estás seguro(-a)? 5. ¿De acuerdo?

D. Buscamos... 1. una secretaria que sepa usar la nueva computadora. 2. un contador que sea inteligente. 3. una gerente que resuelva problemas eficazmente. 4. un jefe de ventas que se lleve bien con los clientes. No queremos nadie que... 5. pierda tiempo. 6. fume dentro de la oficina. 7. se queje mucho. 8. diga mentiras.

E. Answers vary.

F. en una compañía grande; recibí un buen puesto / recibí un puesto bueno; está en el mismo piso; la única oficina; un nuevo escritorio; del antiguo jefe; un mal hombre / un hombre malo; su pobre secretaria; un hombre viejo

G. 1. a. se puso b. llegó a ser c. se hizo d. se volvió 2. empleo, funciona, puesto, trabajo, tarea, obras, trabajar

Expansión de vocabulario

A. 1. to contain 2. to compose 3. to vacate 4. to undo 5. to become poor 6. to get drunk 7. to predict 8. to prescribe

B. 1. contener 2. comprometer 3. despedir 4. desaparecer 5. enamorarse 6. enfermarse 7. enterrar 8. predecir

C. 1. engordarse 2. predecir 3. despedir 4. componer 5. desocupar 6. enamorarse

Capítulo 11

Primera situación

A. Answers may vary.
1. Atiende al público. Contesta el teléfono. 2. Archiva los documentos. Escribe a máquina. 3. Crea los anuncios comerciales. Hace publicidad. 4. Trabaja con números. Maneja las responsabilidades financieras. 5. Crea los programas nuevos para la computadora. Resuelve problemas con la computadora. 6. Coordina todos los departamentos. Maneja la planificación.

B. 1. Buenos días, señorita. Si fuera tan amable, quisiera hablar con el presidente de su compañía, el Sr. Montalvo. 2. Entonces quisiera hablar con otro ejecutivo. 3. Soy your name y trabajo en Contadores Padilla e Hijos. Hace un mes pedí diez computadoras nuevas de su compañía pero todavía no las hemos recibido. Quisiera resolver el problema. 4. ¿Podría dejarle un mensaje / recado? 5. (Repeat previous explanation.) ¿Podría hacer una cita con el Sr. Mendoza? 6. Answers vary. 7. Se lo agradezco infinitamente. Adiós, señorita.

C. Answers vary.

D. 1. La secretaria ha escrito treinta cartas. 2. (Yo) He almorzado con unos clientes nuevos. 3. Los abogados han resuelto el problema con la aduana. 4. El publicista y yo hemos hecho la publicidad. 5. (Tú) Has vuelto de tu viaje de negocios. 6. El gerente ha cumplido muchos pedidos.

E. Answers vary.

F. 1. No. Que la haga la Srta. Ruiz. 2. No. Que los archiven Graciela y Mariana. 3. No. Que lo atienda la Sra. González. 4. No. Que los resuelvan el Sr. Almazán. 5. No. Que salga para la sucursal en Caracas el ingeniero Gómez. 6. No. Que lo empiecen los ejecutivos.

G. 1. ¡Que tengas buena suerte! 2. ¡Que se mejore Ud. pronto! 3. ¡Que se divierta Ud.! 4. ¡Que tengan un buen viaje! 5. ¡Que tengas éxito! 6. ¡Que terminen pronto Uds.!

Segunda situación

A. 1. Los Higuera deben solicitar una hipoteca. 2. Matilde Guevara debe averiguar la tasa de cambio y cambiar dinero. 3. Roberto Díaz debe abrir una cuenta corriente. 4. Estela Morillo debe alquilar una caja de seguridad. 5. Debo verificar el saldo. 6. Héctor Ocampo debe sacar dinero de su cuenta. 7. Guillermo Núñez debe depositar su dinero en una cuenta de ahorros.

B. Answers vary.

C. 1. Quisiera verificar el saldo de mi cuenta de ahorros. 2. Muy bien. Quisiera sacar cuatrocientos cuarenta mil intis. 3. Yo lo he llenado. Aquí lo tiene Ud. 4. Ahora quisiera depositar los intis en mi cuenta corriente. También he llenado el formulario de depósito. 5. También quiero enviarle un giro al extranjero a un amigo en los EEUU. Es un giro de veinticinco dólares estadounidenses como regalo de cumpleaños. 6. Sí. Answers vary. 7. Muchas gracias por todo y adiós, señor.

D. 1. (Tú) Habías escrito cuatro cheques. 2. Mis padres y yo habíamos resuelto el problema de la cuenta corriente. 3. Los Estrada habían pedido prestado $10.000. 4. La Sra. Rodó había puesto unos documentos importantes en la caja de seguridad. 5. Uds. habían leído información sobre las hipotecas. 6. (Yo) Había hecho el pago inicial del préstamo estudiantil.

E. Answers vary.

F. 1. Hace cinco años que soy un(-a) cliente del banco. 2. Hace cinco años que tengo una cuenta corriente. 3. Hace un año que alquilo una caja de seguridad. 4. Hace tres años que pago a plazos. 5. Hace seis meses que ahorro dinero en una cuenta. 6. Hace tres meses que no averiguo el saldo de la cuenta.

G. 1. Veintitrés mil cuatrocientas ochenta y seis 2. Un millón de 3. Trescientas setenta y cinco mil 4. Cincuenta y siete mil seiscientas doce 5. Setenta y cuatro mil quinientas treinta y una 6. Dieciséis mil cincuenta

H. 1. hay que, debe, tiene que 2. conserva, ahorrar, guardó, salvó 3. ya, ya no, Todavía

Expansión de vocabulario

A. 1. cook, chef 2. office worker 3. shoemaker or shoe salesman 4. electrician 5. cashier 6. accountant 7. soccer player 8. worker

B. 1. el (la) recepcionista 2. la camarera 3. el (la) carpintero(-a) 4. el (la) accionista 5. el (la) profesor(-a) 6. el (la) financista 7. el (la) artista 8. el (la) programador(-a)

C. 1. profesora 2. carpintero 3. publicista 4. dentista 5. joyero 6. cocinero

Capítulo 12

Primera situación

A. 1. llegar: las otras palabras tienen que ver con salir de un país. 2. inmigrar: las otras palabras tienen que ver con la discriminación. 3. el exilio: las otras palabras tienen que ver con el trabajo de los chicanos en los EEUU. 4. el dictador: las otras palabras se refieren a personas que salen de su patria.

B. Answers vary.

C. Answers may vary. 1. ¡De ninguna manera! 2. De acuerdo. 3. No me parece. 4. No estoy de acuerdo. 5. Es absurdo. 6. Exacto. 7. ¡Qué va! 8. Ni la más mínima duda.

D. 1. Sally Ramón es una persona muy simpática. 3. La tienda Roy's Record Shop está en Detroit. 4. En la tienda se venden muchos tipos de música—música de ayer, de hoy y de siempre. 5. A los hijos de Sally les interesa la música; dos de sus hijos son parte de un conjunto musical. 7. Sally sabe muchísimo de las actividades del Barrio.

E. 1. Muchos tendrían miedo. 2. (Tú) Saldrías para otro país. 3. El Dr. Vásquez se resistiría al gobierno. 4. Uds. no dirían nada contra el dictador. 5. (Yo) Huiría de la tiranía. 6. Mucha gente haría lo que dice el dictador. 7. Mi familia y yo querríamos escaparnos.

F. un, Unos, una, Un, 0, una, un, 0, 0, una, 0, una, 0, un

G. 1. malísimo, buenísimo 2. riquísimas, muchísimo, poquísimo 3. altísimos, delgadísimas 4. grandísima 5. larguísimos 6. muchísima, lindísima

Segunda situación

A.

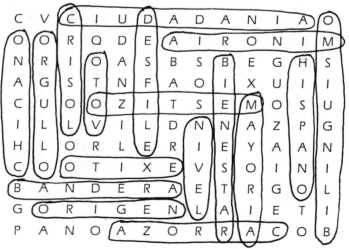

B. Answers vary.

C. 1. ¡Esto es lo que faltaba! 2. ¡Esto es el colmo! 3. ¡Esto es demasiado! 4. ¡Estoy harto(-a)! 5. ¡Me salvaste la vida! 6. ¡Ya no aguanto más! 7. Tú eres muy amable.

D. 1. Tendrán problemas hasta que consigan un trabajo. 2. Se adaptarán con tal que aprendan la nueva lengua. 3. Podrán votar después que obtengan la ciudadanía. 4. Buscarán trabajo tan pronto como puedan. 5. Tendrán éxito a menos que no encuentren trabajo. 6. Hablarán español en casa para que sus hijos no se olviden de su herencia cultural.

E. 1. Mi familia y yo habremos visto las Cataratas de Iguazú. 2. (Tú) Te habrás establecido en tu profesión. 3. Los Apaza se habrán hecho ricos. 4. Gustavo habrá vuelto a su patria. 5. Uds. habrán tenido éxito. 6. (Yo) Me habré graduado de la universidad.

F. Answers vary.

G. soportar, apoyar, mantener, triunfar, un idioma / una lengua, habla, lenguaje, sucede, logra

Expansión de vocabulario

A. 1. communism 2. capitalism 3. socialism 4. sacrifice 5. price 6. silence 7. space

B. 1. el bilingüismo 2. el materialismo 3. el feminismo 4. el divorcio 5. el comercio 6. el servicio 7. el palacio

C. 1. palacio 2. precio 3. divorcio 4. el analfabetismo 5. capitalismo

Bienvenidos al Perú, a Chile y a la Argentina

A. 1. Buenos Aires 2. Marañón 3. Patagonia 4. inti 5. Machu Picchu 6. Atacama 7. Iguazú 8. cobre La caja vertical: SANTIAGO

B. 1. El Perú tiene tres regiones distintas. En el oeste está la costa; en el centro se encuentran las montañas y al este está el Río Amazonas y la selva. 2. Chile es un país largo y angosto con casi 3.000 kilómetros de costa. En el norte está el desierto de Atacama; en el centro se encuentran tierras fértiles; al este están las montañas. 3. La Argentina tiene grandes variaciones geográficas. En la parte central hay la pampa. En el norte se encuentra el Chaco y al sur está Patagonia, una región fría. 4. El Perú tiene 21.300.000 habitantes. Chile tiene 12.600.000 habitantes. La Argentina tiene 32.000.000 habitantes. 5. La moneda del Perú es el inti. La moneda de Chile es el peso. La moneda de la Argentina es el austral. 6. Los productos principales del Perú son el cobre, la plata, el plomo y otros metales. También existe la pesca y la industria petrolera. Los productos de Chile son el cobre, las uvas y el vino. La Argentina produce automóviles, lana y productos agrícolas como la carne y el trigo.

Capítulo 13

Primera situación

A. Answers vary.

B. 1. Quiero un pasaje de ida de Lima a Caracas. Necesito salir tan pronto como (sea) posible. 2. Aquí lo tiene Ud. Voy a pagar con una tarjeta de crédito. 3. Sí. Quisiera facturar el equipaje, por favor. 4. Quiero sentarme al lado del pasillo en la sección de no fumar. 5. ¡Qué lástima! ¿A qué hora sale el vuelo? 6. ¿Por qué puerta de embarque salen los pasajeros? 7. Y, ¿a qué hora empiezan a abordar? 8. Muchas gracias por toda su ayuda. Adiós, señorita.

C. El empleado le aconsejó al pasajero... 1. que facturara el equipaje. 2. que no perdiera la tarjeta de embarque. 3. que tuviera paciencia. 4. que pusiera las etiquetas en en las maletas. 5. que se despidiera de la familia en la sala de espera. 6. que no comiera o bebiera mucho antes del vuelo.

D. El agente les recomendó que... 1. hicieran una reservación. 2. consiguieran un pasaporte con mucha anticipación. 3. que se sentaran en la sección de no fumar. 4. que supieran el número del vuelo. 5. que tuvieran cuidado. 6. que no llevaran mucho equipaje.

E. 1. (Yo) Iría al Perú si no tuviera que trabajar. 2. La Srta. Ocampo iría si conociera a alguien en Lima. 3. Roberto y Daniel irían si hablaran mejor el español. 4. (Tú) Irías si terminaras tus cursos. 5. Mi familia y yo iríamos si ganáramos más dinero.

F. Answers vary. Phrases should follow this pattern: Si tuviera la oportunidad, el piloto + conditional tense.

G. Answers vary.

Segunda situación

A. la sala de espera, despidieron, procedente de, una demora, retrasado, el control de pasaportes, el pasaporte, el certificado de sanidad, la aduana, el aduanero, declarar, registró, recibió, abrazamos

B. Answers may vary. 1. ¡Qué chévere! 2. ¡Qué maravilla! 3. ¡Gracias a Dios! 4. ¡Estoy muy feliz! 5. Te quiero mucho. 6. Eres increíble.

C. 1. La Srta. Vargas es la guía a quien conocí en el vuelo a Lima. 2. El Sr. Higuera es el dueño del restaurante en que / el que / cual comimos esta tarde. 3. Machu Picchu es la ciudad perdida de los incas que visité ayer. 4. La catedral es el edificio muy antiguo de que / la que / cual saqué una foto esta mañana. 5. La Srta. Rivas es el miembro de nuestro grupo cerca de quien me senté en el autobús. 6. El Museo de Oro es el famoso museo de que / del que / del cual te hablé antes del viaje.

D. Answers vary.

E. 1. Ésta es la sala de espera en la cual espero a mis padres. 2. Éstas son las puertas por las cuales subimos a los aviones. 3. Éstos son los turistas con los cuales viajo al

Perú. 4. Éste es el boleto sin el cual no puedo viajar. 5. Éste es el maletín dentro del cual pongo toda mi tarea.

F. 1. ¿Qué quisiera beber Ud.? 2. ¿Pudiera Ud. poner su equipaje de mano debajo del asiento? 3. Ud. debiera abrocharse el cinturón. 4. Quisiera ver su tarjeta de embarque. 5. ¿Pudiera Ud. sentarse en el asiento del pasillo?

G. Answers vary.

H. 1. ¿Cuál es...? 2. ¿Cuál es...? 3. ¿Qué es...? 4. ¿Cuáles son...? 5. ¿Qué son...?

I. 1. faltar 2. perder, llego tarde 3. echo de menos / extraño 4. tardan 5. es tarde

Expansión de Vocabulario

A. 1. inhabitant 2. participant 3. emigrant 4. suffering 5. establishment 6. knowledge, understanding

B. 1. estudiante 2. inmigrante 3. visitante 4. ayudante 5. nacimiento 6. entretenimiento 7. sentimiento 8. crecimiento

C. 1. inmigrante 2. cantante 3. habitante 4. nacimiento 5. sentimiento 6. conocimiento

Capítulo 14

Primera situación

A. Answers vary.

B. Descriptions of employees will vary; job descriptions may vary. El botones: Carga, sube y baja el equipaje de los clientes. La criada: Limpia y arregla las habitaciones; hace las camas. El conserje: Atiende a los clientes; los ayuda con billetes de tren o avión, reservaciones para un restaurante, el teatro o la ópera. El portero: Ayuda a los clientes cuando llegan al hotel; les abre las puertas o saca su equipaje de su automóvil o taxi. La recepcionista: Trabaja en la recepción; saluda a los clientes, llena las tarjetas de recepción, cobra a los clientes, les da la llave de la habitación.

C. 1. Quisiera una habitación, por favor. 2. No. Acabamos de llegar y pronto nos decidimos quedarnos unos días. 3. Necesitamos una habitación con tres camas. 4. Answer will vary. 5. ¿Qué facilidades o servicios tiene el hotel? 6. Bueno. Vamos a quedarnos aquí por tres días. 7. Tenemos mucho equipaje. Necesitamos a alguien que pueda subirlo.

D. Espero que... 1. Manolo haya escrito al hotel. 2. (tú) te hayas despedido de tu familia. 3. todos nosotros hayamos conseguido una habitación. 4. Marta y Elena hayan leído una guía. 5. la Sra. Chávez haya hecho las maletas. 6. los García hayan pagado los billetes.

E. Answers vary.

F. 1. Se escuchan siempre. 2. Se escriben cuando están separados. 3. Se dan regalos a menudo. 4. Se ayudan cuando tienen problemas. 5. Se respetan siempre.

G. Answers vary.

Segunda situación

A. Horizontal: 2. destinatorio 5. dirección 6. aéreo 7. sobre 9. postal 10. mandar 11. buzón 12. repartir
Vertical: 1. remite 3. telegrama 4. giro 7. sello 8. tarjeta

B. 1. Aquí ha habido un error. 2. ¿Qué se podría hacer? 3. ¿Hay otra persona con quien yo pudiera hablar? 4. ¿No habría ninguna otra alternativa? 5. Le agradecería mucho su cooperación con este problema.

C. Answers vary.

D. 1. Muchas regiones de Chile fueron descubiertas por los españoles. 2. Santiago fue fundado por Pedro de Valdivia. 3. Muchos edificios nuevos fueron abiertos por las compañías grandes. 4. La contaminación fue causada por la industria. 5. Los barrios de la ciudad fueron poblados por los inmigrantes.

E. 1. Se ven glaciares e icebergs en Magallanes. 2. Se juega a la ruleta en Viña del Mar. 3. Se va de Chile a la Argentina por la Carretera Panamericana. 4. Se ve mucha contaminación atmosférica en Santiago. 5. Se encuentra un buen lugar para un picnic en el parque Metropolitano.

F. 1. Un hotel viejo, barato y sucio; necesita muchos arreglos; probablemente tiene clientes malos. 2. Un hombre grande y fuerte; es atlético y macho. 3. Un pueblo pequeño, sucio y feo. No tiene ni buenos servicios ni buenas facilidades. El gobierno probablemente es corrupto. 4. Un soltero que no quiere casarse nunca. 5. Una silla grande y cómoda; tiene brazos. 6. Un paquete mucho más grande que un paquete normal.

G. 1. salir, parte, dejé 2. sino, pero, sino que 3. piensas, pensar en, piensas de, pienso

Expansión de vocabulario

A. 1. scale 2. scandal 3. sculptor 4. space 5. spinach 6. spy 7. state 8. style 9. statue

B. 1. la escena 2. la escuela 3. la esponja 4. la especialidad 5. el estómago 6. el estadio 7. el estudiante 8. la estampilla

C. 1. estampilla 2. especialidad 3. escuela 4. escultor, estatuas 5. estados 6. especias

Capítulo 15

Primera situación

A. Answers vary.

B. 1. ¿Qué tal el partido? 2. ¡Increíble! 3. ¡No me digas! 4. ¡Qué lástima! 5. ¡Me alegro!

C. 1. Mateo y yo habríamos practicado la gimnasia. 2. (Tú) Habrías corrido. 3. Gustavo y Nicolás se habrían puesto en forma. 4. (Yo) Me habría entrenado más. 5. Silvia habría hecho ejercicios aeróbicos. 6. Uds. habrían ganado el campeonato.

D. Answers vary.

E. Era necesario... 1. que el entrenador los hubiera entrenado bien. 2. que (yo) hubiera hecho ejercicios. 3. que mi amigo(-a) y yo nos hubiéramos puesto en forma. 4. que los jugadores hubieran corrido cada día. 5. que (tú) hubieras ido al gimnasio todos los días.

F. 1. ...quería que mi equipo jugara bien. ...quiero que juegue bien también. 2. ...quería que mi equipo hiciera ejercicios de calentamiento. ...quiero que mi equipo haga ejercicios de calentamiento también. 3. ...quería que mi equipo se mantuviera en forma. ...quiero que mi equipo se mantenga en forma también. 4. ...quería que mi equipo me escuchara. ...quiero que mi equipo me escuche también. 5. ...quería que mi equipo corriera rápidamente. ...quiero que mi equipo corra rápidamente también. 6. ...quería que mi equipo recibiera árbitros justos. ...quiero que mi equipo reciba árbitros justos también.

G. Answers vary.

H. Answers vary.

Segunda situación

A. 1. le duele la nariz y la garganta. 2. le duelen las manos. 3. le duele el tobillo. 4. le duele el hombro. 5. le duele el dedo. 5. le duele la pierna.

B. 1. El (la) paciente tiene una fiebre. También tiene dolor de cabeza y de garganta. Tose y estornuda mucho. También puede padecer dolores musculares. El (la) paciente debe tomar aspirinas, descansar y beber muchos líquidos. 2. El (la) paciente no puede dormirse fácilmente o no duerme toda la noche. Debe tomar unas píldoras para dormir o preocuparse menos. 3. Un catarro / resfriado muy fuerte. El (la) paciente tose frecuentemente y tiene fiebre. Debe tomar antibióticos y descansar. 4. El (la) paciente se suena la nariz, tose y estornuda. Puede tener dolor de cabeza también. El (la) paciente debe descansar, beber muchos líquidos y tomar aspirinas.

C. Answers vary.

D. 1. Se le olvidó el impermeable a la señora. 2. Se le perdieron las gafas a la muchacha. 3. Se le rompió el tobillo al joven. 4. Se le olvidaron las píldoras al hombre. 5. Se le cortó el dedo a la anciana.

E. 1. la muchacha no se habría quemado. 2. el joven no se habría fracturado el tobillo. 3. el hombre no se habría lastimado el hombro. 4. la anciana no se habría cortado el dedo. 5. el niño no se habría roto la pierna.

F. No te habrías enfermado si... 1. hubieras llevado un impermeable y botas. 2. hubieras tomado las vitaminas. 3. te hubieras acostado más temprano. 4. no

hubieras salido el sábado. 5. no hubieras abierto la ventana por la noche.
6. hubieras hecho más ejercicios.

G. Answers vary.

H. 1. juega, deporte, partido, Toca, juego 2. lastimó, duelen, ofender, hacen daño.

Expansión de vocabulario

A. 1. volleyball 2. shampoo 3. hamburger 4. sandwich bread (American-style bread)
5. skiing 6. videocassette 7. detergent 8. jeans

B. 1. la penicilina 2. el tenis 3. la fotografía 4. la televisión 5. la computadora 6. el
béisbol 7. el básquetbol 8. los ejercicios aeróbicos

C. 1. Una salsa de tomates y especias que se usa en las hamburguesas y las papas
fritas. 2. Un remedio fuerte contra muchas infecciones y enfermedades. 3. Un
deporte al aire libre en el cual el jugador tiene que poner una pequeña pelota
blanca en una serie de agujeros a lo largo de una cancha. 4. Una falda corta. 5. Un
sustituto más sano para la mantequilla; contiene menos colesterol que la
mantequilla. 6. Un ejercicio en el cual el individuo corre o trota bastante
rápidamente. Muchas personas lo hacen cada día para mantenerse en buena salud.

Así se dice

A. 1. español 2. inglés 3. inglés 4. inglés 5. español 6. inglés

B. 1. 4   2. 3   3. 6   4. 3

Capítulo 2

Primera situación

Presentación

A. 1. **Complejo la Playita:** broncearse, nadar, practicar el esquí acuático y el windsurf, dar un paseo, recoger conchas 2. **Hotel Serenidad:** jugar al golf, pescar, montar a caballo, montar en bicicleta 3. **Hotel Cosmopolita:** hacer ejercicios, nadar, correr, ir de compras, comer en un restaurante elegante

Para escuchar bien

A. 1. No   2. No   3. Sí   4. No

B. 1. a. Falso b. Cierto c. Falso d. Falso
2. a. Falso b. Falso c. Falso d. Cierto
3. a. Cierto b. Falso c. Falso d. Cierto
4. a. Falso b. Cierto c. Falso d. Falso

C. Drawing 1: 2   Drawing 2: 4   Drawing 3: 1   Drawing 4: 3

Así se dice

A. 1. español 2. inglés 3. español 4. español 5. español 6. español

B. 1. 4   2. 5   3. 4   4. 4

Estructuras

A. 1. PRETERITE 2. PRETERITE 3. PRESENT 4. PRETERITE 5. PRETERITE 6. PRESENT 7. PRETERITE 8. PRESENT

Para escuchar bien

A. 1, 3, 4, 6

B. bailes, corridas de toros, partidos de fútbol, competencias de natación, maratón, obras teatrales, conciertos

Así se dice

A. 1. inglés 2. español 3. inglés 4. español 5. español 6. inglés

B. 1. 3   2. 3   3. 2   4. 2

Estructuras

A. 1. PRETERITE 2. PRESENT 3. PRETERITE 4. PRETERITE 5. PRESENT 6. PRETERITE
7. PRESENT 8. PRETERITE

Capítulo 3

Primera situación

Presentación

A. 1. bisabuelos 2. abuelo 3. tías 4. tío 5. primos 6. padres 7. hermano

B. 1. A   2. A   3. C   4. B   5. B

Para escuchar bien

A. **Emilio:** antes—jugaba al básquetbol, trabajaba, salías
ahora—juega a las cartas, ve televisión
Alfredo: antes—trabajaba, jugaba al básquetbol, nadaba, jugaba al béisbol
ahora—colecciona estampillas, va al cine, va al teatro

B.

Nombres	Parientes	Actividades
1. José Pérez 2. Alicia Suárez	abuela, primos, padres hermanos	jugaba, quedaba a dormir, iba a la playa, nadábamos, esquiábamos, íbamos al campo
3. Gerardo López	primo, tíos	jugaba fútbol, iba al club, iba al cine, iba a comer a la calle
4. Miriam Robles	madre, hermanas	limpiábamos, lavábamos, preparábamos la comida, iba al cine.

Así se dice

C. 1. Sí   2. No   3. Sí   4. Sí   5. No   6. No

D. 1. 3   2. 1   3. 2   4. 0

Estructuras

A. 1. PRESENT 2. IMPERFECT 3. IMPERFECT 4. PRESENT 5. IMPERFECT 6. IMPERFECT
7. IMPERFECT 8. PRESENT

C. Cada domingo toda la familia se reunía después de ir a misa. Los niños jugaban al
fútbol mientras Julieta o Mariana preparaba la cena. Martín y Juan jugaban al
dominó. Después de almorzar hacíamos la sobremesa y hablábamos de todo lo que
había pasado durante la semana. A veces íbamos de excursión al parque o al
museo. ¡Cuánto me gustaban aquellos domingos en familia!

Segunda situación

Presentación

A. 1. José se compromete con Luisa María. 2. Hay muchos invitados en la iglesia. 3. Es el día de la boda. 4. Los recién casados salen de luna de miel.

B. 1. A   2. C   3. A   4. B   5. C   6. A   7. B

C. 1. cuñado 2. nuera 3. suegros 4. yerno 5. cuñada

Para escuchar bien

Nombre de la persona que llamó	Reunión social	Fecha	Hora	Aceptada	Rechazada
1. Arturo 2. Elena 3. Armando	esponsales fiesta de cumpleaños boda	sábado próxima semana 21 de junio	8 P.M. 7 P.M. 7 P.M.	NO SÍ NO	SÍ NO SÍ

Así se dice

B.   1. 1   2. 1   3. 2   4. 1

Capítulo 4

Primera situación

Presentación

A. 1. la matrícula 2. la residencia estudiantil 3. el título 4. el examen de ingreso 5. la librería 6. la beca 7. especializarse

B. 1. ESTUDIANTE 2. PROFESOR 3. PROFESOR 4. ESTUDIANTE 5. PROFESOR 6. ESTUDIANTE 7. ESTUDIANTE

Para escuchar bien

A. 1. la sala de clase 2. el campo deportivo 3. la residencia estudiantil

B.   **Carmen:** Economía; maestría
  Manuel: Farmacia
  Ana: Educación; maestría; doctorado
  Rosa: Aquitectura; trabajar

Así se dice

A. 1. inglés 2. español 3. inglés 4. inglés 5. inglés 6. español

Estructuras

B. Pablo   Elena   Andrés
    Luis   Clara   Carlos

C. 1. para 2. por 3. para 4. para 5. por 6. para 7. por

Segunda situación

Presentación

A. **Paco:** matemáticas, química, sicología
Adela: matemáticas, biología, español
Susana: física, español, ciencias políticas
Enrique: matemáticas, económicas, ciencias sociales

B. 1. **México, D.F.:** hace fresco, no está nublado
2. **Acapulco:** hace mucho calor y sol
3. **Guanajuanto:** está nublado, hace frío
4. **Mérida:** está muy húmedo, hace mucho calor

Para escuchar bien

A. **Conversación 1:** 1. a   2. b
Conversación 2: 1. a   2. c
Conversación 3: 1. c   2. a

B. 1. a   2. a   3. c

Así se dice

A. 1. inglés 2. español 3. inglés 4. inglés 5. inglés 6. inglés

Estructuras

A. 1. PRETERITE 2. IMPERFECT 3. IMPERFECT 4. IMPERFECT 5. PRETERITE 6. PRETERITE 7. PRETERITE

B. 1. entré 2. estaba 3. dio 4. leí 5. me sentía 6. sabía 7. salí

C. Era un día bonito de mayo. Hacía mucho sol. Los pájaros cantaban. Cerca de nosotros algunos chicos jugaban al vólibol. Todo el mundo estaba de buen humor.
De repente el cielo se puso negro y empezó una tormenta. Uno de los rayos tocó la pelota. Todos estábamos sorprendidos al ver una gran pelota de luz. Y con eso, terminó el partido.

Capítulo 5

Primera situación

Presentación

A. 1. comprensiva 2. chistoso, gracioso 3. aguafiestas 4. habladora 5. dinámico, enérgico

B. 1. A   2. A   3. B   4. A   5. B   6. A   7. B

Para escuchar bien

A. 1. **Dirección:** Calle Miramar 378, La Victoria
    Piso: 6   **Ascensor** X
    Precio: 28.000 pesos
    Número de dormitorios: 2
    Sin amoblar: X
    Sin teléfono: X
    Llamar a: Sr. Gómez   **Teléfono:** 567-0986   **Horas:** 1–5 P.M.
2. **Dirección:** cerca de la Ciudad Universitaria
    Piso: 9   **Ascensor** X
    Precio: 34.000 pesos
    Número de dormitorios: 3
    Amoblado: X
    Con teléfono: X
    Llamar a: Sra. Robles   **Teléfono:** 432-9054   **Horas:** mañanas
3. **Dirección:** dos cuadras del parque Chapultepec
    Precio: 25.000 pesos
    Número de dormitorios: 1
    Amoblado: X
    Con teléfono: X
    Llamar a: Sr. Gutiérrez   **Teléfono:** 245-9065   **Horas:** 5–10 P.M.

B. 1. **Trabajo:** secretaria bilingüe
    Empresa/Compañía: Romero y Compañía
    Requisitos: inglés y español
    Sueldo: alto con beneficios sociales
    Llamar a: Sr. Romero
    Teléfono: 346-9087   **Hora:** 8 A.M.–5 P.M.
2. **Trabajo:** no dice
    Empresa/Compañía: Rojas y Salcedo
    Requisitos: conocimientos de contabilidad
    Sueldo: no dice
    Llamar a: Sr. Gutiérrez, Jefe de Personal
    Teléfono: 234-9087/88   **Hora:** no dice

3. **Trabajo:** ciudar a niños
   Empresa/Compañía: Fundación Mendoza
   Requisitos: estudiante de sicología; le gustan los niños
   Sueldo: no dice
   Llamar a: Srta. Brito
   Teléfono: 211-7272/73   **Hora:** no dice

Estructuras

A. 1. PROGRESSIVE 2. PRESENT 3. PROGRESSIVE 4. PRESENT 5. PROGRESSIVE
6. PRESENT 7. PROGRESSIVE

Segunda situación

Presentación

A. el champán, la sidra, los camarones, el jamón, los espárragos, el queso, las aceitunas, los cacahuetes, la torta

B. 1. INVITADO 2. ANFITRIÓN 3. ANFITRIÓN 4. INVITADO 5. ANFITRIÓN
6. INVITADO 7. ANFITRIÓN

Para escuchar bien

A. **Comida:** aceitunas, queso, salchicha, sandwiches, pastel de espinaca, una torta
Bebidas: sangría, refrescos, cerveza
Adornos: flores
Invitados: Gerardo, Ignacio, Julio, Rafael, César, Armando, Guillermo, Jorge, Eduardo, Rosita, Ana María, Mariana, Giovana, Chela, Sonia, Vilma

B. 1. **Para:** Elena
   De: Mariana
   Día: domingo
   Hora: siete de la noche
   Mensaje: Sí, va a poder venir a la fiesta.
2. **Para:** Elena, Susana, Mercedes
   De: César
   Mensaje: No puede ir a la fiesta. Va a ir a Cancún ese fin de semana. Sus primos sí van a la fiesta.
3. **Para:** Susana
   De: Sonia
   Día: lunes
   Hora: tres de la tarde
   Mensaje: No va a poder ir a la fiesta. Es el cumpleaños de su hermano y va a haber una fiesta en su casa.

Estructuras

B. 1. El doctor Ávila sale para la Argentina el martes. 2. La señora Díaz sale para España el sábado. 3. La señorita Santos sale para el Ecuador el lunes. 4. El señor Ruiz sale para México el domingo. 5. El señor Morales sale para los Estados Unidos el miércoles. 6. La doctora García sale para Francia el domingo. 7. La señora López sale para el Perú el viernes. 8. La señorita Pérez sale para el Japón el jueves.

C. 1. Lo bueno de las fiestas es reunirse con amigos. 2. Lo malo es el ruido. 3. Lo más importante es tener bastante comida.

Capítulo 6

Primera situación

Presentación

A. 1. guacamole, nachos, chiles rellenos, sangría, flan 2. ensalada mixta, arroz con pollo, agua mineral, fruta del tiempo 3. tamales, ceviche, ensalada de jícama, cerveza, empanadas de dulce

B. 1. MESONERO 2. CLIENTE 3. CLIENTE 4. MESONERO 5. CLIENTE 6. MESONERO 7. CLIENTE 8. CLIENTE

Para escuchar bien

A. 1. Sí   2. No   3. Sí   4. No   5. Sí

B. 1. b   2. a   3. b   4. a

Drawing 1: Dialogue 3   Drawing 2: Dialogue 1
Drawing 3: Dialogue 4   Drawing 4: Dialogue 2

Segunda situación

Presentación

A. dos pollos, un kilo de camarones, tres tomates, manzanas, queso manchego, agua mineral

C. 1. B   2. A   3. C   4. C   5. A

Para escuchar bien

A. 1. Falso 2. Cierto 3. Falso 4. Falso 5. Falso 6. Cierto 7. Falso 8. Falso

B. 1. Cierto 2. Falso 3. Cierto 4. Cierto 5. Cierto 6. Cierto

Capítulo 7

Primera situación

Presentación

A. 1. la catedral 2. el rascacielos El Torre 3. la oficina de turismo 4. el Restaurante Julio

Para escuchar bien

A. **Señorita:** Disculpe, me podría decir
Señora: tres cuadras, a mano derecha, ahí mismo
Señorita: Muchísimas

B. **Zoila:** viernes 19 de octubre, Museo de Arte
Zoila: Zoila Chávez
Zoila: María Ramos
Zoila: morena, un metro setenta, negro, marrones, mejilla derecha
Zoila: Veinticuatro
Zoila: Soltera
Zoila: 633-9894

Parte Policial

Nombre de la persona desaparecida: María Ramos
Nombre de la persona que reporta la desaparición: Zoila Chávez
Lugar de residencia de la persona que reporta la desaparición: Hotel
Tamanaco   Teléfono: 633-9894
Lugar donde fue vista la persona la última vez: alrededores del Museo de Arte
Fecha cuando fue vista la persona la última vez: viernes 19 de octubre
Descripción de la persona desaparecida

Estatura: 1.70 m.	Color de ojos: marrones
Color de piel: morena	Marcas o cicatrices: Lunar en la mejilla derecha
Color de cabello: negro	
Edad: 24 años	Estado civil: soltera

Así se dice

B. 1. español 2. inglés 3. español 4. inglés 5. español 6. español

Estructuras

E. 1. 4   2. 1   3. 7   4. 2   5. 5   6. 3   7. 6

Segunda situación

Presentación

1. el centro cultural 2. la corrida 3. el parque de atracciones 4. la corrida 5. el centro cultural 6. el parque de atracciones 7. el centro cultural

Para escuchar bien

A. Buenos días, señoras y señores. Bienvenidos al Ateneo de Caracas. Como Uds. verán el Ateneo tiene numerosas obras de arte de famosos pintores y escultores venezolanos. En el ala derecha del Ateneo están las obras de famosos pintores y en el ala izquierda así como también en el patio central están las esculturas de nuestros artistas más famosos.

El Ateneo frecuentemente organiza exposiciones de arte con obras especialmente seleccionadas. Para tales exposiciones cada dibujo, cada pintura, cada escultura es cuidadosamente seleccionada por el director de nuestro museo en colaboración con el artista mismo. El día de la inauguración de la exposición hay una recepción en el Ateneo a la cual asisten numerosos artistas e intelectuales de nuestra comunidad así como también el público en general.

Ahora pasemos a la primera sala donde podrán apreciar la obra del maestro Reverón.

B. 1. centro de la ciudad, Plaza Bolívar, casa del Libertador, cafetería, Congreso, Catedral, Palacio de Miraflores 2. Ateneo, parque Los Caobos, Plaza Venezuela, café, Universidad Central de Venezuela, Sabana Grande, Centro Comercial Chacaíto

Capítulo 8

Primera situación

Presentación

a. 1. Hermanos Gómez: un gran almacén 2. Tienda Felicidades: una tienda de regalos 3. Boutique Elegancia: una tienda de lujo 4. Tienda Ortiz: una tienda de liquidaciones

B. 1. DEPENDIENTE 2. COMPRADOR 3. DEPENDIENTE 4. DEPENDIENTE 5. COMPRADOR 6. DEPENDIENTE 7. COMPRADOR 8. COMPRADOR

Para escuchar bien

A. 1. They are too expensive. 2. He wants to see a lady's watch. 3. I don't think I'll like the price. / I hope it is a good price.

B. 1. You are wearing too much makeup. 2. You should wear earrings. 3. Your clothes don't match. 4. Come home early. 5. Wear a coat / jacket. 6 It's late. / You're late.

Estructuras

A. 1. SUBJUNCTIVE 2. INDICATIVE 3. SUBJUNCTIVE 4. SUBJUNCTIVE 5. INDICATIVE 6. SUBJUNCTIVE 7. SUBJUNCTIVE 8. INDICATIVE

Segunda situación

Presentación

1. un calentador   Es demasiado vistoso. 2. un traje de baño   Está pasado de moda.
3. unos guantes   Son feos, de mal gusto. 4. un chaleco   No hace juego con la ropa que tiene el cliente. 5. unos calcetines   El cliente usa una talla más grande. 6. un impermeable   No le queda bien al cliente.

Para escuchar bien

A.   1. Sentences 4, 7   2. Sentences 1, 8   3. Sentences 2, 6   4. Sentences 3, 5

B.   **Dialogue 1:** Drawing 3
     Dialogue 2: Drawing 1
     Dialogue 3: Drawing 4

Capítulo 9

Primera situación

Presentación

A.   **Paco:** arregla el garaje, corta el césped, riega las flores
     Juan: ayuda a tu hermano, vacía las papeleras, saca la basura
     María: haz las camas, cuelga la ropa, pon la ropa sucia en la lavandería
     Isabel: arregla la sala, pasa la aspiradora, sacude los muebles
     Carlota: limpia la cocina, barre el piso, prepara la ensalada

B.   1. A   2. B   3. C   4. B   5. C   6. A   7. B   8. A

Para escuchar bien

A.   1. **Main idea:** Una familia busca empleada para realizar quehaceres domésticos.
        Supporting details: Es necesario que sepa cocinar, lavar y planchar.
     2. **Main idea:** Una empresa de construcciones está buscando jardineros con experiencia y excelentes referencias.
        Supporting details: El trabajo incluye diseño de jardínes y plantar césped, árboles y plantas ornamentales.
     3. **Main idea:** La Compañía Lava-seca necesita empleados.
        Supporting details: Se necesita experiencia en el manejo de las máquinas de lavar, secar y planchar.

B. Cortar: corta, corte, no cortes, no corte. Regar: riega, riegue, no riegues, no riegue. Plantar: planta, plante, no plantes, no plante. Cocinar: cocina, cocine, no cocines, no cocine. Barrer: barre, barra, no barras, no barra. Limpiar: limpia, limpie, no limpies, no limpie. Fregar: friega, friegue, no friegues, no friegue. Lavar: lava, lave, no laves, no lave. Secar: seca, seque, no seques, no seque. Planchar: plancha, planche, no planches, no planche. Sacudir: sacude, sacuda, no sacudas, no sacuda.

1. **Main ideas:** Esta noche vienen unos amigos del señor y quieren comer comida criolla.
   Supporting details: No laves ni planches. Prepara comida criolla: arroz con frijoles negros, carne deshilachada, plátano horneado, ensalada de aguacate y flan de coco. Ve a la tienda y compra tres botellas de vino tinto. Pon la mesa.
2. **Main ideas:** Deje lo que está haciendo y arregle los jardínes de estas casas.
   Supporting details: Plante palmeras y ponga unas plantas tropicales.
3. **Main ideas:** Trabaje más rápido porque toda la ropa tiene que estar lista.
   Supporting details: No barra el piso. Lave y planche todas las camisas. Lave y seque los uniformes.

Así se dice

A. 1. inglés 2. español 3. español 4. inglés 5. español 6. español

Estructuras

A. 1. UD.　　2. TÚ　　3. TÚ　　4. TÚ　　5. UD.　　6. TÚ　　7. UD.　　8. TÚ

G. 1. Marta cepilla el perro. 2. Luis lava el coche. 3. Olga acuesta al niño. 4. Tomás se pone los zapatos. 5. Paco levanta pesas.

Segunda situación

Presentación

1. un terremoto 2. en Calí 3. esta tarde a eso de las tres 4. No se sabe. 5. Robaron las tiendas y las casas desocupadas. 6. Los políticos dejaron su campaña electoral para ir al sitio del desastre. 7. Hubo grandes inundaciones y varias personas se ahogaron.

Para escuchar bien

A. 1. **Main idea:** El presidente expresa duda que el país pueda continuar pagando mensualmente la dueda externa.
   Supporting details: El país disminuirá la suma mensual que paga a los bancos internacionales e invertirá el dinero en programas nacionales.
2. **Main idea:** Un terremoto ocurrió en la zona sur de Chile.
   Supporting details: No ha habido muertos ni heridos.
3. **Main idea:** El presidente de Argentina anunció fuertes medidas económicas.
   Supporting details: Estas medidas consisten en el congelamiento de sueldos, el abandono de subsidios y la privatización de las empresas del estado.

B. 1. **Main idea:** Típico día de invierno en Lima.

Supporting details: Temperatura de quince grados, noventa por ciento de humedad. Al anochecer la temperatura bajará a los diez grados y la humedad se mantendrá entre el noventa y noventa y cinco por ciento. Mañana el clima será mejor.

2. **Main idea:** Mañana será un día caluroso en Caracas.

Supporting details: La temperatura será de treinta grados con un cincuenta por ciento de humedad. Hay posibilidades de lluvia al atardecer.

Estructuras

A. 1. SUBJUNCTIVE 2. INDICATIVE 3. SUBJUNCTIVE 4. SUBJUNCTIVE 5. INDICATIVE 6. SUBJUNCTIVE 7. INDICATIVE 8. SUBJUNCTIVE

Capítulo 10

Primera situación

Presentación

A. 1. Es importante que Ud. se informe de todas las posibilidades de empleo. 2. Debe enterarse de los puestos. 3. Haga una evaluación honesta de lo que Ud. puede ofrecer. 4. Llame al personal para pedir una solicitud y una entrevista. 5. Vaya a la entrevista bien preparado. 6. En la entrevista hable de sus aptitudes y cualidades. 7. Si le ofrece el puesto, esté preparado para tomar una decisión.

B. 1. C   2. A   3. B   4. B   5. A   6. C   7. A   8. C

Para escuchar bien

A. **Obligaciones de la secretaria**
1. recibir a los aspirantes 2. archivar los documentos 3. contestar el teléfono 4. tomar mensajes 5. trabajar con la señorita Méndez
Obligaciones de la señorita Méndez
1. revisar los documentos 2. hacer las citas para los aspirantes

B. **Mujer 1**
A. Periódico: *El Latino* B. Departamento: Noticias internacionales
C. Responsabilidades 1. Recibir cables 2. Escribir noticias
Mujer 2
A. Periódico: *El Latino* B. Departamento: Noticias nacionales C. Responsabilidades: Escribir noticias políticas y económicas
Hombre 1
A. Situación presente: Esperando respuesta B. Expectativas: Conseguir trabajo en un periódico

C. I. Mayor número de personas trabajarán en sus casas
    A. Consecuencias positivas
        1. En la ciudad
            a. Descongestión del tráfico en las grandes ciudades
            b. Disminución de la contaminación ambiental
            c. Mejoramiento de las relaciones familiares
        2. En la familia
            a. No habrá separación de las familias
        3. En la tecnología y economía
            a. Mejora de la calidad y disminución de los precios de los servicios de comunicación y de las computadoras
    B. Consecuencia negativa
        1. Disminución de las relaciones de amistad y camaradería

Así se dice

B. 1. 3   2. 1   3. 2   4. 1

Estructuras

A. 1. PRESENT 2. FUTURE 3. FUTURE 4. PRESENT 5. FUTURE 6. FUTURE 7. PRESENT 8. FUTURE

Segunda situación

Presentación
Calculadoras, papel de todo tamaño, color y uso, grapas, engrapadoras, quitagrapas, carpetas, lápices, sacapuntas

Para escuchar bien

A.

Administración

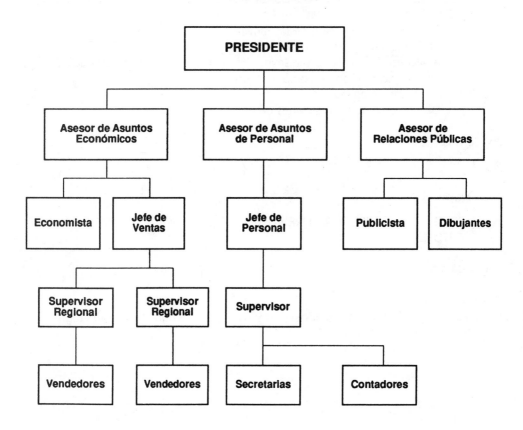

B. 1. Para la oficina de la secretaria a. archivo de metal blanco b. papelera
c. engrapadora eléctrica d. carpetas de tamaño carta 2. Para la oficina del supervisor
a. dictáfono b. dos cajas de discos para la computadora c. una calculadora eléctrica
3. Para la Oficina de Relaciones Públicas a. papel b. dos nuevos archivos c. un nuevo
lector de discos

Así se dice

B.   1. 2   2. 2   3. 1   4. 2

Capítulo 11

Primera situación

Presentación

A. abogado, contador, publicista, representante de ventas, oficinista

B. 1. A   2. B   3. B   4. A   5. A   6. B   7. B

Para escuchar bien

A. 1. **El doctor Ortiz:** que lo llame al 385-9432 de 7 a 9 de la noche 2. **La señora Salazar:** que mande un especialista porque la computadora no funciona 3. **Alejandro:** que recoja su raqueta de tenis antes del viernes 4. **Hija:** que la recoja en casa de Javier a las 7

B. 1. Que haga los pedidos. 2. Que archive los documentos. 3. Que llame a la oficina de importación Céspedes. 4. Que pague los derechos de aduana. 5. Que resuelva los problemas.

Así se dice

B. 1. 3   2. 2   3. 3   4. 5

Estructuras

A. 1. PRESENT 2. PRESENT 3. PRESENT PERFECT 4. PRESENT PERFECT 5. PRESENT 6. PRESENT 7. PRESENT PERFECT 8. PRESENT PERFECT

Segunda situación

Presentación

A. 1. La renta personal, el costo de vida y la inflación suben cada mes. 2. El presupuesto nacional es un desastre. 3. El problema de la evasión fiscal le preocupa al gobierno. 4. Quiere empezar proyectos de desarrollo. 5. Va a insistir en la reforma fiscal y el reajuste de salarios.

B. 1. ahorrar 2. el pago mensual 3. depositar 4. pagar a plazos 5. el giro al extranjero 6. el saldo 7. la hipoteca

Para escuchar bien

A. 1, 2, 3, 7

B. El Banco Latino ofrece una serie de facilidades. Ofrece cuentas corrientes pagando 6% de interés anual. Además ofrece una serie de cuentas de ahorro a plazo fijo pagando desde 7.5% hasta 9% dependiendo de la cantidad de dinero depositada. Con mil dólares, por 60 días, 7.5% y por 150 días, 8%. De cinco a diez mil dólares, por un año, 9%.

Así se dice

B. 1. 2   2. 1   3. 2   4. 4

Estructuras

A. 1. PAST PERFECT 2. PAST PERFECT 3. PRESENT PERFECT 4. PAST PERFECT
5. PRESENT PERFECT 6. PAST PERFECT 7. PRESENT PERFECT 8. PAST PERFECT

F. 1. C   2. E   3. G   4. A.   5. D   6. F   7. B

Capítulo 12

Primera situación

Presentación

A. 1. Huyó de la tiranía de la dictadura. 2. No pudo recibir ni el bienestar social ni la
ayuda que se les ofrece a los refugiados. Fue difícil encontrar trabajo. 3. Se ganó la
vida trabajando como bracero. 4. Hay discriminación contra los hispanohablantes.
5. Espera una vida mejor para sus hijos.

B. 1. B   2. A   3. A   4. B   5. B   6. A   7. B   8. A

Para escuchar bien

A. 1. **Diálogo 2** Impresiones: amigos, conversación amistosa
2. **Diálogo 1** Impresiones: recién conocidos, conversación amistosa

B. Two friends, confrontational tone. Phrases: A mí no me importa. / Ése no es mi
problema. / Estás lleno de prejuicios. / Basta ya. Es el colmo. / Esto es intolerable. /
Vete, pues. / ¡Estás enfermo, loco, totalmente loco!

Así se dice

B. 1. 5   2. 2   3. 3   4. 5

Estructuras

A. 1. CONDITIONAL 2. CONDITIONAL 3. FUTURE 4. CONDITIONAL 5. FUTURE
6. FUTURE 7. CONDITIONAL 8. FUTURE

Segunda situación

Presentación

A. Desfile 10:00; Misa al aire libre 12:00; Comida 1:00; Exposición de artesanía y
música mariachi por la tarde; Baile 8:00

B. 1. A   2. B   3. C   4. C   5. B   6. A   7. A   8. B

Para escuchar bien

A. hagan, tengan, sean, puedan, pasen

C. 1. friendly, authority figure 2. threatening, authority figure 3. friendly, authority figure

Así se dice

B. 1. 4   2. 4   3. 3   4. 1

Estructuras

A. 1. HABITUAL 2. FUTURE 3. FUTURE 4. HABITUAL 5. FUTURE 6. HABITUAL 7. HABITUAL 8. FUTURE

C. 1. PRESENT PERFECT 2. FUTURE PERFECT 3. FUTURE PERFECT 4. PRESENT PERFECT 5. FUTURE PERFECT 6. PRESENT PERFECT 7. FUTURE PERFECT 8. PRESENT PERFECT

Capítulo 13

Primera situación

Presentación

A. **¿Dónde?:** Huancayo
¿Cuándo?: el sábado y el domingo
¿Cómo?: por tren o automóvil
¿Por qué?: En Huancayo hay uno de los mercados indios más interesantes del Perú. El viaje que pasa por la sierra principal de los Andes es magnífico.

B. 1. PASAJERO 2. AZAFATA 3. AZAFATA 4. PASAJERO 5. AZAFATA 6. PASAJERO 7. PASAJERO 8. AZAFATA

Para escuchar bien

A. 1. Una profesora quería ingresar una computadora personal al Perú para hacer su trabajo de investigación. 2. No se permite el ingreso de computadoras en el Perú sin el pago de un alto impuesto. 3. Empleado: descortés; Viajera: cortés 4. Answers vary. 5. Answers vary. 6. Answers vary. 7. Answers vary.

B. 1. El cinturón de seguridad de una viajera no funcionaba. 2. Cambiar a la pasajera de asiento. 3. No, porque quería estar en la ventana al lado de su nieto y además pensaba que cambiarse de asiento le iba a dar mala suerte. 4. **Actitud:** descortés, impaciente, desconfiada **Expresiones:** No, no y no. / Que arreglen esto y pronto. / ¡Es el colmo! / ¿Qué es esto? / ¡Cambiarme de asiento! / ¡Habráse visto! / Apúrase. 5. **Actitud:** cortés, paciente, confiada 6. Answers vary. 7. Answers vary. 8. Answers vary.

Así se dice

A. 1. 3   2. 3   3. 3   4. 5   5. 3   6. 2   7. 3   8. 3   9. 3   10. 4

Estructuras

A. 1. DUDABA QUE 2. DUDABA QUE 3. SABÍA QUE 4. DUDABA QUE 5. DUDABA QUE 6. SABÍA QUE 7. DUDABA QUE 8. SABÍA QUE

Segunda situación

Presentación

A. 1. Haga las reservaciones temprano. 2. Confirme las reservaciones dos días antes de salir. 3. Haga las maletas con cuidado. 4. Ponga una etiqueta en cada maleta. 5. Lleve todos los documentos necesarios. 6. Conozca los reglamentos de la aduana. 7. Lleve dinero en efectivo. 8. Llegue al aeropuerto temprano.

B. 1. B   2. A   3. B   4. A   5. A   6. B   7. A

Para escuchar bien

A. 1. El viajero quiere cambiar su pasaje. 2. **Viajero:** actitud grosera **Empleadas:** corteses 3. **Expresiones:** Quiero...; ¡Caramba!; Por fin aparece Ud.; Ése es asunto mío.; Déme mi dinero.; Esto es un robo.; Y ahora no se demore. 4. ¿Me podría cambiar el pasaje, por favor? Quisiera cambiar el pasaje si fuera posible, por favor. **Resultado:** Hubiera sido mas cortés. 5. Answers vary. 6. Answers vary.

B. 1. **Razón de la llamada:** recordar el cumpleaños de Violeta y comprarle un regalo. **Actitud de la persona que llama:** amable, gentil 2. **Razón de la llamada:** darle noticia e invitarlo a salir este viernes **Actitud de la persona que llama:** alegre, nerviosa 3. **Razón de la llamada:** reclamar falta de asistencia a una reunión **Actitud de la persona que llama:** furiosa, amenazante

Así se dice

A. 1. papá 2. ésta 3. compré 4. abra 5. habló 6. nado 7. pagué 8. bajé

Capítulo 14

Primera situación

Presentación

A. 514   Arreglar la calefacción
318   Subir el equipaje
623   Llevar más toallas de baño
415   Llamar mañana por la mañana a las 6:30 en punto
308   Avisarlo cuando llegue el mensaje
236   Arreglar el aire acondicionado
326   Traerle un menú para el servicio de habitación

B. 1. A   2. A   3. B   4. A   5. A   6. B   7. A   8. B

Para escuchar bien

A. cuchitril *(slang for small, ugly place)*; caño *(faucet)*; chorro *(gush out)*; dineral *(a lot of money)*

B. **Present perfect indicative:** ha malogrado, ha llegado, ha llamado, ha retrasado, ha perdido, ha pasado, ha ido, ha quedado, ha sucedido, ha tenido
Present perfect subjunctive: haya malogrado, haya llegado, haya llamado, haya retrasado, haya perdido, haya pasado, haya ido, haya quedado, haya sucedido, haya tenido
Column A: ha malogrado, han llegado, han llamado, han cambiado, han ido, han quedado, ha sucedido, hemos tenido
Column B: hayan retrasado, hayan perdido, haya pasado

Así se dice

A. 1. 5   2. 6   3. 7   4. 8   5. 7   6. 12

B. 1. Tú eres estudiante de español. 2. Los amigos de Elena son extranjeros. 3. Los beneficios sociales son importantes para ellos. 4. Hay que llenar una solicitud para ese puesto. 5. Él tiene que encargarse de eso personalmente. 6. Es orgullosísimo y no quiere que nadie sepa que está sin trabajo.

Estructuras

A. 1. PRESENT SUBJUNCTIVE 2. PRESENT PERFECT SUBJUNCTIVE 3. PRESENT PERFECT SUBJUNCTIVE 4. PRESENT SUBJUNCTIVE 5. PRESENT PERFECT SUBJUNCTIVE 6. PRESENT SUBJUNCTIVE 7. PRESENT PERFECT SUBJUNCTIVE 8. PRESENT SUBJUNCTIVE

Segunda situación

Presentación

A. Puedes echar las cartas en el buzón que está en la esquina o llevarlas a la oficina de correos. Si vas a la oficina de correos, puedes comprar sellos allí. Si quieres comunicarte rápidamente con tu hermano y no puedes ni escribirle ni llamarlo, es mejor mandarle un telegrama. En el paquete hay que escribir claramente el destinatario y la dirección. No te olvides de escribir el código postal ni el remite. Entonces, llévalo a la oficina de correos donde te lo pesa y te dice el franqueo que tienes que poner.
    ¡Buena suerte!

B. 1. A   2. B   3. B   4. A   5. B   6. A   7. A   8. B

Para escuchar bien

A. Voz pasiva: fue detenido, fue descrito, fue informado, fue encontrado, fue tomado, fue respetado, fue enviado, fue registrado, fue trasladado, fue visto

Construcción substituta: se detuvo, se describió, se informó, se encontró, se tomó, se respetó, se envió, se registró, se trasladó, se vió

A	B
han sido detenidos	se ha descubierto
han sido trasladados	se nos informa
han sido tomadas	se ha incautado
ser enviados	se encuentra
ser visto	se implementarán
será registrado	
son respetadas	

B. cartota, tarjetota, telegramote, muchísimo, pequeñísimo, rapidísimo

A	B
paquetazo	rapidísimo
carterota	muchísimo
direccionzota	carísimo
	larguísimo
	amabilísimo

Capítulo 15

Primera situación

Presentación

1. B   2. A   3. C   4. A   5. B   6. C   7. A   8. C

Para escuchar bien

A. Ir: ve, vaya, no vayas, no vaya. Hacer: haz, haga, no hagas, no haga. Jugar: juega, juegue, no juegues, no juegue. Correr: corre, corra, no corras, no corra. Ganar: gana, gane, no ganes, no gane. Entrenarse: entrénate, entrénese, no te entrenes, no se entrene.

A: 2, 3, 7 **B:** 4, 5, 10 **C:** 1, 6, 8, 9

B. 1. **Hombre:** friendly **Mujer:** friendly 2. **Hombre:** rude **Mujer:** not rude

C. Hombre 1 (Sr. Góngora): friendly
Expresiones: Joselito; tú; déjame...; si necesitas cualquier cosa...
Hombre 2 (Joselito): formal
Expresiones: Ud.; Sr. Góngora; qué ocurrencia, señor; para mi será un gusto...

Así se dice

C. 1. simple 2. emphatic 3. simple 4. simple 5. emphatic 6. emphatic

Estructuras

A. 1. CONDITIONAL 2. CONDITIONAL 3. CONDITIONAL PERFECT 4. CONDITIONAL PERFECT 5. CONDITIONAL 6. CONDITIONAL PERFECT 7. CONDITIONAL 8. CONDITIONAL PERFECT

D. 1. DUDO QUE 2. DUDABA QUE 3. DUDABA QUE 4. DUDO QUE 5. DUDO QUE 6. DUDABA QUE 7. DUDO QUE 8. DUDABA QUE

Segunda situación

Presentación

A. 1. LLAMAR AL MÉDICO / GUARDAR CAMA 2. IR AL HOSPITAL 3. GUARDAR CAMA 4. LLAMAR AL MÉDICO 5. GUARDAR CAMA

B. 1. A 2. B 3. A 4. B 5. B 6. A 7. A 8. B

Para escuchar bien

A. **Médico:** formal but rude
Expresiones: Pase.; Yo se lo advertí.; Si me hubiera hecho caso...; ¿Me entiende?; Le he dicho que se cuide.; Me va a hacer perder la paciencia.
Joven: formal but friendly
Expresiones: Por favor.; Sí, doctor.; Ya, doctor.; No se moleste.

B. **Mujer 1:** rude
Expresiones: Te lo dije.; Te lo mereces por terca.; Eres insoportablemente malcriada y engreída.; Que te aguante otra.
Mujer 2: rude
Expresiones: Cállate la boca; Vete de mi cuarto.; Déjame en paz.; Vete de aquí.; A mí qué me importa.; Mientras más rápido te vayas, mejor.

Así se dice

C. 1. information question 2. yes-no question 3. information question 4. yes-no question 5. yes-no question 6. information question

English-Spanish Vocabulary

A

a, an un(-a) **12**

A.M. de la mañana **CP**

able: be able to poder **1**

about acerca de, como, de

abroad extranjero **11**

absurd absurdo

abuse abuso **12**

accept aceptar

accident accidente *(m)*

accommodate acomodar

accomplish llevar a cabo

according to según **4**

account cuenta **11**; **checking account** cuenta corriente **11**; **joint bank account** cuenta manucomunada; **savings account** cuenta de ahorros **11**

accountant contador(-a) **11**

accounting contabilidad *(f)* **4**

accused acusado **9**

accustomed: become accustomed acostumbrarse

ache doler (ue) **15**; **have a . . . ache** tener dolor de... **15**

achieve lograr **12**

acknowledge defeat darse por vencido

acquaintance conocido(-a)

acquainted: be acquainted with conocer **2**

across de enfrente **7**

active activo

activity actividad *(f)* **2**

actual real, verdadero **7**

actually en realidad **7**

adapt adaptarse **12**

add añadir

address dirección *(f)* **14**

addressee destinatario **14**

adjective adjetivo

adjustment reajuste *(m)* **11**

administration: business administration administración *(f)* de empresas **4**;

administrative office oficina administrativa **4**

admire admirar **7**

admission ingreso **4**

adore encantar **6**

adorn adornar

advance adelanto

advanced avanzado **11**

advantage ventaja

adventure aventura **2**; *adj* de aventura **2**

adverb adverbio

advertisement anuncio **9**

advertising publicidad *(f)* **10**; **advertising person** publicista *(m/f)* **11**

advice consejo; **give advice** dar consejos **3**

advisable aconsejable

advise aconsejar, avisar **3**

advisor consejero(-a)

aerobic aeróbico **15**

affection cariño **3**

affectionate cariñoso **3**

after *prep* después de; *conj* después que **12**

afternoon tarde *(f)* **CP**

afterwards después, luego

again otra vez

against contra **4**

age edad *(f)* **CP**

agency agencia **1**; **employment agency** agencia de empleos **10**; **travel agency** agencia de viajes

agent agente *(m/f)*

ago hace + *unit of time* + *verb in preterite* **2**

agreement acuerdo; **be in agreement** estar de acuerdo **7**; **reach an agreement** llegar a un acuerdo

aggressive agresivo

agricultural agrícola

air aire *(m)*; **air-conditioning** aire acondicionado **14**

air mattress   colchón neumático **2**
airline   línea aérea **13**
airplane   avión *(m)*
airport   aeropuerto **13**
aisle   pasillo **13**
alarm clock   despertador *(m)* **1**
alcoholic   alcohólico
alert   vivo (with *ser*) **3**
alive   vivo (with *estar*) **3** *adj*
all   todo
all right   regular; *adv* bueno
allergic   alérgico **15**; **be allergic to** ser
  alérgico a **15**
allergy   alergia **15**
allow   dejar, permitir
almond pudding   almendrado **6**
almost   casi
alone   solo
already   ya **11**
also   támblén **8**
alternative   alternativa
although   aunque
altitude   altitud *(f)*, altura
always   siempre **8**
amazed   maravillado
ambiguity   ambigüedad *(f)*
among   entre
amusement   diversión *(f)* **2**
amusement park   parque *(m)* de
  atracciones **7**; **amusement park ride**
  atracción *(f)* **7**
amusing   divertido, gracioso
analysis   análisis *(m)*
ancestry   ascendencia **12**
ancient   antiguo
anger   enojo
angry   enojado **3**; **get angry** enfadarse,
  enojarse
ankle   tobillo **15**
anniversary   aniversario **5**
announcer   locutor(-a) **9**
announce   anunciar **9**
annoy   disgustar **6**; molestar **6**
annoyed   molesto **3**
another   otro
answer   *v* contestar; *n* respuesta
antibiotic   antibiótico **15**
any   cualquier
appear   aparecer **1**; presentarse
appetite   apetito **6**

appetizer   antojito **6**
applaud   aplaudir **7**
apple   manzana **5**
appliance   aparato
applicant   aspirante *(m/f)* **10**
application form   solicitud *(f)* **10**
apply   solicitar **11**
appointment   cita **7**
appraise   valorar **8**
appreciate   agradecer
approach   acercarse
appropriate   apropiado
aptitude   aptitud *(f)* **10**
arch   arco
architect   arquitecto(-a)
architecture   arquitectura **4**
arm   brazo **15**
aroma   olor *(m)* **5**
around   alrededor de **4**; **around here** por
  aquí **4**; **around there** por allí **4**
arrange   arreglar
arrest   arrestar **9**
arrive   llegar **12**
arrival   llegada **12**
arriving from   procedente de **13**
art   arte *(m)* **4**; **fine arts** bellas artes **4**
art gallery   galería **7**
article   artículo
artist   artista *(m/f)*
artistic   artístico **10**; **artistic work** obra **10**
as   como; **as soon as** tan pronto como **5**;
  as if como si; **as much** tanto(-a) **5**
ask   preguntar (a question) **1**; **to ask for**
  pedir (i) **1**
asparagus   espárragos *(m)* **5**
aspect   aspecto
aspirin   aspirina **15**
assimilate   asimilarse **12**
associate   asociarse
assorted   variado **6**
assure   asegurar **8**
astonish   asombrar
at   a, en
athlete   atleta *(m/f)*
athletic   atlético **CP**; **athletic shoes**
  zapatos deportivos **8**
atmosphere   ambiente *(m)*
attempt   tratar de
attend   asistir a; **attend to** atender (ie)
attendance   asistencia

attention atención *(f)*; **pay attention** prestar atención **4**

attentive atento **10**

attitude actitud *(f)*

attract atraer

attraction atracción **7**

audience público

audit ser oyente **4**

aunt tía **3**

authority autoridad *(f)*

automobile automóvil *(m)*

autonomy autonomía **12**

autumn otoño

available disponible **14**

avenue avenida **7**

average media

avocado aguacate *(m)* **6**; **avocado dip** guacamole *(m)* **6**

avoid evitar

aware consciente

awful espantoso

B

baby bebé *(m)*

bachelor soltero **CP**; **bachelor party** despedida de soltero **5**

bachelor's degree licenciatura **4**; **receive a bachelor's degree** licenciarse en **4**

backpack mochila

bad *adv* mal **6**; *adj* mal, malo; **That's too bad!** ¡Qué lástima!

baggage equipaje *(m)* **13**; **baggage claim area** sala de reclamación, sala de equipaje **13**; **baggage claim check** talón **13**

baked al horno **6**

balance balanza; **balance of payments** balanza de pagos **11**

balcony balcón *(m)* **14**

bald calvo **CP**

ball pelota **15**

balloon globo **7**

ballpoint pen bolígrafo

band conjunto **2**

Band-Aid curita **15**

bandage *n* venda **15**; *v* vendar **15**

bank banco **1**; **bank account balance** saldo de la cuenta bancaria **11**; **bank draft** giro **11**; **joint bank account** cuenta manucomunada **11**

banker banquero(-a)

banking *adj* bancario **11**

baptism bautismo

bar bar *(m)* **2**

bargain ganga **8**

baseball béisbol *(m)* **15**

basement sótano

basket canasta **15**

basketball básquetbol **(A)**, baloncesto **(E)** **15**

Basque vasco

bat *n* bate *(m)* **15**; *v* batear **15**

bath: take a bath bañarse **1**

bathing suit traje de baño *(m)* **8**

bathroom baño **14**

be estar *(conditions)* **1**; **be on a diet** estar a dieta **6**; **be on vacation** estar de vacaciones **2**; **be in style** estar de moda **8**; **be on strike** estar de huelga; **be on sale** estar en liquidación **8**; ser *(characteristics)* **1**

beach playa **2**; **beach umbrella** sombrilla **2**

bean frijol *(m)* **6**

beard barba **CP**

beat batir

beautiful hermoso

beauty belleza; **beauty mark** lunar *(m)* **CP**

because porque, a causa de, puesto que **3**

become hacerse **10**; llegar a ser **10**; ponerse **10**; volverse **10**

bed cama **9**; **go to bed** acostarse (ue) **1**; **make the bed** hacer la cama **9**

bedroom dormitorio **9**

beef carne de res *(f)* **6**

beer cerveza **5**

before *prep* antes de; *conj* antes que **12**

beg rogar (ue)

begin comenzar (ie), empezar (ie) **1**

behave comportarse **3**

behavior comportamiento

behind detrás de **4**

believe creer

bellman botones *(ms)* **14**

belong pertenecer **12**

belt cinturón *(m)*

benefit *n* beneficio; *v* beneficiar **12**

beside al lado de **4**

besides además

best mejor 4; **best man** padrino 3; **the best thing** lo mejor 5

better mejor 4; **get better** mejorar, mejorarse

between entre 4

beverage bebida 5

bicycle bicicleta 2; **ride a bicycle** montar en bicicieta 2

big grande

biking ciclismo

bilingual bilingüe 12; **bilingualism** bilingüismo 12

bill billete *(currency) (m)* 11; cuenta, factura 6

billboard letrero 7

biology biología 4

bird ave *(m)*

birth nacimiento; **birth certificate** partida de nacimiento 13; **birthplace** lugar de nacimiento *(m)* CP

birthday cumpleaños *(m)* 5

blanket manta 14

block cuadra (A), manzana (E) 7

blond rubio CP

blood sangre *(f)*

blouse blusa 8

blunder *v* meter la pata 5

board *n* tabla; *v* abordar 13; **ironing board** tabla de planchar 9; **windsurfing board** tabla de windsurf 2

boarding house pensión *(f)* 14

boarding pass tarjeta de embarque 13

boat barco; **motorboat** lancha

body cuerpo

bond bono 10

bone hueso

boo chiflar 7

bookstore librería 4

booth puesto 7

boot bota 8

border frontera

bore aburrir; **get bored** aburrirse; **bored, boring** aburrido 3

born: be born nacer CP

borrow pedir prestado 11

boss jefe(-a) 11

bother *n* molestia; *v* molestar 6

bouquet ramo

boutique boutique *(f)* 8

box caja; **safety deposit box** caja de seguridad 11

boxing boxeo 15; **box** practicar el boxeo 15

boy chico, muchacho 3

boycott boicoteo 12

boyfriend novio 3

bracelet pulsera 8

brand marca 8

brave valiente 7

break romper 15

breakfast desayuno 6; **have breakfast** desayunar

brick ladrillo 7

bride novia 3; **bridal shower** despedida de soltera 3

bridge puente *(m)* 7

briefcase maletín *(m)* 13

bring traer 1

brochure folleto

broken roto

broom escoba 9

broth caldo 6

brother hermano 3

brother-in-law cuñado 3

brown de color café CP; pardo

bruise contusión *(f)* 15

brunette moreno CP

brush *n* cepillo 1; *v* cepillar 1; **brush your hair** cepillarse 1; **brush your teeth** lavarse los dientes 1

budget presupuesto 11

build construir 10

building edificio 7

bull toro 7

bullfight corrida de toros 7

bullfighter matador *(m)* 7; **bullfighter's suit** traje de luces *(m)* 7

bullfighting tauromaquia 7

bullring plaza de toros 7

burn quemarse 2

bus autobús *(m)* 7; **bus stop** parada de autobús 7

business negocios 10; **business and management** administración de empresas 4; **business office** oficina comercial 10; **businessman** hombre de negocios *(m)* 11; **businesswoman** mujer de negocios *(f)* 11

busy ocupado

but pero, sino 14; **but rather** *conj* sino que 14

buyer comprador(-a) 8

by por, para

C

café café *(m)*; **outdoor café** café al aire libre 2

cake torta 3

calculator calculadora 10

calculus cálculo

calendar calendario

call *n* llamada; *v* llamar

calm *n* tranquilo; *v* calmar

campus ciudad universitaria *(f)* 4

cancel cancelar 13

candy dulces *(m)* 6

capital capital *(city)* *(f)*; capital *(money)* *(m)*

car carro 7; coche *(m)*

caramel caramelo 6; **caramel custard** flan *(m)* 6

card tarjeta CP; **credit card** tarjeta de crédito CP; **I.D. card** tarjeta de identidad CP; **postcard** tarjeta postal; **playing cards** naipes *(m)*, cartas 2

care arreglo 1; **care for** cuidar

career carrera 10

careful cuidadoso 10; ojo; **be careful** tener cuidado

carefully con cuidado

carnation clavel *(m)*

carousel caballitos, tiovivo 7

carpinter carpintero(-a)

carry llevar, take 9; cargar 14; **carry out** llevarse a cabo

cartoon dibujo animado

case: display case escaparate *(m)* **(A)**, vitrina **(E)**; **in case that** en caso que

cash dinero en efectivo 11; **cash a check** cobrar un cheque 11; **cash register** caja 8

cashier cajero(-a) 8

cast yeso 15

castle castillo 2

catch coger 15

cathedral catedral *(f)* 7

celebrate celebrar 5

celebration celebración *(f)* 12

cement cemento 7

center centro; **cultural center** centro cultural 8; **shopping center** centro comercial 8; **student center** centro estudiantil 4

centigrade centígrado

century siglo 10

certain cierto, seguro 10

certified mail correo certificado 14

chain cadena 8

chair silla; **armchair** sillón *(m)*

chambermaid camarera, criada 14

champagne champán *(m)* 5

champion campeón(-a) 15; **championship** campeonato 15

change *n* cambio; *v* cambiar; **change clothes** cambiarse de ropa 1; **change money** cambiar dinero; **loose change** sencillo, suelto 11; **money returned as change** vuelto 11

channel canal *(m)* 9

characteristic característica

charge: additional charge recargo; **be in charge** encargarse; **be in charge of** encargado; **charge money** cobrar

charm *n* encanto; *v* encantar; **charming** encantador

chat charlar CP

check *n* cheque *(m)*; *v* chequear, revisar 1; **check in** registrarse 14; **check luggage** facturar el equipaje 13; **check out a book** sacar prestado un libro 4; **traveler's check** cheque de viajero; **checkbook** chequera **(A)**, talonario **(E)** 11

checkered a cuadros 8

checkers damas 3

checking account cuenta corriente 11

cheerful alegre 3

cheers salud 6

cheese queso 5; **cheese and chili chips** nachos 6

chemist químico(-a)

chemistry química 4

chess ajedrez *(m)* 3

chest pecho

chestnut castaño CP

chew masticar

chewing gum chicle *(m)*

chicken pollo 6; **chicken noodle soup** caldo de pollo con fideos 6; **chicken with rice** arroz con pollo 6

child   niño(-a); **children** hijos, niños **3**
chills   escalofríos **15**
chimney   chimenea
chocolate   chocolate *(m)* **6**
choose   elegir (i), escoger, seleccionar
chore   quehacer *(m)* doméstico
Christmas   Navidad *(f)*
church   iglesia **3**
cider   sidra **5**
cigarette   cigarrillo
citizen   ciudadano(-a) **12**
citizenship   ciudadanía **12**
city   ciudad *(f)*; **city hall** ayuntamiento **7**
claim   pretender; **claim luggage** reclamar el equipaje **13**
class   clase *(f)* **4**; **elective class** curso electivo; **classnotes** apuntes *(m)* **4**; **required class** curso obligatorio
classical   clásico **2**
classified ad   anuncio clasificado **10**
classmate   compañero(-a) de clase
clean   *adj* limpio **1**; *v* limpiar **9**
clear   claro **10**; **clear the table** recoger la mesa **9**; **clear up** aclarar; **clear up** *(weather)* despejarse **4**
clerk: desk clerk   recepcionista *(m/f)*; **sales clerk** dependiente(-a)
cliff   acantilado
climate   clima *(m)* **4**
clinic   clínica
clock   reloj *(m)*; **alarm clock** despertador *(m)*
close   *adj* cercano, íntimo **3**; *adv* cerca; *v* cerrar (ie) **1**; **close-knit** unido **3**
clothes   ropa; **clothes dryer** secadora **9**; **clothes hanger** gancho de colgar **(A)**, percha de colgar **(E) 14**; **clothing** ropa **1**
cloudy   nublado **4**
club   palo **15**; **golf club** palo de golf **15**
coach   *n* entrenador(-a) **15**; *v* entrenar **15**
coast   costa
coat   abrigo **8**
cocktail   cóctel *(m)* **6**; **cocktail lounge** salón *(m)* de cóctel **14**; **seafood cocktail** cóctel de mariscos **6**; **shrimp cocktail** cóctel de camarones **6**
cod   bacalao **6**
coffee   café *(m)* **6**; **black coffee** café solo
coin   moneda **11**

coincide   coincidir
coincidentally   justo
cold   *adj* frío **4**; *n* catarro, resfriado **15**; **be cold** tener frío; **have a cold** estar resfriado **15**
collaborate   colaborar
colonial   colonial **7**
color   color *(m)*
comb   peine *(m)* **1**; **comb one's hair** peinarse **1**
combine   combinar
come   venir **6**; **come in** adelante **5**; pasar
comedy   comedia **2**
comet   cometa
comfort   comodidad *(f)*
comfortable   cómodo **14**
comment   comentar **7**
commercial   anuncio comercial **9**
commitment   compromiso
communicate   comunicarse
community   comunidad *(f)* **12**
companion   compañero(-a)
company   compañia **1**, empresa **11**
compare   comparar
complain (about)   quejarse (de) **1**
complete   completo; **completely** completamente, por completo
complicated   complicado; **become complicated** complicarse
composed   compuesto
computer   computadora **1**; **computer disk** disco; **computer hardware** maquinaria **10**; **computer operator** operador(-a) de computadoras **11**; **computer science** informática **10**; **computer programming** programación *(f)* de computadoras **4**
concert   concierto **2**
concierge   conserje *(m)* **14**
conciliatory   conciliatorio
concise   conciso **10**
condiment   condimento
condolence   pésame *(m)*
confide in   confiar en **3**
confidence   confianza
confirm   confirmar **13**
confiscate   confiscar **13**
conflictive   conflictivo
confused   confundido; **be confused** confundirse

confusion confusión *(f)*

congratulate felicitar; **congratulations** felicidades *(f)*, felicitaciones *(f)*

conqueror conquistador *(m)*

consider considerar

constitutional constitucional

construct construir 10

construction construcción *(f)*

consumption consumo 11

contact lenses lentes *(m)* de contacto CP

content *n* contenido; *adj* contento

continue continuar

contract contrato; **contracted** contratado

contribute contribuir 1

control controlar

convenient conveniente 9

conversation conversación *(f)* 5

converse conversar 5; **have after-dinner conversation** hacer la sobremesa 3

convince convencer

cook *n* cocinero(-a); *v* cocinar 9

coolness fresco

cooperate cooperar

cooperation cooperación *(f)*

coordination coordinación *(f)*

copper cobre *(m)*

copying machine fotocopiadora 1

corner esquina 7, rincón *(m)*

correspond corresponder

cosmopolitan cosmopolita

cost *n* costo 11; *v* costar (ue) 8; **cost of living** costo de vida 11

costume disfraz *(m);* **costume jewelry** joyas de fantasía 8; **costume party** fiesta de disfraces

cotton algodón *(m)* 8; **cotton candy** algodón de azúcar 7

cough *n* tos *(f)* 15; *v* toser 15; **cough syrup** jarabe *(m)* para la tos 15

counselor consejero(-a)

count contar (ue) 1

counter mostrador *(m)*

country país *(m);* **native country** patria; **country** *(rural area)* campo 3

couple pareja *(f)* 3

courageous valiente

course curso 4; plato *(food)* 6

courtesy cortesía

cousin primo(-a) 3

cover cubrir; **covered** cubierto 11

craftsmanship artesanía

craziness locura; **crazy** loco; **be crazy about** estar loco por 6

create crear

creation creación *(f)*

credit card tarjeta de crédito

crime crimen *(m)*, delito 9

crisis crisis *(f)*

criticize criticar 7

crop cosecha 12

cross atravezar (ie), cruzar 7

crossword puzzle crucigrama *(m)* CP

cruise crucero

crutches muletas 15

cry llorar 3

culture cultura; **cultural center** centro cultural 7

cup taza 6

cure *n* cura; *v* curar

curl one's hair rizar el pelo 1; **curlers** tenacillas de rizar 1; **curly** rizado CP

currency moneda

current actual

custom costumbre *(f)* 3

customer cliente *(m/f)* 1

customs aduana 13; **customs agent** aduanero 13; **customs declaration** declaración *(f)* de aduana 13; **go through customs** pasar por la aduana 13

cut cortar 9; **cut oneself** cortarse 15

cute mono 3

cycling ciclismo

D

daily diario

damp húmedo 4

dance baile *(m)*

dancer ballarín(-a)

dangerous peligroso 7

date fecha, cita 7; **date of birth** fecha de nacimiento CP; **date someone** salir con 3

daughter-in-law nuera 3

day día *(m)* 1; **day before yesterday** anteayer 2; **every other day** cada dos días; **day laborer** bracero(-a) 12; **per day** al día; **present-day** actual

dead muerto 11

deal negocio; **deal with** tratarse de **6**
dear querido
debt deuda
decide decidir
decision decisión (f) **10**
declare declarar **13**
decoration adorno
defeat derrotar **15**
definite cierto **10**
degree título **4; having a university degree** licenciado
delay n demora **13;** v demorarse; **delayed** de retraso, retrasado **13**
delicate delicado **8**
delicious delicioso, rico, sabroso **6**
delight encantar
deliver entregar, repartir **14; special delivery** entrega inmediata **14**
demand exigir; **demanding** exigente
demonstration manifestación (f) **9**
dentist dentista (m/f)
deny negar (ie) **9**
deodorant desodorante (m) **1**
depart partir
department sección (f) **10,** departamento; **department store** almacén (m) **1,** gran almacén (m) **8**
departure salida **13**
depend depender
deposit depositar, ingresar **11**
depressed deprimido **15; depressing** deprimente
describe describir
description descripción (f) **3**
desert desierto
deserve merecer **1**
design diseño **8**
desire n gana; v desear
desk clerk recepcionista (m/f) **14**
dessert postre (m) **6**
destination destino **13**
destroy destruir **1**
detail detalle (m)
detain detener
detergent detergente (m) **9**
develop desarrollar **10**
development desarrollo **11**
devote oneself to dedicarse a **1**
dial a telephone discar
dialogue diálogo

diamond brillante (m) **8; diamond necklace** collar (m) de brillantes **8**
dictaphone dictáfono **10**
dictator dictador(-a) **12**
dictatorship dictadura **12**
die morir (ue) **1**
diet dieta **6; be on a diet** estar a dieta **6**
different diferente
difficult difícil
difficulty dificultad (f) **12**
dining room comedor (m) **9**
dinner cena **6; eat dinner** cenar **6**
direction dirección (f) **7**
dirty sucio **1**
disadvantage desventaja
disappear desaparecer **10**
disaster desastre (m) **9**
discotheque discoteca **2**
discount n descuento; v descontar (ue); **discount store** tienda de liquidaciones **8**
discourteous descortés
discover descubrir; **discovered** descubierto
discriminate discriminar **12**
discrimination discriminación (f) **12**
discuss discutir **7**
discussion discusión (f)
disease enfermedad **15**
dish plato **6; main dish** entrada
disk disco **10; disk drive** lector de discos **10**
dismiss despedir (i) **10; dismissed** despedido
disorder desorden (m)
display case escaparate (m) **(A),** vitrina **(E) 8**
displease disgustar
distracted distraído
distraction distracción (f)
diverse diverso
divide dividirse
divorced divorciado **CP**
dizziness mareo **15; feel dizzy** marearse **15**
do hacer **1; do something again** volver a + inf **8; done** hecho **11**
doctor médico(-a) **15**
doctorate doctorado **4**
document documento **11**
dollar dólar (m) **11**

domestic doméstico **9**
dominoes dominó **3**
doorman portero **14**
dormitory residencia estudiantil **4**
doubt *n* duda; *v* dudar **9; doubtful**
dudoso **9**
down payment pago inicial **11**
downtown centro **7**
drama drama *(m)* **2**
dramatize dramatizar
drawer cajón *(m)*
drawing dibujo
dream *n* sueño **6;** *v* soñar (ue)
dress vestido **1; get dressed** vestirse (i)
1; dressing condimento; **dressy** vistoso
8; get undressed desvestirse (i) **1**
drink *n* copa **2;** *v* beber, tomar
drive conducir, manejar **1; driver**
conductor(-a) **7; driver's license** permiso
de conducir **CP**
drop gota **15; drop a class** dejar una
clase **4**
drown ahogarse **9**
drugstore farmacia
drunk borracho **2; get drunk**
emborracharse **2**
dry secar **9; dry one's hair** secar el pelo
1; dry oneself secarse **1; clothes dryer**
secadora **9; hair dryer** secador *(m)* **1**
dry cleaner tintorería **1**
due date fecha de vencimiento **11**
during durante **4**
dust sacudir **9**
duty free libre de derechos de aduana **13**
duty tax derecho de aduana **11**
dynamic dinámico **5**

E

each cada **7**
early adelantado **13,** temprano **CP; early**
riser madrugador(-a) **1**
earn a living ganarse la vida
earring arete *(m)* **8**
earthquake terremoto **9**
east este *(m)*
Easter Pascua
easy fácil
eat comer; **eat dinner** cenar
economics ciencias económicas **4**

economy economía **11**
education educación *(f)*
effect efecto
efficient eficaz **10**
effort esfuerzo
egg huevo **6**
eighth octavo **4**
either . . . or o ... o **8**
elect elegir (i) **9; election** elección *(f)* **9;**
elective class curso electivo **4; electoral**
campaign campaña electoral **9**
electric eléctrico **1; electric outlet**
enchufe *(m)* **14**
electrician electricista *(m/f)*
elegant elegante **8**
elevator ascensor *(m)*
embassy embajada
embrace abrazar **13**
emerald esmeralda **8**
emigrant emigrante *(m/f)* **12**
emigrate emigrar **12**
employ emplear **10**
employee empleado(-a)
employment empleo **10; employment**
agency agencia de empleos **10**
empty vacío
end *n* fin *(m)*; *v* poner fin; **weekend** fin *(m)*
de semana
energetic enérgico **5**
engagement compromiso **3; engaged**
couple los novios **3; engagement**
announcement esponsales *(m)*;
engagement period noviazgo **3;**
engagement ring anillo de compromiso;
become engaged to comprometerse con
3
engineer ingeniero(-a) **11**
engineering ingeniería **4**
English inglés *(m)* **3**
enjoy disfrutarse, gozar de **2; enjoy**
oneself divertirse (ie), pasarlo bien **2**
enough bastante **7**
enrich enriquecer
enroll in inscribirse **4**
enter entrar; **enter a new country**
inmigrar **12**
enthusiastic entusiasmado
entire entero
entrance exam examen *(m)* de ingreso **4**
entrée entrada **6**

envelope   sobre *(m)* 14
environment   ambiente *(m)*
equal   igual
equipment   equipo
establish   establecerse 12
ethnic   étnico 12
European   europeo
even   hasta 4; **even when** aun cuando
evening   noche *(f)* **CP**
event   acontecimiento, evento 12
every   cada, todo 7; **every other day** cada
   dos días; **everywhere** todas partes
evident   evidente
evil   mal (before *ms* noun); malo (with *ser*)
exact   exacto; **exactly (telling time)** en
   punto **CP**
exam   *n* examen *(m); v* examinar; **take an**
   exam tomar un examen 4; **examination**
   period temporada de exámenes 4; **pass**
   an exam aprobar (ue) 4
example   ejemplo; **for example** por
   ejemplo
excel   sobresalir 4
except   menos 4
exchange   *n* intercambio; *v* intercambiar;
   exchange money cambiar dinero 11;
   exchange student estudiante de
   intercambio
excuse   *n* excusa; *v* disculpar
execute   cumplir, ejecutar 11
executive   ejecutivo(-a) 11
exercise   *n* ejercicio; *v* hacer ejercicio;
   aerobic exercise ejercicio aeróbico 15;
   warm-up exercise ejercicio de
   calentamiento 15
exhausted   exhausto
exhibit   exposición *(f)* 7
exile   exilio 12; **exiled person** exiliado(-a)
   12
exotic   exótico
expensive   caro; **expensive store** tienda
   de lujo 8
experience   *n* experiencia 10; *v*
   experimentar
explain   explicar
exploitation   explotación *(f)* 12
export   exportar 11; **export trade** comercio
   de exportación 11
external   externo

eye   ojo **CP; eye shadow** sombra de ojos
   1; **eyeglasses** anteojos, gafas **CP**

F

fabric   tela 8
fabulous   fabuloso
face   cara
factory   fábrica 1
faculty   profesorado 4
fail   salir mal 4
faint   desmayarse 15
fair   justo 12
fall   caer; **fall asleep** dormirse (ue) 1; **fall**
   in love enamorarse de 3
false   falso
familiar   conocido
family   familia 3; *adj* familiar 3
famous   famoso
fan   aficionado(-a)
fantastic   fantástico
fantasy   fantasía
far   *adv* lejos; **far from** lejos de 4
fare   pasaje *(m)* **(A)**, tarifa **(E)** 13
fascinate   fascinar 6
fasten   abrocharse
fat   gordo **CP; gain weight** engordar 6
father   padre *(m)* 3
father-in-law   suegro 3
faucet   grifo 14
favor   favor *(m)*
fear   temer
feature   rasgo 12, seña **CP**
fed up   harto; **be fed up** estar harto
feed oneself   alimentarse
feel   sentirse (ie) 1; **feel at ease** sentirse a
   gusto; **feel dizzy** marearse 15; **feel like**
   (doing something) tener ganas de + *inf;*
   feel pain (emotional or physical) doler
   (ue) 15
Ferris wheel   gran rueda 7
fertile   fértil
festival   feria
fever   fiebre *(f)* 15
few   poco 6; **a few** algún, alguna(-s),
   alguno(-s), unas, unos
fiancé(e)   novio(-a) 3
field   campo 3; **field of study** campo de
   estudio 4
fifth   quinto 4

fight   pelear
figure   figura
file   archivar **11; file cabinet** archivo **10;
   file folder carpeta **10**
fill   llenar **1**
film   película
final   final
finally   finalmente, por fin **4,**
   posteriormente
finance   finanzas **10; financial** financiero
   10; financial advice consejo
   financiero**11; financier** financista *(m/f)* **11**
find   encontrar (ue) **5; find out** enterarse
   de **10**
fine   multa **13**
fine arts   bellas artes **4**
finger   dedo **15**
fingernail   uña
finish   acabar, terminar
fire   incendio **9; fire someone** despedir (i)
   10; fire station estación *(f)* de bomberos
   7; firefighter bombero(-a) **7**
first   primer, primero **4; first name** nombre
   (m) **CP**
fish   *n* pescado *(food)* **6,** pez *(m); v* pescar
   2; fishing pesca
fit   caber, quedar **13**
fixed menu   menú *(m)* del día, menú
   turístico **6**
flag   bandera **12**
flavor   sabor *(m)* **5**
flee   huir **12**
flexible   flexible
flight   vuelo **13; flight attendant** aeromozo
   (A), azafata **(E)** camarero **12; flight
   schedule** horario de vuelos **13**
flirt   coqueta
flirtatious   coqueta
float   carroza **12**
flood   inundación *(f)* **9**
floor   piso **9; floor show** espectáculo **2**
flour   harina **6**
flower   flor *(f); flowered* de flores **8; throw
   flowers and rice** echarles flores y arroz **3**
flu   gripe *(f)* **15**
fly   volar (ue) **13**
fog   neblina
folkloric   folklórico **2**
follow   seguir (i) **1**

following   siguiente
fond of   tener cariño **3**
food   alimento, comida **6**
foolishness   tontería
for   (by, in, through) por **4; for** (in order to)
   para **4; for example** por ejemplo **4**
force   fuerza
foreigner   extranjero(-a) **11**
forget   olvidar
fork   tenedor *(m)* **6**
form   forma; **get in shape** ponerse en
   forma **15**
former   aquél, aquélla, aquéllas, aquéllos **6**
found   fundar
fountain   fuente *(f)* **7**
fourth   cuarto **4**
fracture   fracturarse **15**
frankly   francamente
freckle   peca **CP**
free time   ratos libres
French   francés *(m)* **3**
frequency   frecuencia; **frequently**
   frecuentemente **3**
fried   frito **5**
friend   amigo(-a)
friendly   amigable
friendship   amistad *(f)* **5**
fringe benefit   beneficio social **10**
from   de, desde **4; from dawn to dusk** del
   amanecer al anochecer; **from time to
   time** de vez en cuando
fruit   fruta **6; fruit in season** fruta del
   tiempo **6**
fulfill   cumplir
full   completo, lleno; **full time** tiempo
   completo **1**
fun   *adj* divertido; **have fun** divertirse (ie)
   2; funny cómico **2,** chistoso, gracioso **5**
fur   piel *(f)* **8**
furious   furioso
furnish   amueblar
furniture   muebles *(m)* **9; piece of
   furniture** mueble *(m)* **9**
furthermore   además

G
gallery   galería **7**
game   juego, partido **15; game of chance**

juego de suerte **7; game show** programa
de concursos **9**

garbage basura **9; take out garbage**
sacar la basura **9**

garlic ajo **6**

gas station estación de servicio,
gasolinera **7**

gasoline gasolina

gate puerta **13**

generally generalmente, por lo general **3**

geographical geográfico

geography geografía

German alemán **3**

get conseguir (i) **10; get along with**
llevarse bien **1**, caerle bien **5**

gift regalo **3; gift shop** tienda de regalos
8

girlfriend novia **3**

give dar; **give a present** regalar **5; give a
shot** poner una inyección **15**

glacier glaciar *(m)*

glass vaso **6;** *(material)* vidrio **7**

glasses anteojos, gafas **1; sunglasses**
gafas de sol **2**

gloves guantes **8**

go ir; **go away** irse; **go straight** seguir
derecho

goal meta

goblet copa **2**

godchild ahijado(-a) **3**

godfather padrino

godmother madrina **3**

gold oro **8; gold chain** cadena de oro **8**

golf golf; **golf club** palo de golf **15; golf
course** campo de golf **2**

good bueno **6; Good luck.** Buena suerte.
2; the good thing lo bueno **5**

good-bye adiós, chau, hasta luego, hasta
pronto; **say good-bye** despedirse (i) **1**

gossip *n* chisme **5;** *v* chismear **2**

grade nota **4; get grades** sacar notas **4**

graduate graduarse, licenciarse **4;**
postgraduate posgraduado

graduation graduación *(f)*

grandchild nieto(-a) **3**

grandparent abuelo(-a) **3**

grape uva

grass césped *(m);* **grassy plain** pampa

great gran *(before s n)*, grande

great-grandparent bisabuelo(-a) **3**

green verde **3; green card** tarjeta verde
12

greet saludar

greeting saludo

groom novio **3**

group grupo **7; in a group** en grupo;
musical group conjunto **2**

grow crecer **9; grow plants** cultivar **9**

guess adivinar **9**

guest huésped *(m/f)* **14;** invitado(-a) **3**

guide guía *(m/f);* **TV guide** guía *(f)* de
televisión **9**

guilty culpable **9**

guitar guitarra

gymnasium gimnasio **2**

gymnastics gimnasia **15; do gymnastics**
practicar la gimnasia **15**

gypsy flamenco *adj*

H

hair pelo **CP; hair dryer** secador *(m)* **1;**
hair spray laca **1; red-haired** pelirrojo
CP

half mitad *(f);* **half-time** medio tiempo **1**

ham jamón *(m)*

hand mano *(f)* **15; hand in** entregar **4; on
the other hand** en cambio, por otro lado

handle tratar de **6**

hang colgar (ue); **hang up** colgar (ue) **9**

hanger gancho de colgar **(A)**, percha de
colgar **(E)** **14**

happen suceder **12**

happiness alegría

happy alegre, contento, feliz **3; be happy**
alegrarse

hard duro **2**

hard sausage chorizo **5**

hard-working trabajador **4**

hardly apenas

harm hacer daño **15**

harvest cosechar **12**

hat sombrero **2**

hachet hacha

have tener **1**, haber **11; have a good time**
pasarlo bien **2; have just** acabar de +
inf; **have to** tener que + *inf* **11; have to**
(do something) deber **11**

head cabeza **15**

headline titular *(m)* **9**

healer curandero(-a)

health salud *(f);* **health certificate**
certificado de sanidad **13; healthy**
saludable

hear oír **1**

heart corazón *(m)*

heat calefacción *(f)* **14;** calor *(m)*

heavy pesado; **heavy sleeper**
dormilón(-a) **1**

heel tacón *(m)* **8; high heels** zapatos de
tacón **8; low-heel shoes** zapatos bajos **8**

height estatura; **of average height** de
talla media **CP**

helmet casco **15**

help *n* ayuda; *v* ayudar

here aquí

heritage herencia cultural **12**

herself *refl pron* se

high alto **CP**

high school colegio, escuela secundaria,
liceo, instituto **4; high-school·diploma**
bachillerato **4**

hill colina

himself *refl pron* se

hip cadena

hire contratar **10**

Hispanic hispano **12**

hiss chiflar **7**

histórico historic **7**

history historia **4**

hit golpear; **hit oneself** golpearse **15**

hobby diversión *(f)* **2**

hockey hockey *(m)* **15; hockey puck**
disco **15; hockey stick** palo de hockey **15**

holiday día *(m)* feriado, feria **5**

home casa; **at home** en casa

homeland patria **12**

homework tarea **10**

honeymoon luna de miel **3**

honorable honrado

hope *n* esperanza; *v* esperar; **I hope that**
Ojalá (que)

hors d'oeuvre entremés *(m)* **5**

horse caballo; **ride horseback** montar a
caballo **2**

hose manguera **9**

hospital hospital *(m)* **7; private hospital**
clínica **7**

host (hostess) anfitrión(-a) **5**

hot caliente **6; It's hot.** Hace calor; **be hot**
tener calor

hotel hotel *(m)* **2**

hour hora **2**

house casa; **house of horrors** casa de
los fantasmas **7; house of mirrors** casa
de los espejos **7**

housewife ama de casa

how como, ¿cómo? **1; How are things?**
¿Qué hay?, ¿Qué tal?; **how much?**
¿cuánto? **1; know how to** saber + *inf*

however sin embargo

hug *n* abrazo; *v* abrazar **13**

humid húmedo **4**

humidity humedad *(f)*

hundred cien, ciento **CP**

hunger hambre *(f)* **6; be hungry** tener
hambre; **be starving** morirse de hambre
6

hurry apurarse

hurt lastimar **15; get hurt** herirse (ie),
lastimarse **15**

husband esposo, marido **3**

hustle-bustle algarabía

I

I yo **4**

I.D. card tarjeta de identidad **CP**

ice hielo **5; ice cream** helado **6; ice
skates** patines *(m)* de hielo **15**

idea idea, ocurrencia

ideal ideal

identify identificar

identity identidad *(f)* **CP**

if si

illegal ilegal **12**

illiteracy analfabetismo **12**

illness enfermedad *(f)* **15**

illustrate ilustrar

imagination imaginación *(f)*

imagine imaginarse

immediate inmediato

immigrant inmigrante *(m/f)* **12**

immigrate inmigrar **12**

impatient impaciente

implore rogar (ue)

impolite descortés

import importar **11; import trade**
comercio de importación **11**

impossible imposible **9**

impression impresión *(f)*

improve mejorar, mejorarse

in   en 4; **in advance** con anticipación; **in back of** detrás de 4; **in case that** en caso que 12; **in charge of** encargado; **in front of** delante de, enfrente de 4; **in pairs** en parejas; **in search of** en busca de 12; **inside of** dentro de 4; **in spite of** a pesar de que 12; **in the beginning** al principio; **in the name of** en nombre de 6; **in this way** así

in-laws   parientes políticos 3
include   incluir
income   ingreso, renta 11
increase   aumentar 12
incredible   de película, increíble 1
independence   independencia
Indian   indio(-a)
indicate   indicar
indifference   indiferencia
indifferent   indiferente
indigenous   indigenista
individual   individuo
industry   industria
inequality   desigualdad (f) 12
inexpensive   barato, económico
infer   inferir (ie)
inferior   inferior
inflation   inflación (f) 11
influence   n influencia; v influir
inform   informar 9
information   información (f)
inhabitant   habitante (m/f)
initiative   iniciativa 10
injure   hacer daño, lastimar 15
injustice   injusticia
innocence   inocencia
inside   adentro; **inside of** dentro de 4
insist on   insistir en
insomnia   insomnio 15
install   instalar
instance   vez (f) 2
instead of   en vez de
insure   asegurar 8
integrate oneself   integrarse 12
interaction   interacción (f)
interest   interés (m); **interest rate** tasa de interés 11
interesting   interesante; **be interesting** interesar 6
internal   interno

international   internacional 9, multinacional 11
interrupt   interrumpir
intersection   bocacalle (f), cruce (m) 7
interview   n entrevista 10; v entrevistar 9
intimate   íntimo
intolerable   insoportable
introduce   presentar 5
invest   invertir (ie) 11
invitation   invitación (f) 5
invite   invitar, convidar 5
Irish   irlandés (m)
iron   n plancha 9; v planchar 9; **ironing board** tabla de planchar 9
isolated   aislado
isolation   aislamiento
item   artículo

J

jail   cárcel (f) 9
Japanese   japonés (m)
jealousy   celos 3
jewel   joya 8; **costume jewelry** joyas de fantasía 8; **jewelry shop** joyería 8
job   trabajo, puesto 10; **job application** solicitud (f) 10
jog   hacer jogging 15; **jogging suit** calentador (m) (A); chandal (m) (E) 8
joint bank account   cuenta mancomunada 11
joke   n chiste (m) CP; v bromear
journalism   periodismo 4
journalist   periodista (m/f)
judge   juez (m/f) 9
juice   jugo, zumo 5
jump   saltar 15
jungle   selva
justify   justificar

K

keep   conservar, guardar 11
key   llave (f), tecla 10
keyboard   teclado 10
kick   dar una patada 15, patear
kid   chaval(-a) 3
kidnap   secuestrar 9
kind   adj amable; n tipo
kindness   amabilidad (f), gentileza
king   rey (m)

kiss besar 13
kitchen cocina 9
knee rodilla 15
knife cuchillo 6
knock tocar
know conocer, saber; **know how** saber + *inf*
knowledge conocimiento 10

L

label etiqueta 8
laboratory laboratorio; **language lab** laboratorio de lenguas 4
lace encaje *(m)* 8
lack faltar 6
lady señora; **young lady, unmarried lady** señorita; **lady** (title of respect) doña
lake lago
lamb cordero 6
lamp lámpara 8
land *n* tierra; *v* aterrizar 13; **landing** aterrizaje *(m)* 13
language lengua, idioma *(m)* 12; **specialized language** lenguaje *(m)* 12
large grande
last pasado, último 2; **last name** apellido CP; **last night** anoche 2; **lastly** por último
late tarde CP; **arrive late** llegar tarde
later después, más tarde
latter éste, ésta, éstos, éstas 5
laugh reír (i) 3
laughter risa 5
launch lancha 2
laundry room lavandería 9
laundry service servicio de lavandería 14
law ley *(f)* 9; **law** (course of study) derecho 4
lawn césped *(m)* 9
lawnmower cortacésped *(m)* 9
lawyer abogado(-a) 11
lax flojo 4
lazy perezoso 4
lead plomo
learn aprender 4
least menos; **at least** por lo menos
leather cuero 8
leave irse 1, partir 14, salir 1; **leave something** dejar 14

lecture conferencia 4; **give a lecture** dar una conferencia, dictar una conferencia 4
left izquierda 7; **to (on) the left** a la izquierda 7
leg pierna 15
legal legal
leisure-time activity pasatiempo CP
lemon limón *(m)* 6
lemonade limonada 5
lend prestar
less menos 6
lesson lección *(f)*
let dejar 14
letter carta; **letter of recommendation** carta de recomendación 10
lettuce lechuga 6
liberal arts filosofía y letras 4
library biblioteca 4
licenses: driver's permiso de conducir CP
life vida 1; **lead a happy life** llevar una vida feliz 3
lift alzar, levantar 9; **lift weights** levantar pesas 2
light *adj* liviano; *n* luz *(f)* 8; **light in color** claro 8; **light in consistency** suelto 8; **light in weight** ligero 8; **light meal** comida ligera 6; **traffic light** semáforo 7
like como; *v* gustar 6
line línea; **airline** línea aérea 13; **stand in line** hacer cola
linen lino 8
lip labio
lipstick lápiz *(m)* de labios 1
liquid líquido
list lista
listen to escuchar 2
literacy alfabetización *(f)*
literary work obra 10
little poco 6
live vivir
lively animado 5; vivo (with *ser*) 3
living room sala 9
loan préstamo 11
lobby salón *(m)* de entrada, vestíbulo 14
local local 9
logical lógico
loin lomo 6
long largo CP

longing   gana
look after   cuidar 7; **look at** mirar 7; **look for** buscar; **look like** parecerse a
loose   flojo 8; **loose change** sencillo, suelto 11
lose   perder (ie) 1
lost   perdido; **get lost** perderse (ie)
lot   mucho 6
lotion   loción (f) 2
lottery   lotería
loudspeaker   altavoz (m)
love   n amor (m); v amar 3; **fall in love with** enamorarse de
lower   bajar 10, rebajar
loyal   fiel 5
luck   suerte (f); **be lucky** tener suerte
luggage   equipaje (m) 13; **hand luggage** equipaje de mano 13; **luggage claim area** sala de equipaje, sala de reclamación 13; **luggage claim check** talón (m) 13; **luggage tag** etiqueta 13; **bring down the luggage** bajar el equipaje 14; **bring up the luggage** subir el equipaje 14; **check luggage** facturar el equipaje 13; **claim luggage** reclamar el equipaje 13
lunch   almuerzo 6; **have lunch** almorzar (ue) 1
luxurious   de lujo

M

machine   máquina
machinery   maquinaria
made   hecho 11
magazine   revista CP
maid   criada 14; **maid of honor** madrina 3
mail   n correo 14, correspondencia; v enviar, mandar 14; **mail a letter** echar una carta 14; **by air mail** por correo aéreo (A), por vía aérea (E) 14; **mail carrier** cartero(-a) **certified mail** correo certificado 14; **surface mail** correo regular 14
mailbox   buzón (m) 14
main course   plato principal 6
main dish   entrada 6
main square   plaza mayor 7
maintain   mantener 9

major in   especializar 4
majority   mayoría 12
make   hacer 1; **make a reservation** hacer una reservación 14; **make an attempt** intentar, tratar de 6; **make the bed** hacer la cama 9
makeup   maquillaje 1; **put on makeup** maquillarse 1
mall   centro comercial 8
man   hombre; **businessman** hombre de negocios 11
management   administración 10; **business and management** administración de empresas 4
manager   gerente (m/f) 11
manner   manera
manufacturing   fabricación
many   mucho; **so many, as many** tantos(-as) 5
map   mapa (m), plano 7
marital status   estado civil CP
maritime   marítimo
market   mercado; **stock market** bolsa (de acciones) 10
marketing   mercadeo 10
marriage proposal   petición de mano 3
married   casado CP; **married couple** matrimonio
marry   casarse con 3
marvelous   estupendo 5
mascara   rimel (m) 1
Mass   misa
master's degree   maestría 4
match   n partido 15; v combinar con, hacer juego 8
material   tela 8
maternal   maternal
mathematics   matemáticas 4
mattress: air   colchón (m) neumático 2
mature   maduro 10
Mayan   maya
maybe   quizás 9
mayor   alcalde (m)
meal   comida 6; **Enjoy your meal.** Buen provecho; **light meal** comida ligera 6
mean   querer decir
meat   carne (f) 6
meatball   albóndiga 6; **meatball soup** sopa de albóndigas 6

medicine   remedio **15; medicine** (course of study) medicina **4**
meet   conocer, encontrar (ue); **meet accidently** encontrarse con **5**
meeting   reunión *(f)*
melting pot   crisol *(m)* **12**
member   miembro
memorize   aprender de memoria **4**
memory   memoria **4**
mention   mencionar
menu   menú *(m)* **6; fixed menu** menú del día, menú turístico **6**
merchandise   mercancía **8**
merit   merecer **1**
message   mensaje, recado **2**
messenger   mensajero(-a)
metal   metal
Mexican   mexicano **3**
Mexican-American   chicano **12**
microchip   chip **10**
middle   medio; **middle class** clase media **12**
midnight   medianoche *(f)* **CP**
migrant   migratorio **12; migrant worker** obrero migratorio **12**
milk   leche *(f);* **milk shake** batido **6**
million   millón **11**
mineral   mineral; **mineral water** agua mineral **2**
minimal   mínimo
mining   *adj* minero
minority   minoría **12**
minute   minuto **2**
miracle   milagro **3**
mirror   espejo **1; house of mirrors** casa de los espejos **7**
mischievous   travieso **3**
miss   faltar **6; miss someone** echar de menos **13; miss someone, something, or someplace** extrañar **13; miss something** perder **13**
mistake   error
mistaken   equivocado; **be mistaken** equivocarse
mistreatment   abuso, maltrato **12**
misunderstanding   malentendido
mix   mezclar **12**
mixture   mezcla **12**
moderate   templado

modern   moderno
monarchy   monarquía
money   dinero **11; collect money** cobrar **11; money order** giro postal **14; money returned as change** vuelto **11; save money** ahorrar **11; spend money** gastar **8; withdraw money** retirar dinero **11**
monotonous   monótono
month   mes **2**
monthly   mensual **11**
more   más **6**
morning   mañana **CP**
mortgage   hipoteca **11**
motel   motel **14**
mother   madre **3; stepmother** madrastra **3**
motorboat   lancha **2**
motorcycle   moto
mountain   montaña; **mountain range** cordillera, sierra
mountainous   montañoso
mouth   boca
move   mudarse
movement   movimiento
movie   película **2; movie theater** cine **2**
much   mucho **5; as much, so much** tanto(-a) **5; too much** demasiado **5**
murder   *n* asesinato **9;** *v* asesinar
murderer   asesino **9**
muscular ache   dolor muscular **15**
museum   museo **3**
music   música **2**
musical   musical **7; musical group** conjunto **2**
musician   músico **7**
mussel   mejillón **6**
mustache   bigotes *(m)*
myself   *refl pron* me
mystery   policíaca **2**

N

nail-polish remover   acetona
nap   siesta; **take a nap** echar una siesta **1**
napkin   servilleta **6**
narrate   narrar
narrow   angosto, estrecho **8**
national   nacional **9**
nationality   nacionalidad *(f)* **CP**
native country   patria **12**
natural science   ciencias exactas **4**

naughty travieso **3**

near *prep* acerca de, cerca de **4**; *adj* cercano **3**

necessary necesario, preciso

neck cuello

necklace collar *(m)* **8**

need necesitar

needle aguja

neighbor vecino(-a)

neighborhood barrio **7**

neither tampoco **8**; **neither . . . nor** ni ... ni **8**

nephew sobrino **3**

nervous nervioso

net red *(f)* **15**

never jamás, nunca **8**

new nuevo; **What's new?** ¿Qué hay de nuevo?

newlyweds recién casados **3**

news noticias **1**; **news item** noticia; **news program** noticiero **9**

newspaper periódico

newsstand quiosco **7**

next próximo; **next to** al lado de **14**

nice amable, gentil, simpático

niece sobrina **3**

night noche *(f)* **CP**; **at night** por la noche; **tonight** esta noche

nightclub club *(m)* nocturno **2**

nightgown camisa de noche **8**

nighttime nocturno **2**

ninth noveno **4**

no one nadie, ninguno, ningún, ninguna **8**

no way de ninguna manera **8**

nobody nadie **8**

noise ruido

noisy ruidoso **5**

nominated nominado

none ninguno, ningún, ninguna **8**

noodle fideo **6**

noon mediodía *(m)* **CP**

nor ni **8**

north norte *(m)*

northwest noroeste

nostalgia nostalgia

not no ; **not any more** ya no **11**; **not yet** todavía **11**

note nota **4**

notebook cuaderno

notes apuntes *(m)* **4**

nothing nada **8**

notice fijarse en

novel novela

novelty novedad *(f)*

now ahora

nowadays actualmente, hoy día **7**

nuisance molestia

number número **11**

numerous numeroso **7**

nurse enfermero(-a)

nut nuez *(f)* **6**

O

obey obedecer **1**

object objeto

obligation obligación *(f)*

obligatory obligatorio

obtain conseguir (i), obtener **10**

occasion vez *(f)* **2**

occupation ocupación *(f)*

occupy ocupar

occur ocurrir

occurrence ocurrencia

ocean océano

octopus pulpo

of de; **of average height** de talla media; **of course** cómo no, por supuesto; **of good quality** fino

offend lastimar, ofender **15**

offense delito **9**

offer *n* oferta; *v* ofrecer **10**

office consultorio, oficina; **administrative office** oficina administrativa **4**; **business office** oficina comercial **10**; **post office** oficina de correos **14**; **office worker** oficinista *(m/f)*

official *n* funcionario

often a menudo, muchas veces, seguido

Oh! ¡Uy!

oil acelte *(m)*, petróleo

old viejo; **to be . . . years old** tener ... años

older mayor

olive aceituna

on en; **on board** a bordo; **on sale** en rebaja; **on the dot** en punto; **on the other hand** en cambio, por otro lado; **on time** a tiempo; **on top of** encima de

once una vez

onion cebolla

only *adj* único; *adv* sólo
opera ópera
operate funcionar 10; **operate on someone** operarle a uno
orchestra orquesta
orchid orquídea
order *n* pedido; *v* ordenar, pedir 1
organize organizar
origin ascendencia, origen *(m)* 12
other otro
ourselves *refl pron* nos
out loud en voz alta
out of the ordinary de película
outdoor café café *(m)* al aire libre 2
outing excursión *(f)*, paseo
outside afuera; **outside of** fuera de
outskirts afueras
outstanding sobresaliente
over encima de; sobre 4
overcoat sobretodo
overtime horas extras
owner dueño(-a)

P

P.M. de la noche, de la tarde CP
package paquete *(m)* 14
page página
pain dolor *(m)* 15; **feel pain** doler (ue) 15
painting cuadro, pintura
pair par *(m)*; **in pairs** en parejas
pajamas pijama *(m)*
palace palacio
pants pantalones *(m pl)*
paper papel *(m)*; **toilet paper** papel higiénico 14
parade *n* desfile *(m)* 12; *v* desfilar 12
paragraph párrafo
parents padres 3
park *n* parque *(m)* 7; *v* aparcar; **amusement park** parque de atracciones 7
parking estacionamiento
part parte *(f)*
part-time medio tiempo
participate participar; **participate in sports** practicar 15
particular particular
party fiesta; **costume party** fiesta de disfraces; **party pooper** aguafiestas *(m/f)*

5; **give a party** organizar una fiesta 5; **have a party** festejar, hacer una fiesta 5
pass (an exam) aprobar (ue) 4
passenger pasajero(-a)
passport pasaporte *(m)*; **passport control** control *(m)* de pasaportes; **without a passport** indocumentado 12
past pasado 2
pastime pasatiempo
pastry pastel *(m)*
paternal paterno
patience paciencia
patient paciente *(m/f)*
patron saint santo patrón
pay abonar, pagar 8; **pay attention** prestar atención 4; **pay attention to** fijarse en; **pay in cash** pagar al contado 8; **pay in installments** pagar a plazos 11
payment pago; **balance of payments** balanza de pagos 11
peace paz *(f)*
peanut cacahuete *(m)*
pearl perla
pedestrian peatón(-ona)
pen bolígrafo
pencil lápiz *(m)*; **pencil sharpener** sacapuntas *(m)*
penicillin penicilina
peninsula península
pepper chile *(m)*, pimienta 6; **pepper shaker** pimentero 6
perhaps acaso, tal vez, quizás
period of time temporada 4, tiempo 2
permit permitir
persecution pesecución *(f)*
person persona
personal personal; **personal effects** efectos personales
personality personalidad *(f)*
personnel personal *(m)*
pertain to pertenecer 12
pharmacist farmacéutico(-a)
pharmacy farmacia
photocopy *n* fotocopia; *v* fotocopiar
photograph fotografía; foto *(f)*; **take photos** sacar fotos
physical físico
physics física
pick up recoger 1
piece pedazo, pieza

pill píldora **15**
pillow almohada
pinch apretar (ie) **8**
pity lástima; **That's a pity!** ¡Qué lástima!
place n local (m), lugar (m), sitio; v poner **1**
place setting cubierto
plaid a cuadros
plain llano, sencillo
plan n proyecto; v pensar + inf **14**, planificar, planear
planning planificación (f)
plant plantar **9**
plate plato
play a musical instrument tocar; **play a sport** jugar (ue); **play the part** hacer el papel; **playing area** cancha; **playing cards** cartas **(A)**, naipes (m)
pleasant agradable
pleasure agrado, gusto, placer (m); **take pleasure** complacerse
plumber plomero(-a)
pneumonia pulmonía
point punto
police officer policía (m/f); **police station** cuartel (m) de policía, comisaría de policía
polite cortés
politeness cortesía
political science ciencias políticas
politician político(-a)
politics política
polka dot de lunares
pollution contaminación (f)
pool piscina **2**
poor pobre
popcorn palomitas
population población (f)
porter maletero
portrait retrato
position puesto
possible posible
postage franqueo
postcard tarjeta postal
poster cartel (m)
postgraduate posgraduado
postmark matasellos (m)
post office correo, oficina de correos; **post office box** apartado postal, casilla postal

poverty pobreza
power poder (m)
practice practicar
precious precioso; **precious stone** piedra preciosa
predict predecir **10**
prefer preferir (ie) **1**
preferable preferible
preference preferencia
pregnant embarazada
prejudice prejuicio
preoccupied preocupado
preparation preparativo
prepare preparar; **prepare oneself** prepararse **1**
prescription receta
present adj presente; n regalo; v presentar; **present-day** actual; **at the present time** actualmente, hoy día **7**
presentation presentación (f)
preserve conservar **11**
presidential presidencial
pretend pretender
pretext pretexto
pretty bonito, lindo
previous previo
price precio
pride orgullo
priest cura (m), padre (m) **3**
printed (fabric) estampado
printer impresora
private hospital clínica
prize premio
problem problema (m)
produce producir **1**
product producto
profession profesión (f)
professor catedrático(-a) **4**; profesor(-a)
program programa (m)
programmer programador(-a)
progress progreso
prohibit prohibir
project proyecto
promotion ascenso
property propiedad (f)
propose proponer; **propose a toast** brindar, hacer un brindis **6**
protect proteger
protest protestar **9**
proud orgulloso

provided that con tal que
psychological sicológico
psychology sicología
psycologist sicólogo(-a)
public público; **public relations** relaciones *(f)* públicas
puck disco 15
Puerto Rican puertorriqueño(-a)
punch ponche *(m);* **wine punch** sangría 5
purchase hacer compras 1
purse bolsa **(E)**
put poner 1; **put a cast on** enyesar 15; **put away** recoger 9; **put on** ponerse 1; **put on makeup** maquillarse 1; **put on perfume** perfumarse 1; **put up with** aguantar, soportar 12

Q

qualification calificación *(f)*
quality calidad *(f),* cualidad *(f);* **of good quality** fino 8
quantity cantidad *(f)*
quarrel reñir (i) 3
quarter cuarto, trimestre *(m)* 4; **quarters** local *(m)*
queen reina
question *n* pregunta; *v* hacer preguntas, preguntar
quiet callado; **be quiet** callarse
quiz prueba

R

racquet raqueta
rag trapo
rain llover (ue) 4; **rain cats and dogs** caer un aguacero 4
raincoat impermeable *(m)*
raise *n* aumento; *v* alzar, levantar 9
rapid rápido
rate tasa; **interest rate** tasa de interés 11; **rate of exchange** tasa de cambio
rather bastante
raw materials materias primas
resumé curriculum vitae *(m)*
react reaccionar
reaction reacción *(f)*
reading lectura
ready listo (with *estar);* **get ready** arreglarse 1
realize darse cuenta

reason razón *(f);* **for that reason** por eso 4
receive recibir; **receive a degree** licenciarse 4
reception recepción *(f)* 3; **wedding reception** cena 3
receptionist recepcionista *(m/f)*
recognize conocer 5, reconocer 1
recommend recomendar (ie) 1
recommendation recomendación *(f)*
record disco; **record player** tocadiscos *(m)*
recreation diversión *(f)* 2
red rojo; **red snapper** huachinango; **red wine** vino tinto; **red-haired** pelirrojo; **reddish** rojizo
reduce rebajar
reduction rebaja
respect respectar 3
refer referirse (ie)
referee árbitro(-a)
reform reforma 11; **reform tax** reforma fiscal 11
refugee refugiado(-a)
region región *(f)*
register matricularse 4; **registration desk** recepción *(f)* 14; **registration form** tarjeta de recepción
regret sentir (ie) 1
regulation reglamento
reimburse reintegrar
reject rechazar 12
relation relación *(f),* trato 3; **public relations** relaciones públicas
relationship relación *(f)*
relative pariente *(m/f)*
relax descansar 1; **relaxed** relajado
relief alivio
religious religioso
remain quedar 6; **be remaining** quedarse
remedy remedio 15
remember acordarse (ue) 1, recordar (ue) 1
rent *n* alquiler *(m);* *v* alquilar 11
repeat repetir (i) 1
report *n* informe; *v* reportar
reporter reportero(-a)
representative diputado(-a), representante *(m/f)* 11; **sales representative** representante de ventas 11

republic república
require requerir (ie) **4**
requirement requisito
rescue rescatar **9; rescue someone or something** salvar **11**
research investigación *(f)*
reservation reservación *(f)*
reserve reservar **7**
residence domicilio **1**
resident visa tarjeta verde **12**
resist resistirse **12**
resolve resolver (ue) **10**
resort complejo turístico **2**
resource recurso
respectful respetuoso
respond responder
responsibility responsabilidad *(f)*
responsible responsable
rest demás, resto
restaurant restaurante *(m)*
result resultado
return *n* devolución *(f); v* regresar, volver (ue) **8; return address** remite *(m);* **return something** devolver (ue) **8**
review repasar **4**
rice arroz *(m);* **throw flowers and rice** echarles flores y arroz **3**
rich rico
riddle advinanza
ride montar **2; ride a bicycle** montar en bicicleta **2; ride a horse** montar a caballo **2; amusement park ride** atracción *(f)* **7**
ridiculous ridículo
right *adj* derecho *n* derecha; **all right** bueno, regular; **to (on) the right** a la derecha **7; be right** tener razón; **right?** ¿verdad?
ring anillo, sortija; **engagement ring** anillo de compromiso **3; wedding ring** anillo de boda **3**
river río
road camino
rob robar **9**
robbery robo
robe bata
roller coaster montaña rusa
romantic romántico
room cuarto, habitación *(f);* **double room** habitación doble **14; large room** salón *(m);* **living room** sala **9; room service** servicio de habitación; **single room** habitación sencilla **14**
roommate compañero(-a) de cuarto
rose rosa
rough áspero
round redondo
round-trip ticket billete *(m)* de ida y vuelta, boleto de ida y vuelta
route ruta
routine rutina
row fila
rug alfombra
ruins ruinas
rum ron *(m)*
run correr **15; run errands** hacer diligencias **1; run out of** acabar
runway pista
rural area campo
rural person campesino(-a)
Russian ruso

S

sad trágico, triste
sadness tristeza
safety deposit box caja de seguridad
said dicho
sail navegar **2; sailboat** velero
saint santo; **patron saint** santo patrón; **Saint's day** día de santo
salad ensalada; **salad oil** aceite *(m);* **tossed salad** ensalada mixta
salami salchichón *(m)*
salary sueldo
sale liquidación *(f),* venta **10; be on sale** estar en liquidación **8; sales representative** representante *(m/f)* de ventas; **salesclerk** dependiente, vendedor(-a)
salt sal *(f);* **salt shaker** salero; **salty** salado
same mismo; **the same thing** lo mismo
sand arena
sandals sandalias
sandwich bocadillo, sandwich *(m)*
satisfied satisfecho
satisfy satisfacer
sauce salsa
saucer platillo

sausage salchicha 5; **hard sausage**
chorizo 5
save guardar; **save money** ahorrar 11
savings ahorros; **savings account** cuenta
de ahorros; **savings book** libreta
say decir; **say good-bye** despedirse (i) 1
scar cicatriz *(f)*
scarcity escasez *(f)*
scare dar miedo a; **scared** asustado; **get
scared** asustarse
scarf bufanda
scarce escaso
schedule horario
scholarship beca
school escuela; **elementary school**
escuela primaria 4; **high school** colegio,
escuela secundaria, liceo; **school
(university)** facultad
science ciencia; **computer science**
informática 10; **natural science** ciencias
exactas 4; **political science** ciencias
políticas 4; **social sciences** ciencias
sociales 4
scientist científico(-a)
scold regañar 3
score puntaje *(m)*
scoreboard marcador *(m)*
scorn desdén *(m)*
screen pantalla
scrub fregar (ie) 9
sea mar *(m)*
seafood mariscos; **seafood cocktail**
cóctel *(m)* de mariscos 6
search *n* búsqueda; *v* registrar 13
seasick: get seasick marearse 15
season estación *(f)*
seat asiento
seatbelt cinturón *(m)* de seguridad; **fasten
the seatbelt** abrocharse el cinturón de
seguridad 13; **unfasten the seatbelt**
desabrocharse el cinturón de seguridad
13
second segundo
secretary secretario(-a)
section sección *(f)*
security seguridad *(f)*; **security check**
control *(m)* de seguridad
see ver 7
seem parecer 7

seen visto
seize coger 9
self-portrait autorretrato **CP**
selfish egoísta
sell vender
semester semestre *(m)*
send enviar
sender remitente *(m/f)*
sense sentido; **sense of humor** sentido
de humor
separate separar
series serie *(f)*
serious serio
serve servir (i) 1
service servicio; **laundry service** servicio
de lavandería 14; **room service** servicio
de habitación 14
set off partir 14; **set the alarm** poner el
despertador 1; **set the table** poner la
mesa 9
seventh séptimo
several unos(-as) 12
shampoo champú **(m)**
share compartir 12
shave afeitarse 1; **shaver** afeitadora;
shaving cream crema de afeitar
shell concha
shelter refugio
shine brillar
shirt camisa; **tee-shirt** camiseta 8
shoe zapato; **shoe store** zapatería;
athletic shoes zapatos deportivos 8;
high-heeled shoes zapatos de tacón 8;
low-heeled shoes zapatos bajos 8;
tennis shoes zapatos de tenis 8; **wear
shoes** calzar 8
shop *n* tienda; *v* hacer compras 1;
shopper comprador(-a) 8; **shopping** de
compras 8; **shopping center** centro
comercial; **go shopping** ir de compras;
shopping mall centro comercial
short bajo, corto; **short time** rato 2
shorten acortar
shot inyección *(f)* 15; **get a shot** poner
una inyección 15
shoulder hombro
shout gritar 7
show *n* espectáculo; *v* enseñar, mostrar 8
shower *n* ducha; *v* ducharse 1

shrimp camarones *(m)* **(A),** gambas **(E);**
 shrimp cocktail cóctel *(m)* de camarones
shy tímido
sick enfermo, malo (with *estar); **get sick**
 enfermarse **15; sickly** enfermizo
side lado
sidewalk acera
sign *n* aviso, cartel *(m),* letrero, rótulo; *v*
 firmar
silk seda
silver plata
similar semejante, similar
simple sencillo
simplified simplificado
since como, desde **4,** puesto que **3**
sing cantar
singer cantante *(m/f)*
singular singular
sink fregadero, lavabo
sir don
sister hermana **3**
sister-in-law cuñada **3**
sit sentarse (ie)
situation situación *(f)*
sixth sexto
size número, talla; **wear size . . .** usar
 talla... **8**
skate *n* patín *(m)* **15;** *v* patinar **15; ice**
 skates patines de hielo **15; skating**
 patinaje *(m)*
ski *n* esquí *(m); v* esquiar
skill aptitud *(f),* destreza, habilidad *(f)*
skinny flaco
skirt falda
skyscraper rascacielos *(m)*
sleep dormir (ue) **1; fall asleep** dormirse
 (ue); **be sleepy** tener sueño
slender delgado, esbelto
slight poco
slipper pantufla
slowly despacio
small chico, pequeño
smart listo (with *ser)* **3**
smell oler (ue)
smile sonreír (i) **3**
smiling sonriente
smoke *v* fumar
smooth liso, suave
smuggle pasar de contrabanda **13**
snack *n* merienda, *v* picar **5**

snail caracol *(m)*
sneeze estornudar **15**
snow nevar (ie) **4**
so tan; **so many** tantos(-as) **5; so much**
 tanto; **so that** de manera que, de modo
 que, para que
soap jabón *(m)*
soap opera telenovela
soccer fútbol *(m)*
sociable sociable
social sciences ciencias sociales
social worker asistente social *(m/f)*
sociology sociología
sock calcetín *(m)*
soft blando; **soft drink** refresco; **software**
 software
sole lenguado
solution solución *(f)*
solve solucionar; **solve crossword**
 puzzles hacer crucigramas **CP**
somehow de algún modo, de alguna
 manera
someone alguien, algún, alguna, alguno **8**
something algo
sometimes a veces, algunas veces
son hijo
son-in-law yerno
soon pronto; **as soon as** así que, luego
 que, tan pronto como, tan pronto que **12**
sorry lamentar, sentir (ie) **1**
sound sonar (ue)
soup caldo, sopa; **soup spoon** cuchara
space espacio
Spanish castellano, español; **Spanish-**
 speaking de habla española,
 hispanohablante
special especial; **special delivery** entrega
 inmediata; **today's special** especialidad
 (f) del día **6; specialized language**
 lenguaje *(m)*
specialty especialidad; **restaurant**
 specialty especialidad de la casa **6**
speech discurso; **manner of talking** habla
spend money gastar **8; spend time** pasar
spicy condimentado, picante
spoiled mimado
sponge esponja
sport deporte *(m); **sporting** deportivo;
 sports equipment equipo deportivo;
 sports field camp deportivo

sprain torcerse (ue) **15**
spring primavera
square cuadrado; **main square** plaza mayor
squid calamar *(m)*
stadium estadio
stamp estampilla **(A)**, sello **(E)**
stand *n* puesto **7**; *v* estar de pie; **stand in line** hacer cola; **stand out** destacar
standard nivel *(m)*
staple grapa; **staple remover** quitagrapas *(m)*; **stapler** grapadora **10**
state estado
station estación *(f)* **7**; **gas station** gasolinera **7**
stay *n* estadía, estancia; *v* quedarse; **stay in a hotel** alojarse **14**
steak bistec *(m)*
steel acero
stepbrother hermanastro **3**
stepdaughter hijastra **3**
stepfather padrastro **3**
stepmother madrastra
stepsister hemanastra **3**
stepson hijastro **3**
stereotype estereotipar **12**
steward aeromozo **(A)**, camarero **13**
stewardess aeromoza **(A)**, azafata **(E)**, camarera **13**
stick palo **15**; **hockey stick** palo de hockey **15**
still todavía
stitch *n* punto **15**; *v* dar puntos **15**
stock acción *(f)*; **stock market** bolsa (de acciones)
stockbroker accionista *(m/f)*
stocking media
stomach estómago
stone piedra; **precious stone** piedra preciosa **8**
stopover escala; **make a stopover** hacer escala **13**
store tienda
store window vitrina **(A)**, escaparate *(m)* **(E)** **8**
storm tormenta
story cuento
straight derecho; **go straight** seguir derecho; **straighten** arreglar **9**
strange raro

street calle *(f)*
strict estricto
strike huelga; **be on strike** estar de huelga
striped a rayas
strong fuerte
student alumno(-a), estudiante *(m/f)*; *adj* estudiantil; **student center** centro estudiantil; **exchange student** estudiante de intercambio; **student I.D. card** carnet *(m)* estudiantil
studious aplicado, estudioso
study *n* estudio; *v* estudiar
style moda; **be in style** estar de moda **8**
subject asignatura, sujeto **4**
subscribe suscribirse
suburbs afueras
subway metro
success éxito; **be successful** tener éxito **12**
such tal
suddenly de repente
suede ante *(m)*
suffer padecer, sufrir **15**
sugar azúcar *(m)*
suggest sugerir (ie) **6**
suggestion sugerencia
suit *n* traje *(m)*; *v* caer bien **6**; **bathing suit** traje de baño **8**; **bullfighter's suit** traje de luces **7**; **jogging suit** calentador *(m)* **(A)**, chandal *(m)* **(E)** **8**; **be suitable** convenir
suitcase maleta
summary resumen *(m)*
summer verano
sun sol *(m)*; **sunbathe** tomar el sol **2**; **sunglasses** gafas de sol; **suntan** bronceado; **it's sunny** hace sol
supermarket supermercado
supervisor supervisor(-a)
support apoyo; **support somebody financially** mantener **12**
sure seguro
surprise *n* sorpresa; *v* extrañar **13**, sorprender **5**
surprising sorprendente
surround rodear
suspect sospechoso(-a)
sweat sudar **15**
sweater suéter *(m)*

sweep barrer **9**
sweet dulce
sweetshop confitería
swim nadar **2; swimming** natación *(f);*
  swimming pool piscina
swollen hinchado
sword espada
symbol símbolo
symptom síntoma *(m)*
syrup jarabe *(m)* **15**

T

table mesa
tablet pastilla
take coger, llevar, tomar **9; take a trip**
  hacer un viaje; **takeoff** *n* despegue *(m);*
  take off *v* despegar **13; take off**
  (clothing) desvestirse (i), quitarse **1; take**
  out sacar **9; take time** tardar **13**
tale cuento **6**
talent talento
talk hablar
talkative hablador
tall alto
tan broncearse **2; suntan** bronceado
tank tanque *(m)* **1**
tape cinta; **utility tape** cinta adhesiva **10**
tardy llegar tarde **13**
task quehacer *(m),* tarea **9**
taste probar (ue), saber **6**
tax impuesto; **tax evasion** evasión *(f)*
  fiscal; **tax reform** reforma fiscal
taxi taxi *(m);* **taxi stand** estación *(f)* de
  taxis **7**
tea té *(m)* **5; tea shop** confitería
teach enseñar
teacher maestro, profesor(-a)
teaching enseñanza
team equipo
teaspoon cucharita
technical técnico
technology tecnología
tee-shirt camiseta
telegram telegrama *(m)*
telephone teléfono; **telephone operator**
  telefonista *(m/f);* **dial a telephone** discar
television televisión *(f);* **television set**
  televisor *(m)*

tell decir, contar (ue) **1**
temperature temperatura
temporary provisional
tempt provocar
tennis tenis *(m);* **tennis court** cancha de
  tenis; **tennis shoes** zapatos de tenis
tenth décimo
terminal terminal *(f)* **13**
terrace terraza
terrific estupendo, formidable
territory territorio
test prueba
textbook libro de texto, texto
thank agradecer
theater teatro
theme tema *(m)*
themselves *refl pron* se
then entonces, luego
there ahí, allá, allí; **there is (are)** hay
therefore por eso
thermometer termómetro
thief ladrón(-ona)
thing cosa
think pensar (ie) **1; think of, about**
  pensar (ie) de **14,** pensar (ie) en **14**
third tercer, tercero
thirst sed *(f);* **be thirsty** tener sed
thousand mil
throat garganta
through a través de, por **4**
throw lanzar, tirar **15**
ticket billete *(m),* boleto, entrada; **ticket**
  office boletería; **round-trip ticket** billete
  (m) de ida y vuelta, boleto de ida y vuelta
  13; ticket window taquilla, ventanilla **8**
tie *n* corbata; *v* atar
tight apretado; **be tight** apretar (ie) **8**
time (in a series) vez *(f)* **2; at the**
  present time actualmente, hoy día **7;**
  free time ratos libres; **from time to time**
  de vez en cuando; **full-time** tiempo
  completo **1; have a good time** pasarlo
  bien **2; time of day** hora **2; overtime**
  horas extras **1; short time** rato **2; time**
  tiempo; **at times** a veces **3**
timid tímido **7**
tired cansado
toast brindis *(m);* **propose a toast** brindar,
  hacer un brindis **6**

today hoy
toe dedo de pie
together junto; **get together** reunirse 5
toilet inodoro 14; **toilet paper** papel *(m)* higiénico
tolerate soportar 6
tomato tomate *(m)*
tonight esta noche
too much demasiado
tooth diente *(m);* **toothbrush** cepillo de dientes; **toothpaste** pasta de dientes
topic tema *(m)*
torn roto 11
tourism turismo
tourist turista *(m/f);* **tourist bureau** oficina de turismo; **tourist resort** complejo turístico
toward a 4
towel toalla
town pueblo
toy juguete *(m)*
track pista
trade comercio; **export trade** comercio de exportación 11; **import trade** comercio de importación 11
traffic tráfico; **traffic jam** embotellamiento; **traffic light** semáforo; **traffic sign** señal *(f)* de tráfico
train *n* tren *(m); v* entrenarse 15; **train station** estación *(f)* de trenes
transaction negocio
translate traducir
travel viajar; **travel agency** agencia de viajes; **traveler's check** cheque *(m)* de viajero
treat tratar 6
treatment trato
tree árbol *(m)*
trip viaje *(m)*
triumph truinfar 12
trolley tranvía
truck camión *(m)*
true verdadero 7; **true?** ¿verdad?
trust *n* confianza; *v* confiar en 3
truth verdad *(f)*
try intentar, probar (ue), tratar de 6; **try on** probarse (ue) 6
tuition matrícula
tuna atún *(m)* 6

turn doblar 7; **turn around** dar vueltas; **be the turn of** tocar; **turn on the television** poner la televisión 9; **turn out to be** salir; **turn . . . years old** cumplir . . . años 5
turnover empanada
TV tele *(f);* **TV guide** guía de televisión
twice dos veces
twins gemelos(-as)
type *n* tipo; *v* escribir a máquina 1
typewriter máquina de escribir
typical típico
tyranny tiranía

U

ugly feo
umbrella paraguas *(m)*
uncle tío
uncomfortable incómodo
under debajo de
underdevelopment subdesarrollo
undergo experimentar
underneath debajo de 4
understand comprender, entender (ie) 11
understanding comprensivo
uneasy intranquilo
unemployment desempleo
unequal desigual
unfasten desabrocharse 13
unforgettable inolvidable
unfortunate pobre 10
unfortunately por desgracia
unhappy infeliz
unique único 10
united unido
university universidad *(f);* **university professor** catedrático(-a)
unknown desconocido
unless a menos que
unmarried soltero
unoccupied desocupado
unorganized desorganizado
unpleasant desagradable
untie desatar
until hasta, hasta que
upon al + *inf* 9
upper class clase *(f)* alta
upset disgustar 6
use *n* uso; *v* usar, utilizar
useful útil

useless inútil
utility tape cinta adhesiva

V

vacate desocupar 14
vacation vacaciones *(f pl);* **be on vacation** estar de vacaciones 2
vacuum aspirar 14, pasar la aspiradora 9; **vacuum cleaner** aspiradora
valley valle *(m)*
value valor *(m)*
variation variación *(f)*
varied variado 6
variety variedad *(f);* **variety show** espectáculo de variedades
various varios
vary variar
VCR videocasetera
vegetable legumbre *(f),* vegetal *(m);* **vegetables** verduras
vehicle vehículo
veil velo
verify averiguar, verificar 11
very muy, bien 6
vest chaleco
videotape videocinta
violence violencia
violent violento
violin violín *(m)*
visa visa; **without a visa** indocumentado 12
visit visitar 3
vitamin vitamina
voice voz *(f)*
volleyball voleibol *(m)*
voltage voltaje *(m)*
volume volumen *(m)*
vomit vomitar 15
vote *n* voto; *v* votar 12

W

waiter camarero **(E)**; mesonero **(A)**
waiting room sala de espera
wake up despertarse 1
walk *n* paseo; *v* andar, caminar 7; **take a walk** dar un paseo **CP,** pasearse 2
wallet billetera, cartera
want desear, querer (ie)
war guerra
warm cálido

wash lavar 9; **wash one's hair** lavarse el pelo 1; **wash oneself** lavarse 1; **washing machine** lavadora
waste perder (ie)
wastebasket papelera
watch *n* reloj *(m)* 8; **wristwatch** reloj de pulsera 8; *v* mirar 7
water *n* agua; *v* regar (ie) 9; **mineral water** agua mineral, gaseosa 2
waterfall catarata
waterski practicar el esquí acuático 2
waterskiing esquí *(m)* acuático
wave ola
wavy ondulado
weak débil, flojo
wear llevar, lucir 8; **wear shoes** calzar 8
weather tiempo
wedding boda; **wedding cake** torta de boda; **wedding ceremony** ceremonia de enlace; **wedding day** día *(m)* de la boda; **wedding gift** regalo de boda; **wedding gown** traje *(m)* de novia; **wedding reception** cena; **wedding ring** anillo de boda; **newlyweds** recién casados 3
week semana
weekend fin *(m)* de semana
weigh pesar 14
weight peso 8; **gain weight** engordar 6; **lift weights** levantar pesas 2
welcome bienvenido
welfare bienestar *(m)* social
well bien
well-being bienestar *(m)*
west oeste *(m)*
what lo que, ¿qué?
wheat trigo
when cuando, ¿cuándo?; **even when** aun cuando
where donde, ¿dónde?, ¿adónde?
which que, ¿qué?; **which one(-s)?** ¿cuál(-es)?; **that which** lo que
while mientras; **a while** rato
who que, ¿quién(-es)?
whose cuyo
why? ¿por qué?
wide ancho
widow viuda
widower viudo; **be widowed** quedar viudo(-a) **CP**
wife esposa

win   ganar 15
wind   viento; **it's windy** hace viento
window   ventana; **small window** ventanilla; **store window** escaparate *(m)* **(E)**, vitrina **(A); ticket window** ventanilla 8
windsurfing   windsurf *(m);* **windsurfing board** tabla de windsurf
wine   vino; **wine list** lista de vinos; **wine punch** sangría; **red wine** vino tinto 6; **white wine** vino blanco 6
winter   invierno
wish   *n* gana; *v* querer (ie)
witch   bruja
with   con; **with me** conmigo; **with you** contigo
withdraw   retirar 11
without   sin, sin que
witness   testigo *(m/f)*
woman   mujer *(f);* **businesswoman** mujer de negocios 11
wonderful   chévere, magnífico, maravilloso
wood   madera
wool   lana
word   palabra
word processor   procesador *(m)* de textos
work   *n* obra, trabajo 10; *v* funcionar, trabajar 10; **work as** estar + *profession;* **work of art** obra de arte; **hard-working** trabajador 4
worker   obrero(-a); **migrant worker** obrero(-a) migratorio(-a) 12; **office worker** oficinista *(m/f)*
world-wide   mundial

worry (about)   preocuparse (de) 1
worse   peor; **the worst thing** lo peor
worth   valor *(m);* **be worth** valer
wound   herida; **wounded** herido
wrap   envolver (ue) 8
wrestle   practicar la lucha libre 15
wrestling   lucha libre
wrinkled   arrugado
wrist   muñeca 15
wristwatch   reloj *(m)* de pulsera
written   escrito

Y

yacht   yate *(m)* 2
yard   jardín *(m)* 9
year   año; **to be . . . years old** tener ... años
yellow   amarillo
yes   sí
yesterday   ayer
yet   todavía; **not yet** todavía no 11
young   joven, pequeño 3
younger   menor
youngster   chaval(-a)
yourself   *refl pron* os, se, te
yourselves   *refl pron* os, se, te
youth   juventud *(f);* **youth hostel** albergue *(m)* juvenil
Yugoslav   yugoeslavo(-a)

Z

zero   cero
zip code   código postal, distrito postal
zoo   jardín *(m)* zoológico